U0562641

The r

理解他者　理解自己

也人

The Other

NORDSEE
KGR. DÄNEMARK
KGR. GROSSBRITANNIEN
KG
Amsterdam
Rep.D. Verein. Niederlande
Rotterdam
Ostende
HEILIGES RÖMISCHES REICH
Gent
Oster-reichische Niederlande
Brüssel
Spa
Brest
Le Havre
Rouen
Luxemburg
Leitmeritz
Hohenell
Frankfurt
Paris
Versailles
Prag
Kurpfalz
KGR. BÖHMEN
Nantes
Stuttgart
Kfsm. Bayern
Pisek
Brünn
Straßburg
Donauwörth
KGR. FRANKREICH
München
Wie
Linz
Rochefort
Lauchringen
Konstanz
ÖSTER-REICH
Salzburg
SCHWEIZ
Genf
Bordeaux
Lyon
Mailand
Bayonne
Turin
Mantua
San Sebastián
Toulouse
Forli
Montpellier
Marseille
Toulon
Livorno
Florenz
Grzhm. Toskana
KGR. SPANIEN
KIRCHEN-STAAT
Rom
Caserta
Neapel
KGR. NEAPEL
MITTELLÄNDISCHES MEER
KGR. SIZILIEN

OSTSEE
St. Petersburg
Riga
Moskau
Smolensk
Mogilew
PREUSSEN
KAISERREICH
RUSSLAND
KGR. POLEN
Zamosc
Neisse
Wieliczka
Galizien
Brody
Zaslau
Jaroslau
Lemberg
Tarnopol
Troppau
Jekaterinoslaw
Elisabethgrad
Nikopol
Szarogrod
Kaschau
HABSBURGER
REICH
Cherson
Ofen
Pest
Fsm. Moldau
Szegedin
Arad
Siebenbürgen
Krim
Feodossija
KGR.
UNGARN
Temesvár
Karlsburg
Kézdivásárhely
Hermannstadt
Sewastopol
Peterwardein
Dubova
Walachei
SCHWARZES MEER
OSMANISCHES REICH

微服出行

约瑟夫二世的欧洲启蒙运动之旅

Der Kaiser reist inkognito: Joseph II. und das Europa der Aufklärung

Monika Czernin

[奥] 莫妮卡·切尔宁 著

荣玉 译

上海書店出版社
SHANGHAI BOOKSTORE PUBLISHING HOUSE

献给我的父亲文森兹·切尔宁，

是他教会了我旅行，并点燃了我对欧洲历史的热情之火。

同样献给我的导师和朋友雷莫·拉戈，

已化作星尘的他一定非常期待看到本书的出版。

这个世界上的人生来便做不到知足：大人物们难以避免滥用权力，大众也无法满足于拮据的生活状态，总是期待逐渐的改善。如果人类的本性可以变得完美，那么完美的状态便不再是天方夜谭；但如今看来，世界将永远处在摇摆不定的状态之中，一部分人将遭受苦难，而另一部分人则感到满足，自私和嫉妒将如恶魔般蛊惑人心，各派之间的斗争将永无止境。

约翰·沃尔夫冈·冯·歌德与约翰·彼得·爱克曼的对话（《歌德谈话录》），

1824 年 2 月 25 日

投身于广阔的天地，投身于空旷的未知，唯有远离熟悉的环境，你才能回归真正的自我！

斯蒂芬·茨威格，《旅途的赞美诗》，

1909 年

前言

在潮湿、阴暗的地牢中央，一个年轻人跪在裸露的地面上。苍白的光线透过为数不多的几扇窗户照进室内，经过许多张蜘蛛网的折射，营造出一种具有欺骗性的光泽。水滴以一种单调、磨人的节奏从天花板上落下。男人的身上缠绕着一条沉重的铁链，它被一只大铁环固定在地牢的墙壁上，随着男人的每一次移动与石砖产生摩擦，发出声响。他几乎动弹不得。房间里只有他的呼吸声和滴水声，还有从更远处传来的受刑者的惨叫。奇怪的是，他的长袍既不旧也不脏。那是一件镶着金纽扣、用上好的布料制成的白色将军制服，其上只有铁链和油腻的地面留下的几处新鲜污渍。只有那些从不会被囚禁在布尔诺可怕的斯皮尔伯格堡垒的地牢中的高贵人物，才有资格穿上这样的服装。还有一件事情很不寻常。这个戴着锁链的男子五官精致优雅，双手皮肤细腻，很可能有着不凡的出身。这个男人是谁?

一阵匆忙的脚步声传来。两个同样穿着制服的男人和一名狱卒正向这里走来。

“陛下，已经够了!”其中一个人说。

“请……”另一个人说。

他们进来时试图避开他的视线，与此同时，狱卒正在解开锁链。只有他，这个熟悉受难者面容的人，见惯了他们最初的绝望和后来因折磨而呈现的死寂眼神，才看到了这个高大的男人眼中闪过的屈辱和痛苦。他永远也不会忘记这张面孔。

这个以自我折磨引起侍从不悦的男人正是皇帝。他站起身来，拍了拍外衣，伸展脊背。一阵刺骨的寒意向他袭来。直到他跟随他的旅伴走到室外时，他才感受到一天即将结束时的温暖。他重新燃起了对生命的热情，骑上他的马，在旅伴的马车前方朝着地平线飞奔而去。这是这位年轻的统治者第一次在欧洲大陆上微服出行。在国外，他自称为法尔肯施泰因伯爵，并以这个头衔闻名于整个欧洲，乃至于人们通常都用这个名号来称呼他。

多么震撼的一幕啊！[1] 那些亲历或听闻过 1766 年夏天发生的事件的人，在谈论它时或是感到恼怒，或是心怀敬畏。一个被铁链锁住的皇帝？他甘愿忍受普通罪犯的命运，哪怕只有几个小时？何时何地曾发生过这样的事情？ 18 世纪末，在法国大革命爆发前的那些年里，整个欧洲都处于动荡之中，法国旧制度和巴洛克宫廷看似稳固的秩序已经岌岌可危，最终随着 1789 年巴士底狱的陷落而分崩离析。只有对历史漠不关心的时代才会认为，我们目前在欧洲经历的危机和动荡从无前车之鉴。就像今天一样，当年的社会也充满了不平等与不公正。这里是被上帝赋权的君主，那里是他逆来顺受的臣民。这里是锦衣玉食的奢华生活，那里是穷困潦倒的境况和对命运的屈服。这里是地主的横行霸道，那里是农奴的无能为力。这里是富有的教会，那里是贫穷的罪人。阶层的上下之分无处不在。

与此同时，那个时代勇敢的启蒙思想家们将提升所有人的福祉视为他们的行动准则。这并非空洞的口号，而是对政治切实的挑战。理性和知识的获取、宽容和公民权利从此成为迫切改革的基础。从理论层面来看，这些设想很快就传遍了世界，但将它们落实则是一项颇为艰巨的任务。这是因为不平等是那个时代根深蒂固的特质之一。社会地位的不平等——社会阶级是在后来才出现的——及由此导致的人生经历的不平等十分常见。城市和农村的发展程度不同。此外，许多不同的地区、国家和领土之间也存在差异，使得欧洲看起来像是一块五颜六色的拼布。最具异质性的是哈布斯堡君主国，这是一个仅由哈布斯堡王朝维系的混乱的国家联合体，其中的领土各有特点，拥有不同的精英阶层、法律体系、语言和发展阶段，时刻面临着分裂的威胁。

二十五岁的铁链皇帝掌管的神圣罗马帝国同样由不同的国家组成，这些国家也蠢蠢欲动，期望能在一定程度上保持各自的独立性。这位自称约瑟夫二世的皇帝上任一年后，就让整个欧洲无数的王公贵族和臣民惊叹不已。除了15世纪以来哈布斯堡家族几乎不间断地担任皇帝的神圣罗马帝国之外，他还与母亲奥地利女大公玛丽亚·特蕾西娅一起统治着神圣罗马帝国的一部分——哈布斯堡帝国。[2]

这可真够复杂的！18世纪的许多事情在今天对我们来说似乎很陌生，我们只能艰难地尝试理解。在这种情况下，深入研究18世纪中叶的地图及其复杂的边界线会有所帮助。哈布斯堡帝国与神圣罗马帝国只有部分重合，后者还包括其他许多国家。神圣罗马帝国的西部与法国接壤，北部与丹麦接壤，东部与波兰和匈牙利王国相邻——匈牙利王国是哈布斯堡帝国的一部分，但不属于神圣罗马帝国。奥地利和神圣罗马帝国的重合部分包括恩斯河上下的大公国（上奥地利和下奥地利），施蒂利亚公国、卡林西亚公国和卡尼奥拉公国，蒂罗尔和福拉尔贝格，戈里齐亚、伊斯特拉半岛和港口城市的里雅斯特，以及在布赖斯高、施瓦本和阿尔萨斯的零散属地。哈布斯堡的绝大部分土地属于奥地利，但不属于神圣罗马帝国，如西里西亚、克罗地亚、斯拉沃尼亚、达尔马提亚和从土耳其人手中重新收复的特兰西瓦尼亚及巴纳特地区。波希米亚王国及其藩侯国摩拉维亚享有特殊地位。此外，意大利相当多的领土（如米兰公国和摩德纳公国）及奥属尼德兰都属于哈布斯堡帝国。奥斯曼帝国主宰着整个地中海东南部，尽管该国疆域在土耳其战争期间大大缩减。在更遥远的东方——目光所及之处——是辽阔无垠的沙皇俄国。以上大致就是本书的叙述所涉及的地理范围。

在18世纪末，执政并不是一件简单的事情；仅仅像约瑟夫的外祖父那样前去打猎和举办国宴是不够的。准确地说，查理六世皇帝的外孙所承担的任务是极其困难和棘手的，即便他是一个开明的君主，并和所有那些自诩为时代精神先锋的人一样，相信自己能够以理性的政策消除偏见和迷信，以理性的方式重新梳理人与人之间的关系。神圣罗马帝国有着众多难以控制的诸侯，而拥有数十种民族、宗教和语言的哈布斯堡帝国也极其复杂，无法以单一的方式进行治理。尽管约瑟夫的父母已经做出了改革努力，但奥地利的发展仍然落后于法国或普鲁士。由于战争的影响，国家债务已堆积如山。行政部门也难以跟上先进的改革理念。维也纳宫廷犹如一个巴洛克式的空壳，充斥着争名夺利的浮躁之风，杂乱无章且花费高昂。与此同时，欧洲的权力平衡也如钟摆一般危险地不断摇晃。

约瑟夫（1765年成为母亲身边的共同执政者，1780年起成为唯一的统治者）希望在哈布斯堡的疆域上建立一个现代国家，一片拥有统一的法律、标准化的机构和中央政府的领土。换句话说，他希望建立一个中央集权的政体，并使奥地利成为一个大国。[3]然而，我在这里必须补充一点，即使历史学家不会认同这种说法：他的祖辈对他的帝国的异质结构“难辞其咎”（实际上，欧洲其他王朝也是如此），因为他们以前从未将自己的领土视为国家。那些王朝是通过战争、政治婚姻和利益交换建立起来的，没有统一的行政机构，但有强大的地方贵族家族，他们控制着税收制度、司法行政和军队征召，并不定期地举行领地议会会议。哈布斯堡家族依赖于这些机制；他们的统治既不是不受限制的，也不是独立自主的，而是建立在一个相互依存的体系中。所有这一切在中世纪或许仍然合理，但到了 18 世纪，这种旧制度日益显得失调。因此，约瑟夫二世着手进行重大而全面的改革不足为奇。

要做到这一点，皇帝必须了解领土内的各种情况，因此他为自己安排了一系列深入帝国各个角落及整个欧洲的旅行。他想要收集数据和事实。他想要感知、倾听、分析。他想要了解这个世界并改变它。他的旅行处处都彰显着启蒙运动的原则；从某种意义上来说，这些旅行便是启蒙运动的具象表现。同代的人怀抱着对进步的乐观期待，普遍将启蒙看作沐浴着理性光辉的不断行进。然而，20 世纪的野蛮行径彻底打破了这一希望，而我们这个时代则对启蒙时代的盲点进行了审视，特别是认识到这些事业主要是由白人男性主导的。[4]

相比之下，约瑟夫的母亲一直对启蒙时代的哲人持怀疑态度，也许是因为他们几乎全是男性。她尽可能地在各种场合避开他们，但她还是选择了来自启蒙环境的教育者担任约瑟夫的老师（哪个母亲不是这样呢？），其中最重要的一位是宪法专家克里斯蒂安·奥古斯特·贝克。约瑟夫克制但聪颖、进步的父亲弗朗茨·斯蒂芬·冯·洛林也用他的思想教育着皇位继承人。尽管如此，约瑟夫的老师们还是不遗余力地试图让这个清醒睿智的少年穿上“紧身胸衣”。但他们“顽固”(今天人们只会称赞他意志坚强)的学生却不屈不挠，宁愿在刚被任命为共治者后就开始旅行，因为他认为与教育者和顾问相比，旅行能带给他更多的收获。

于是，那个乐于把自己的零用钱送给穷人的孩子成长为一位勇于离开舒适圈、认真对待人民的诉求和怨言的君主。他去察看他的帝国田野上随风摆动的庄稼；他亲手拿起农奴的犁，亲自感受地牢中的枷锁；他去体验道路的难行、河流的不畅、森林的错综复杂以及村庄的贫穷，了解乡村生活的辛劳和局促。他还去多瑙河上追踪奥斯曼帝国的运盐船，探望镇守帝国边境的士兵，造访罗马的教皇、那不勒斯的维苏威火山、凡尔赛和巴黎，以及他那个时代其他的开明统治者——普鲁士伟大的腓特烈大帝和俄国伟大的叶卡捷琳娜大帝。他比这两位“伟人”更激进，因为与腓特烈和叶卡捷琳娜相比，他对自己“国家第一仆人”的身份有着更加进步和深刻的理解。就远见和勇气这两种品质而言，约瑟夫远胜于缺乏进步意识的法国国王路易十六，后者是他的妹妹玛丽·安托瓦内特的丈夫。1777 年，当他在凡尔赛拜访两人的时候，便预见到了他们悲惨的结局。

约瑟夫将自己在旅行中看到的一切都仔细记录在了旅行日志中，随后写下了大量“报告”(通常很清晰)，并将它们提交给了母亲和国务委员会。毕竟，宫廷缺少获取信息的渠道不正是君主制的问题吗？约瑟夫相信，只有通过公正的实证研究，才能摆脱传统和偏见的束缚，做出明智的改革决定。“我没有任何先入之见。我只是去看、去听、去分析。”[5]

当约瑟夫独自在神圣罗马帝国担任皇帝时，他不得不在哈布斯堡帝国与他的母亲共享执政权，这种政府形式埋下了冲突的隐患。这不仅是因为与父母一方共同执掌一个帝国并不容易，更是因为两人在十五年中所经历的、在书信中为后世所记录的代际冲突实际上是一场划时代的冲突。他们的差异代表着新旧统治理解之间、前现代国家与现代国家之间、封建思想与启蒙思想之间的对垒。他们在这场游戏中扮演的角色通常泾渭分明，这里是大步向前的儿子，那里是犹豫不决的母亲，但他们的角色有时也会出于某些原因而发生逆转。不过，如果认为玛丽亚·特蕾西娅独自决定了那些年的政策而导致约瑟夫别无选择，只能逃离宫廷前去旅行，将是很不公正的影射。只有那些深信这位母亲对她的儿子的冒险心怀不满的人，才会被这种说法蛊惑。约瑟夫的远行并不是一种逃避；相反，这是他的政治纲领。他在1765年上任后不久便写道：“如果旅行对每个热爱思考的人来说都是有益的，那么对于一个拒绝一切快乐、只专注于他的行动是否有用的君主来说就更是如此。”[6]

即使是在1780年玛丽亚·特蕾西娅去世后的独立统治时期，皇帝仍然隐姓埋名地在欧洲旅行。他试图完成已经开始的改革计划——以闪电般的速度，有时甚至会动用蛮力，为此他在所有的旅行中都收集了例证材料。《宽容法令》的颁布和农奴制的废除，公务员制度的引入和对所有人征收的土地税，死刑和审查制度的废除，学校、医院和福利机构的建立，几乎没有人能够适应如此之快的变化。这让皇帝逐渐失去了耐心；毕竟他没有多少时间可以浪费，而且这些改革是完全合理正当的。那个时代正处在巨大的变革之中。

人民成为旧方程式中的新变量，因为他们不能再被忽视了。起初，这对约瑟夫来说只是一个模糊的承诺。他的老师们曾说过，作为国家的第一仆人，他有责任为所有人的福祉服务，因此——至少在他看来是这样——他也有责任为农民、工匠和雇农，甚至是可怜的乞丐和贫穷的母亲带去幸福。约瑟夫对宫廷和贵族、美泉宫的国宴和霍夫堡沉闷的晚会早已司空见惯。但这些民众的世界对他来说却是一个遥远的、未知的大陆。因此，他在很小的时候就萌发了想要了解他的人民的愿望。当他在旅行中遇到质朴的人们并了解他们的请愿时，这些情形和经历深深地印在了他的心中，成为他一生的念想，永远不会泯灭。因为他的人民活在巨大的混乱之中，处在生存的困境、黑暗和迷信之中。他们在许多方面都受到压迫。约瑟夫二世皇帝比同时代的其他统治者更愿意成为人民的守护者、一位试图了解人民及其境遇的君主。他走到城门边，聆听通常只有在爆发饥荒起义或农民动乱时才会被统治者注意到的人们的恳求。对弱势群体的关怀是他独有的人格魅力。

任何选择在年轻时前往异国旅行的人（不仅是出于对冒险的渴望，也是为了拓宽自己的视野），都知道旅行的经历将如何重塑自我。然而，只有最大胆的冒险旅行才能与约瑟夫所做的事情相提并论。他的旅行可不是在豪华邮轮上的巡游！毕竟，这位皇帝带着少量随行人员、一顶帐篷和他的鹿皮睡袋便踏上了旅行。那些曾被困在与世隔绝的村庄，不得不在简陋的小屋里求水的人，那些曾徒步穿越人迹罕至的野外，面对过极端困苦或流行病的人，才可以大致了解对于一个新时代的皇帝来说，离开他所熟悉的生活环境前去旅行意味着什么。

自16世纪在贵族间开始流行的“壮游”到18世纪时已经相当普遍，甚至出现了越来越多的向导。但约瑟夫很少走寻常路，他的兴趣比文化和教育旅行者要广泛得多。好奇心和求知欲把他带到了帝国的边缘地带，甚至是几乎从未有人踏足的地方，那里既没有道路也没有地图。因此，所有的旅行都需要在维也纳宫廷提前仔细规划。他命人绘制了标有路线的地图，准备好关于国家和人民信息的档案及夜间驿站和随行物资的清单。这也是一项庞大的整体性规划。尽管约瑟夫使用假名的旅行秉持着一切从简的基本原则，但他需要足够的马匹，而且来自维也纳的信使必须知道应该骑马到哪里送信。毕竟，约瑟夫在旅途中也需要处理政务，他必须阅读写给他的信件、回复消息、做出决策并安排空缺的职位。

然而，即使是最好的准备工作，也无法预测现实中的突发情况。不管有没有避震簧和垫子，任何人在隆隆作响的车厢里连续坐上几日都会患上痔疮。这也是皇帝骑马长途跋涉的原因之一。如果不想挨饿或生病，就必须带上日常用品——餐具、被褥、洗漱用具、足够的食物——及必要的随行人员。关于行李，有一条普遍适用的简单规则：身份地位越低，行李就越轻。皇帝要么是在简陋的旅馆或驿站的床上伸展疲惫的四肢，要么是在有相应关系的情况下住在亲戚的城堡里或社会地位相仿的友人的府邸里。但充当床铺睡垫、装满稻草或芦苇的麻袋常常布满跳蚤、臭虫和虱子——至少旅馆里的情况总是如此。

当上层人士的旅行因突如其来的天气变化、荒凉的道路、坍塌的桥梁、畏缩的马匹、打盹的马车夫而变得危险时，普通人则不得不担心小偷和强盗的袭击。对一些人来说，匿名出行给予了他们一定程度的保护，但对于以假名出行的皇帝来说，伪装的目的不在于此。他伪装是为了免于平时必须遵守的礼仪，即使他神圣罗马帝国皇帝的身份被人认出。最重要的是，伪装让他有机会与普通人进行真实且近乎平等的接触。

当然，我没有在本书中讲述皇帝的所有旅行；毕竟，他的传记作者、英国学者德里克·比尔斯曾经计算过，约瑟夫二世在统治期间有四分之一的时间都在旅行，总行程（包括在马车上和马背上的旅途）超过了赤道的周长[7]。我主要选择了那些为他改革贡献想法的旅程及那些最著名的旅程，如他在法国、奥属尼德兰的旅程或与叶卡捷琳娜大帝和波将金侯爵前往克里米亚的童话之旅。在阅读了大量文献（包括许多当时的资料、一手和二手文献）的基础上，在维也纳宫廷和国家档案馆度过无数个日日夜夜并仔细研读了十一箱手稿之后，我完全沉浸在了18世纪的世界之中，将自己代入了微服出行的皇帝，因此，我的讲述自然而然地具有了小说的特点。尽管如此，我讲述的一切都是经过验证的，没有任何凭空捏造的内容。这些对话和场景要么基于对资料的广泛研究，要么来自直接的引用（带有引号或注释），对资料感兴趣的读者可以在附录中进一步追溯。

一直以来令我着迷的一个问题是，约瑟夫二世在撕裂的18世纪的旅程具有何种现实意义。我们的世界正面临着巨大的区域差距和发展不均，弱者正变得更加脆弱，我们正在分崩离析的社会很久没有像当下这样陷入一场无法预知结果的革新危机之中，陷入在18世纪就曾反复出现的民众动乱、抗议和反抗之中。直到今天，约瑟夫二世仍会唤起人们对那些认真对待人民需求的政治家的渴望，他们走遍各个角落，倾听并给予关怀，而不是将自己封闭在权力中心。因此，这位微服出行的皇帝成了动荡世界中一个神秘的存在，而对其旅行的描述则成了一种对政治的可能性与局限性的研究。

目录

1764年

法兰克福

再无宫廷之旅

维也纳（Wien）—恩斯（Enns）—菲尔斯霍芬（Vilshofen）—施特劳宾（Straubing）—诺伊施塔特（Neustadt）—瓦勒施泰因（Wallerstein）—克赖尔斯海姆（Crailsheim）—梅根特海姆（Mergentheim）—霍伊森施塔姆（Heusenstamm）—**法兰克福（Frankfurt）**—霍伊森施塔姆（Heusenstamm）—梅根特海姆（Mergentheim）—**多瑙沃特（Donauwörth）**—林茨（Linz）—梅尔克（Melk）—维也纳（Wien）

约瑟夫已经受够了法兰克福城门之外的喧嚣。那辆被拆卸下来裹在床垫里运送至法兰克福的大型宫廷马车早已重新组装好了。为了让这辆富丽堂皇的马车顺利进城，人们拓宽了卡塔里宁普富特街的道路。加冕袍则被缩小了尺寸，皇冠被垫上了软垫。年迈的黑森-达姆施塔特方伯也已经接见了他们。那还在等待什么？

突然之间，在护送约瑟夫和他父亲弗兰茨·斯蒂芬前往法兰克福大教堂的庄严队伍中出现了一阵骚动。马儿紧张地打着响鼻。经过一番周折，车队才得以按正确的顺序重新排列。武器在阳光下闪闪发光。所有人都在这个新时代最为轰动的场面中认真扮演着自己的角色。随着钟声和雷鸣般的炮声响起，典礼终于开始了。在驶往市中心的途中，约瑟夫从皇家马车的窗口向外望去。今天是 1764 年 3 月 21 日，二十三岁的他即将加冕为罗马人民的国王。为了确保王位能在现任皇帝（此种情况下指其父弗朗茨一世）的有生之年稳妥无误地传递给他的继任者，人们用这个精心设计的仪式取代了皇帝加冕礼。

约瑟夫向天空望去。嫩绿色的树叶使他的心为之一震。它们在风中飘动、在阳光下闪闪发光的样子是如此美丽！马车隆隆地驶过城门，他望着灰色城墙后的树木，突然想起了三年前的一件事。

当时，他和年轻的妻子波旁-帕尔马公主伊莎贝拉共同踏上了前往玛丽亚采尔的旅程。在利林费尔德，他们在路上的一家熙笃会修道院过夜，在那里，他们并肩从一楼的窗户将钓鱼竿投向围墙脚下的鳟鱼池。整个阿尔卑斯山麓都在春天的绿意中闪烁着光芒。他们的婚礼刚过去不久。按照传统，这对新人应当前往玛丽亚采尔圣殿朝拜圣母。尽管早晨从美泉宫一路而来的六小时旅程令人感到疲惫，但两人还是耐心地在利林费尔德的修道院教堂里聆听了《又圣母经》[a]，然后才返回自己的房间。出乎意料的是，院长竟然为他们准备好了钓竿，并令人打开了朝向鳟鱼池的窗户。

"先生，你看！我太开心了！"[1]伊莎贝拉钓到了第一条鱼，她把这条拼命挣扎的鱼儿从屋墙上拉进屋，开心地发出了银铃般的笑声。可当她看见鱼儿在木地板上喘着粗气，挣扎着扭动滑溜溜的身子时，她又几乎快要心疼地哭出声来。约瑟夫永远不会忘记这一幕。蜜蜂和蝴蝶在窗台上飞舞，到处都弥漫着丁香盛开的味道。他轻轻抚摸她的前臂，轻轻地，似乎没有任何目的。但与往常不同的是，她这次没有推开他。只见她的脸颊上泛起一丝红晕。她刚才是不是太累了？在享受过这种忘我的童趣后，她默许了他的行为。他把她抱在怀里，不停地亲吻她，然后把这个紧张到只知道傻笑的女孩抱到了为她准备的床上。他从来没有像随后的几个小时那样开心过。在醉人的爱意中，他忘记了一切，忘记了宫廷、母亲、皇帝，也忘记了自己作为哈布斯堡帝国继承人的地位——要知道，哈布斯堡帝国很可能是当时欧洲最大、最重要的帝国。但即使是有时痛苦地克制着爱意的她，这一次也放松了下来，毫无畏惧。她怀着温柔的奉献精神，在他的热情面前卸下了所有防备。

---

a—《又圣母经》是罗马天主教对于圣母玛丽亚的祈祷经文。

第二天，他写信给“尊敬的陛下”（Votre Majesté）——这是对他母亲的正确称呼（他们同彼此交流的时候使用的当然是法语）。他告诉母亲，受幸运女神的眷顾，他钓到的鳟鱼数量最多。但提到“幸运”这个词，他的脑海里便都是她的影子——那个他温柔爱着的新娘——因此他很快补充说，他比以往任何时候更爱伊莎贝拉，这不仅是因为她一直以来无可挑剔的优雅举止，更是因为他在利林费尔德的那个下午见到，她像他一样深爱着他的母亲。[2]

法兰克福：华丽的入城礼与破碎的心

约瑟夫的白日梦很快就烟消云散了。法兰克福的典礼击碎了那些令他魂牵梦萦的回忆，让他想起了光彩照人的伊莎贝拉的突然死亡，想起了他与伊莎贝拉的短暂婚姻早在几个月前就已经随之结束。这场有着数百年历史的罗马人民国王的加冕仪式，是他身为皇帝弗朗茨一世之子不得不忍受的，它提醒着他，他现在必须承担基督教世界最高统治者的义务，扮演他生来便被赋予的哈布斯堡帝国统治者的角色。所有这一切，王冠上的每一块宝石、加冕礼上的每一件华服、脚下迈出的每一步以及在场见证者的每一个手势都有历史悠久的意义。如同管弦乐队一齐奏响美妙的乐曲，这场精心设计的仪式让神圣罗马帝国及其数百年的历史在一场持续数日的感官盛宴中变得栩栩如生。

游行队伍的领队由鼓手、小号手、步行的市镇代表和法兰克福的骑兵组成。帝国元帅的随从紧随其后，接着是六名世俗选帝侯代表，每个人身后都跟随着一支大型护卫队和数驾皇家马车。再往后便是无尽的教会选帝侯队伍，来自科隆、美因茨和特里尔的大主教身着华丽的长袍，每个人都带着随从，神情肃穆。所有人都在用力地展示着，他们在有权势之人中身居最高位，有权选出皇帝，也就是罗马人民的国王。最后亮相的是装饰着绘画、黄金和漆器的皇家豪华马车，透过车身上光滑如镜的宽大窗户可以窥见车厢内部，看到皇帝和他的儿子。[3] 马车的每一处都镀着金，甚至连马具也随着马儿的跑动在阳光下更加闪耀夺目。

仅仅是这场加冕礼童话般的辉煌和无边无际的宏伟，就足以让同时代的人屏住呼吸，让驻足围观的群众切身感受到那“似乎由上帝赋予”的秩序所蕴含的无可辩驳的力量。这里的“似乎由上帝赋予”只会从后世之人口中说出，他们已经因世俗化而永远远离宗教神秘。而在当时，无论对农民还是王公贵族来说，君权神授都是无可辩驳的神圣法则，它和上帝本身一样不容置疑。受到上帝委派、在其职位上履行上帝意志的统治者同样拥有神圣的权力。这就是为什么现实中的加冕礼也要以天主教大弥撒的形式在城市的修道院教堂中举行。在现场所有人的祈祷中，皇帝的权力与荣耀将得到千百倍的体现。

到处都弥漫着熏香的味道。大教堂笼罩在闪烁的烛光中。吟唱和祈祷以交替的节奏涌入哥特式风格的大殿。所有人都屏住了呼吸。约瑟夫披着厚重的加冕袍跪在地上，接受三位教会选帝侯共同授予的王冠。他感觉到父亲的目光落在了他的肩上。作为弗朗茨一世皇帝，他不也曾这样效忠宣誓要成为教会的保护者、帝国的守护者和公正的裁决者，并因此承担起广泛的义务（其行动范围不再像查理曼时代那样单一）？如今，查理曼的“咎瓦尤斯”[a]被移交到了约瑟夫的手中。

突然之间，他觉得自己再次像小时候那样感受到了父亲的存在。那时，父亲是他的“老师和朋友”，是他心中令人敬仰的“王朝最伟大的君主”。[4]弗朗茨·斯蒂芬会带他一起去打猎，带他去看博物标本柜。现在，他重新感受到了父亲温柔且温暖的一面——这一次，他没有再将父亲与渴望权力的母亲进行比较来贬低他。他本来不就是一个具有优秀品质且非常讨人喜欢的人吗？在后来给玛丽亚·特蕾西娅的信中，约瑟夫承认他发现“昨天的仪式庄严肃穆且令人印象深刻”，而且他还提到他试图“尽可能地展现出最好的一面，并让自己看起来举止自然”。皇帝陛下告诉我们，“他无法控制自己的眼泪”。[5]

当时还未满十四岁的约翰·沃尔夫冈·冯·歌德也在人群中。半个世纪后，准确来说是1811年，他在自传《诗歌与真理》（*Dichtung und Wahrheit*）中记下了当天的盛况，因此他可能是这场加冕礼最著名的记录者。那时，约瑟夫二世的侄子弗朗茨二世已经摘下了神圣罗马帝国的皇冠，为的是阻止拿破仑掌控帝国。在法国大革命的废墟和拿破仑战争的破坏中，一种新的世界秩序逐渐建立了起来。歌德将这种新的精神融入了他的见证，并把这场加冕仪式描述成一个怪诞的“舞

a— 咎瓦尤斯是传说中查理曼所持有的宝剑。

台世界”，一幕脱离时代的奇观。于是，这场仪式便以错误的方式印刻在了后世之人的记忆之中。此外，他认为自己已经洞悉这位年轻国王的忧伤。在教堂的钟声和欢呼喝彩声中，国王离开了大教堂，走向了“罗马人”[a]。据歌德说，他，约瑟夫，“穿着饰有查理曼珠宝的宽大服装，像是要隐匿身份一般，吃力地向前迈着步子，因此连他自己都会时不时地看向他的父亲，忍不住露出尴尬的笑容”。歌德在他的描述中继续说道：“那顶必须要由人民供养的王冠，像一座拱顶一样从他的头顶隆起。那件达尔马提卡，也就是圣衣，即使有着完美的做工与出色的剪裁，也丝毫无法为国王的着装增色。权杖和宝球引起了人们的惊叹……”[6]歌德甚至在未经允许的情况下，设法参加了随后在法兰克福旧市政厅举行的国宴。他成功说服一个仆人借给他一只银碗，以便趁人们在市政厅外的广场上享用烤牛肉和从喷泉里喷涌而出的酒时，混入服务人员的行列。[7]

毫无疑问，约瑟夫在法兰克福遭受了痛苦的折磨。极度的奢华与严格的礼仪让他觉得自己如同在一个镀金的笼子之中，但这并不是他痛苦的全部来源。好比狄德罗的《百科全书》被摆放在法国国王路易十六的图书室里一样，他的批判精神不合时宜。在家中，他就像在马背上一样轻松自在，他轻装便服地在草地上和森林中驰骋，不断发现新的土地，迎接危险的挑战，学习新的知识。在那些与他的地位相去甚远的冒险之中，了解他普通臣民的命运对他的改革来说是不可或缺

a—“罗马人”是法兰克福旧市政厅的别名。

的。他是否也能改变神圣罗马帝国，同时像他的祖先一样娴熟地让帝国皇冠的古老辉煌在哈布斯堡的土地上再次闪耀？

然而，他的忧郁源于另一个更深层的原因。华丽的入城礼、庄严的加冕弥撒、宴会，一切都与他四年前在维也纳举行的婚礼十分相像，这让他的心再一次被深深地刺痛。“这次入城礼让我的内心深处发生了翻天覆地的变化，我需要用尽所有的力气才能勉强打起精神。在我看到那个美丽而心爱的灵魂离开的仅仅四个月后，我的选举开始了……在我不得不与她天人两隔的境况下，我迎来了入城礼……我的悲伤给每个人都带来了负担，因此我必须把所有感受都压抑在内心深处，每日以假面示人。请原谅我伤害了您温柔的心。但请怜悯一个……处于真正的绝望中的儿子。”[8] 他恳求母亲的理解，令人动容。但玛丽亚·特蕾西娅早已安排好了替代伊莎贝拉的人选。一个国王和未来的皇帝不可能保持独身。

法兰克福：被忽视的人民

歌德在描述这位年轻的皇帝时不可能知道这一切。但还有一起对约瑟夫产生了重大影响的事件也是这位文采斐然的观察家没有注意到的。约瑟夫在写给母亲的一封信中报告说：“陛下，如果您在场，您将对现场的混战感到愤慨，因为军队正以十分可怕的方式对民众发起不必要的攻击。不过，人民的反击最终大获成功，手榴弹兵在他们的攻击下四处逃窜，然而就在那些人开火时，一颗子弹致命地击中了一个十九岁的女孩。”[9]

多么不寻常的关注点。谁会关注人民的事务？他们难道不就是一群爱凑热闹、粗鲁，有时甚至是难以控制的暴徒，只能交给士兵们的枪林弹雨来对付吗？即使是公认的最完美的开明君主腓特烈大帝，也不会对下层阶级产生同情；对他来说，学者和自身的利益就是一切。只有约瑟夫会有这样的慈悲之心！这就是他的不寻常之处，也是他在当时的统治精英中不受欢迎的原因。他的母亲肯定也已经注意到他在法兰克福时就已经做好准备，要以新的方式进行统治。

加冕仪式结束后，皇帝与罗马人民的国王这对父子继续留在法兰克福参加国宴与会晤活动。选帝侯卡尔·特奥多尔现身向陛下致意——他错过了实际的加冕礼。不论是有意还是无意，这场会晤起初笼罩在一层阴郁的氛围之中，因为宫廷不久前才支付给他一笔可观的钱款，希望设法消除他对约瑟夫当选的偏见，使他心怀善意。法兰克福的一个犹太人代表团也出席了活动，并献上了五百枚金币。当地的犹太社区是整个德意志最大的犹太社区，也是重要的金融中心，因此能够负担得起这份慷慨的礼物。这位年轻的君主是否也会倾力支持他们的事业，为犹太人争取宽容和公民自由？

约瑟夫留意到当他的父亲与来自帝国各个角落的使节交谈时，他是多么的迷人，多么的能言善辩和思想开明。这并非偶然。弗朗茨·斯蒂芬凭借他的私人工场、田地，以及他在欧洲交易市场上的精湛筹划，积累了一笔实打实的财富。约瑟夫的父亲从大主教手中接过皇冠不过是不到二十年之前的事情。皇帝之位并没有赋予他至高无上的权力，但还是给他带来了显而易见的好处。实际上，位于维也纳埃尔茨豪森的宫殿具有优越的地理位置和交通网络。玛丽亚·特蕾西娅作为哈布斯堡的统治者与帝国的所有王侯平起平坐，但皇帝的地位却高于他们所有人。他代表着最高的法律权威，即使未解决的案件在韦茨拉尔的帝国最高法院堆积如山，维也纳的帝国宫廷法院总是因偏袒天主教徒而受到批判。此外，只有他一人可以在帝国范围内提升贵族等级、安排空缺职拉、授予特权并削减帝国教会冗余的职位。

简而言之，他的手中握有相当大的权力。即使民众对帝国制度的信心在 18 世纪有所下降，但它仍然被视为大约两千五百万臣民仰赖的崇高体系。良好的帝国政策首先应当具有加强帝国联盟的作用，这一点新近体现在 16—17 世纪的土耳其战争期间（战争由哈布斯堡家族发动，战争费用则由帝国联盟支付）。其次，应当对帝国的机构进行改革。这就是约瑟夫现在计划要做的事情，但是帝国政策和欧洲联盟政策截然不同，因此改革并非易事。

“我亲爱的儿子，”皇帝知道约瑟夫对这些浮华与虚饰深恶痛绝，他在下一个前来拜会的使节面前把约瑟夫拉到一边，“你要看看有什么机会向你敞开。我死后，你将成为欧洲最强大的统治者。”

约瑟夫感到不解。“那位陛下，我崇高的母亲，”他迅速反驳道，“她也曾亲口说过，加冕礼不过是场闹剧，而且支出了大量不必要的费用。”[10]

“噢，我亲爱的米茨，”弗朗茨·斯蒂芬用他最爱的昵称称呼玛丽亚·特蕾西娅，“那是另一回事。”[11]

约瑟夫知道他父亲在想什么。

他的母亲总是淡化帝王之冠的重要性。[12]1740年她登基之初就在奥地利王位继承战争中对帝国的贵族们深感失望。他们没有充分支持奥地利对抗普鲁士，从而间接导致了西里西亚的丢失，这是她整个统治生涯中最大的败笔。此外，神圣罗马帝国的皇帝必须由男性担任，因此，尽管她统治着哈布斯堡的世袭领地，包括波希米亚、匈牙利等，但仍然无法掌管整个神圣罗马帝国。在随后的一段时间里，她只能煞费苦心地借着（她丈夫的）皇帝之尊带来的荣光，以“皇后”的形象留在后人的心中（弗朗茨·斯蒂芬在1745年便加冕为皇，如今她的儿子也被授予了这一身份）。不过，约瑟夫也是因为她才能成为皇帝，哈布斯堡帝国的权力根基对法兰克福的选举来说非常关键。

多瑙河：自由的气息

1764年4月10日，约瑟夫一行沿着一个月前从维也纳出发参加加冕仪式的路线，踏上了回程。意大利外科医生乔瓦尼·亚历山德罗·布兰比拉及两位画家约翰·达林格·冯·达林和文策尔·波尔也在皇室的随行人员之中。[13]维也纳宫廷的肖像画大师马丁·范梅滕斯专门将这两人派往法兰克福，以便他们能在现场绘制加冕仪式的草图，并将这些草图作为五幅大型油画的底图送回他的工作室。

旅行队伍在多瑙沃特将交通工具从马车换成了四十艘船，因为水路比陆路要快得多。约瑟夫在给玛丽亚·特蕾西娅的信中说：“我看到了许多汇集在一起的船只，还有大量围观的民众，场面确实很壮观。”[14] 但很快，画家们的情绪变得紧张起来，甚至可以说是极为恐慌。恶劣且多风的天气使多瑙河上的旅行变成了一项危险的任务。就像那个时代的许多人一样，达林和波尔不会游泳。他们所在的备餐船倾斜得厉害，很快就会搁浅。两人惊慌失措地用一只手握着船的栏杆，用另一只手努力控制着他们笨重的设备和无数的草图，几名勉强能在深水中行动的水手则试图把他们从船上拉下来。

“让旅行见鬼去吧！就算有十匹马也不能再将我拖上这样的驳船。”

两人的狗对着它胆小如鼠的主人狂吠。最后，他们在大喊大叫和呼救声中与厨师、掌酒师一起爬下了船。谢天谢地，那些草图完好无损。[15]

约瑟夫站在船舷旁朝备餐船的方向望去，风吹乱了他的头发。烤乳猪的香气不断从他身边飘过，直至那艘船最终消失在浪花中。感谢上帝，画家和狗都得救了！但不知何故，这一幕也有一些触动人心的有趣之处，所以他不由自主地笑了起来。他笑得越来越肆意，越来越酣畅淋漓，当然，是在没有引起任何人注意的情况下。在这次旅行中，他第一次感受到了自由，他暴露在风雨之中，任由不可预见的事件摆布，这些事件比宫廷旅行中的所有喧嚣更有力量。此时，他已经彻底厌倦了一路上经历的繁文缛节和大小琐事。

当船只在暴风雨中来回摇摆时，他心中萌生了一种前所未有的冒险欲。他感到这份欲望将会主宰他今后的生活。他迫不及待地想要去探险，不管前路有多少危险！他想要拿出所有的胆量，去探索未知！只是，他再也不会像此次前往法兰克福那样旅行了！他不愿再进行任何宫廷旅行，他一边看着多瑙河畔的风景，一边对自己发誓。宫廷旅行的传统可以追溯到查理曼上任后建立的巡行制度，根据这一规定，君主必须带着家人与廷臣巡访帝国的每一个角落。对约瑟夫即将展开的事业来说，随行人员的庞大规模和由此产生的组织工作构成了一种讽刺。每个驿站都有四百五十匹马随时待命，更不用提还须为夜间停留准备临时的住所和所需的食物。至于行李的数目则更加难以想象，因为每个人都必须根据自己的等级和职责配备大量的服装。约瑟夫摇了摇头。他只能把这次宫廷旅行看作继续前进、取得进步、获得知识的反面。这是一次充满束缚的畸形的“冒险”。此外，这次出行开销不菲，一共花费了两百万古尔登。

因斯布鲁克：突如其来的死亡与生命的沉重

一年后，1765 年 8 月 18 日那天，约瑟夫在因斯布鲁克亲历了父亲的死亡。

“母亲，陛下，我的父亲……”约瑟夫无法再继续说下去。他依旧喘不过气来，这不是因为他必须跃过几层台阶才能迅速抵达他们的房间，而是出于震惊。他的父亲突发心肌梗死。

玛丽亚·特蕾西娅看着他，似乎在他向她迈出第一步的那一刻，她就预料到了这一切。她挣扎着站起来，试图用一个不悦的手势阻止他继续说话。

“我非常抱歉……您心爱的丈夫……”约瑟夫结结巴巴地说道，试图把皇帝突然离世的噩耗告诉她。

现在，她颤抖着身子，双腿弯曲，浑身瘫软无力。约瑟夫扶住母亲，就像他不久前在通往因斯布鲁克霍夫堡皇室寝宫的走廊里扶住在观剧后晕倒的父亲一样。他感到世界上所有的声音似乎都突然消失了，甚至连地球的转动都放慢了许多倍。远处传来了侍者的声音。他们把离世的皇帝抬进最近的房间，将其暂时安置在床上，之后就一直跟着约瑟夫。现在，他们从他手中接过母亲，将她搀扶到休息的地方，找来医生给这个昏迷的女人扇扇子。

那天是约瑟夫的弟弟利奥波德与西班牙的玛丽亚·路易莎举行结婚庆典的最后一日。婚礼选在因斯布鲁克举行，因为新娘的父亲，即西班牙国王，不希望在维也纳举行婚礼。就在五年前，约瑟夫才作为哈布斯堡的继承者和未来的皇帝与伊莎贝拉在那里成婚，其婚礼的规模与奢华程度空前绝后。这场婚礼旨在展示哈布斯堡帝国在七年战争中的强大国力，并通过其童话般的梦幻为人们的匮乏生活送去一丝甜蜜。因此，皇帝的另一个儿子在同一地点举办的婚礼是绝无可能与之比拟的。此外，因斯布鲁克离意大利较近，对新娘来说本来极其艰巨的旅途将会因此缩短。而且，这里距离利奥波德将要统治的托斯卡纳也不算太远。出于这些原因，玛丽亚·特蕾西娅将婚礼的组织工作交给了蒂罗尔的总督、居住在因斯布鲁克的卡西安·恩岑贝格伯爵和他的妻子索菲——后者曾经是玛丽亚·特蕾西娅的女官，也是她最亲近的人之一。[16]

“让我看看他！”想要同挚爱的丈夫再见一面的迫切愿望使玛丽亚·特蕾西娅慢慢恢复了意识。

“陛下，我请求您！将父亲的音容笑貌留在您的心里吧，求您了，陛下。”在一名飞奔过来的侍从的协助下，约瑟夫试图阻止他的母亲冲向死去的弗朗茨·斯蒂芬。医生将一只闻香瓶放在她的鼻子下方，一名侍女递给她一杯水，但皇后拒绝了这一切。在约瑟夫片刻不离的陪伴下，她陷入了一种奇特的半昏迷状态。

接下来会发生什么？失去了父亲的儿子充满了忧虑。随着父亲死讯的公布，他将自动被任命为神圣罗马帝国的皇帝。这一天的到来比他预期的要快，而且过于突然。他心爱的母亲又会变成什么样？她深爱的丈夫已经成为她的一部分，她将如何面对他的死亡？作为她的儿子，约瑟夫能给予她安慰吗？或者说，有人能做到这一点吗？她是否会因为过度悲伤而退居幕后，把哈布斯堡土地上的国家事务交由他处理？如今他二十四岁，许多君主在这个年纪早已登上了王位。他当然知道该如何承担这一重任。然而，突然之间成为庞大的哈布斯堡帝国的统治者依旧让他感到害怕。诚然，作为神圣罗马帝国皇帝，他在理论上是凌驾于哈布斯堡帝国之上的，但他还是要把统治奥地利作为自己最紧迫的任务。

在皇帝逝世的当晚，特快信使便向维也纳和德意志的所有大使送去了消息。在因斯布鲁克放置三天之后，弗朗茨·斯蒂芬的遗体被送到了停靠在蒂罗尔哈尔码头的一艘驳船上，随船只沿着莱茵河和多瑙河从帕绍回到了维也纳。他的遗体停放了三天，之后于 8 月 31 日被安葬在皇家墓穴中。在官方悼念期间，棺木通常必须保持敞开的状态，但斯蒂芬的棺木几小时后就被合上了，夏日的炎热天气使得难以忍受的臭味散播到了前排的哀悼者身上。

玛丽亚·特蕾西娅再也不会脱下她的丧服，再也不会庆祝节日或是打牌，再不也会错过每日的弥撒，再也不会与丈夫同床共枕——她坚持与弗朗茨·斯蒂芬同床而睡，这在当时足以成为一则丑闻。9 月 12 日，她在维也纳写信给索菲："待在这里令我无法忍受，在这里每度过一天，我的痛苦便会增加一分。我无法表达我在维也纳感受到的苦闷有多深，总之比在你们那里时要多得多。皇帝已正式成为共同执政者，宫廷依旧如故。我对皇帝非常满意。"[17]

这标志着一个新时代的开始。玛丽亚·特蕾西娅很快就恢复了精神，她在重新露面之后所做的第一件事就是宣布她的儿子将在哈布斯堡的土地上与她共同执政。她让每一个人都知道，她太疲惫、太伤心、太孤独了，无法独自承担政府的事务。但她也不厌其烦地重申，她不想完全退居幕后，到因斯布鲁克或修道院去并不是她想要的。"只有上帝知道我的悲惨生活还要持续多久……请不要弃我的儿子于不顾，我看到他和您说话时毕恭毕敬。请忽视我的存在。我很感激您，因为我从不怀疑您对我的感情。”她向她的知己、首相文策尔·安东·考尼茨坦言。[18]

实际上，她和首相关注的是共同执政的政治策略。为了帝国的统一并抵御土耳其的威胁，新皇帝必须得有领土作为权力基础，否则可能会陷入位子不保的危险境地。此外，共同执政权将把皇帝与哈布斯堡的利益联系在一起（玛丽亚·特蕾西娅与考尼茨私下讨论过这个问题）。作为神圣罗马帝国皇帝，约瑟夫的地位在她这个哈布斯堡的女大公和执政者之上。至少在理论上，他可以反对他的母亲，但不能反对作为共同执政者的自己。聪明的想法！她将约瑟夫置于一个不可能的位置上——他既是基督教世界的最高统治者，同时又依赖于他的母亲——这是她在弗朗茨·斯蒂芬身上已经实践过的事情。

但约瑟夫和他的父亲不一样，他年轻、急躁且满怀改革理想。1761 年，他曾向父母阐明他的政治理念——他把它们称为《遐想》（*Rêveries*）——现在，他又开始撰写内容更加丰富的思想报告，其中总结了他在国务委员会和战争委员会中学到的与治国理政有关的一切及一个开明的君主应该怎样思考这些问题。这些问题涉及服务于经济需求的定居项目、军队的现代化、行政管理的集中化和标准化、取消无意义的审查制度、宫廷的紧缩措施以及选贤任能。在授予职位时，最重要的考量因素不是出身和财力，而是涵养和可靠。“好心的老爷们认为，如果他们的儿子参加弥撒，念珠祷告，每两周去忏悔一次，并且只阅读告解神父所允许的书籍，他们就能取得伟大的成就，成长为伟大的政治家。谁敢不说：这是个好孩子，很有教养！然而，我会回答：如果我们的国家是一个修道院，而我们的邻居是加尔都西会[a]的话，那确实如此！”[19] 自丈夫去世后，狂热的天主教女君主变得愈发偏执，与她之间的争吵已经成为不可避免的事情。

维也纳：当旅行成为日常的一部分

1766 年 7 月底，约瑟夫结束了他首次较大规模的视察之旅，巡访了波希米亚、萨克森、西里西亚和摩拉维亚这些地方。这次旅行将他带到了七年战争的战场上。他一路行进至德累斯顿，与腓特烈大帝的所在地仅有一步之遥。沿途道路出乎预料地平顺，车队很快就穿过了一片片森林。然而，民众贫苦潦倒的生活深深地触动了皇帝的心。在这场已结束的战争中，波希米亚的农奴受伤最深。在战争之下，农业生产力遭到了极大的破坏，粮食储存也已消耗殆尽。当约瑟夫后来命人将自己锁在斯皮尔伯格要塞的地牢里时，年轻气盛的他第一次切身体会到了臣民的命运。

回到作为神圣罗马帝国的皇帝和哈布斯堡的共同执政者的日常生活中，1767 年春天的一个日子里，约瑟夫独自坐在办公桌前，只裹着一件晨袍。此时还没有任何人来打扰他。侍从们将服侍他更衣，

---

a— 天主教隐修院修会之一，又称苦修会，因创始于法国加尔都西山中而得名。

提醒着他的宫廷生活由一连串无尽的义务和责任组成。他拿起了纸和笔。

“如果旅行对每个热爱思考的人来说都是有益的……”他的手迅速在纸面滑动，但随即又停了下来。他应该如何描述自己在旅途中的经历，应该如何描述这幅在他脑海中不断浮现、令人不安的荒凉世界的图景？当他在马车上望向外面的村庄时，是不是已经下定决心要做点什么，以对抗内心的不安？

“如果旅行……对每个人来说……”他又看了一眼他写下的文字，然后继续写道：“那么，对于一个拒绝一切快乐、只专注于他的行动是否有用的君主来说就更是如此。”[20] 是的，就是这样，这就是他想去旅行的原因。他一整晚都没有休息，各种想法从他的脑海中掠过，如电光石火一般，速度飞快。现在，他的计划及其所有的细节清楚地浮现在他的眼前。他毫不怀疑自己行为的意义。相反，正是他的想法为国家和政府带来了巨大的好处，为改善各种关系带来了贡献，他才如此深受鼓舞。现在他需要做的只是快速勾勒出他的行程，他既感受不到饥饿，也察觉不到清晨的寒冷。她，他的母亲玛丽亚·特蕾西娅，几乎从未离开过维也纳（考虑到她在将近二十年的时间里不断地生育，又因为患过天花而毁容，这倒也在意料之中）。她应当明白，如果他能够按照精确的计划进行大约四次长途旅行（当然，秘密的旅行次数要远远超过这个数字），亲自了解哈布斯堡领地的情况，将会带来不可估量的巨大价值。

因此，他将穿过德意志西南部前往比利时，然后穿过奥地利南部前往意大利，拜访他的弟弟利奥波德和托斯卡纳，第三次旅行将前往克罗地亚和奥地利亚得里亚海岸，即奥地利滨海地区，最后前往匈牙利和特兰西瓦尼亚。鉴于欧洲当时正处于和平时期，而皇帝本人也身体强健、精力充沛且雷厉风行，所有这些旅行都将在未来四年内进行。

他不安地站了起来，在房间里来回踱步。当然，没有什么事情比这更加紧迫了！这样的旅行只会给他和国家带来益处。他常常觉得共同执政就像一件过于紧身的束身衣，通过旅行，它将成为一种有意义的、真正令人信服的政府形式。他接着想到，欧洲大概鲜有统治者能够扛得起这样的治理方式：一方面完全待在宫殿中处理工作，另一方面则通过旅行不断增长见识。此外，他只有二十六岁，还能在办公桌前统治很长一段时间，而他的母亲则因为养育了十六个孩子已变得行动迟缓，年过五旬的她甚至不愿前往普雷斯堡的匈牙利议会。

“将自己的观察与正确比较的能力结合在一起是非常有用的。”他进一步写道，“见到有德才的人，便可以向他学习，见到没有才德的人，就要避免自己身上出现这些缺点。”他当然会参观军事要塞、战场和边境防御工事，但不仅如此，河流、海洋、港口、矿场、制造场等地点也在他的考察范围之内。他将在各首府停留，直到他对当地的行政管理情况有所了解，直到他对官员的素质、他们的任务难度、他们的性格特点有所掌握，并理解为什么会有这么多的事情都处于混乱状态。没有什么比这更重要的了，在他与母亲的共同执政中，他最想做的事情便是为哈布斯堡的世袭领地及这个没有真正名称的国家联合体的王国、公国、伯国、领主土地和城市建立一个高效运作的管理机构。在他看来，这是所有改革中最伟大、最崇高的一项，如果没有这项改革，其他的改革措施便都是空中楼阁。

毕竟，这是他作为王位继承人在这些年的教育中反复学到的东西："国家必须合理而统一地建构。"塞缪尔·冯·普芬道夫的自然法理论主张人类在造物主面前自然平等，约瑟夫对此深表认同。例如，他在登基那年写下的著名思想报告中描述了他对启蒙的理解："我们的父母只能给予我们肉身，因此，国王、伯爵、公民和农民之间没有区别。灵魂和精神则是造物主赋予我们的；优点和恶习是良好或不良教养的结果。"[21] 自从他在地理、历史和政治学中了解到关于他的国家的一切后，他就一直无法摆脱不安的感觉——在理论上经过深思熟虑的事情，在纸面上往往只能拼凑成一幅同质的画面。他需要数据、地图、实证报告、调研和普通人的请愿。他只想要获得有关所有事情和所有人的各种数据。有了足够的数据，就能发现其中的关联性。这是对《百科全书》的编纂者及其思想之父——法国作家和哲学家德尼·狄德罗——所传播的新思想的一种呼应。[22] 知识、理解和连接可以带来新的观念，这是吹遍整个欧洲的希望之风，是对看似构成了生命合理基础的神学与形而上学的摒弃。实际上，一切都非常简单；国家的构成就像自然现象一样可以被观察到，只需要收集它们的关键数据，便可以系统地描述由此产生的各种关系。换句话说，一切都基于实证和理性的分析，没有任何超出实际情况的夸大或过度解释。他的思想终于可以自由地呼吸，他的智识终于找到了用武之地。

约瑟夫的目光落在腓特烈大帝的一幅画像上。自从他读了腓特烈的《反马基雅维利》之后——他的老师贝克本不必鼓励他这样做——便一直将这位普鲁士国王看作他的榜样、他的秘密英雄、他的偶像。因此，他非常认真地计划前去拜访这位志同道合的国王，但由于他的母亲已经阻止过一次他的出访，所以这一计划暂时是秘密的。毕竟，自从腓特烈夺取了西里西亚的大部分地区后，他就一直是玛丽亚·特蕾西娅公开的宿敌。当他二十三岁的对手在维也纳登上王位后，他立即入侵西里西亚，挑起了奥地利王位继承战争。结果，整个欧洲都将炮火对向了这位年轻的执政者，玛丽亚·特蕾西娅在匈牙利的帮助下才得以挽救她的帝国，但仍然没能拿回西里西亚。

他还想去瑞士、法国、俄国和英国这些外国领土旅行，因为他期待获得新奇的见解。但这些事情目前也需要保密；他对宫廷里层出不穷的阴谋再清楚不过了。

“我不需要任何无用的舒适，所以成本会被控制在有限的范围内，而且正如您所知，作为一切形式主义与繁文缛节的敌人，我将回避各种社交场合，不会进入那些达官贵人的宅邸。”[23]没错，他打算一直隐姓埋名地旅行，没有什么比这种做法更明智和实用了。他将轻装便服，选择低调的黑色下装，他的上衣和马甲虽由细布制成，但没有显示他高贵身份的边沿，他的帽子上也不会装饰羽毛。他会睡在普通的旅店里，一张铺着稻草的鹿皮和一条毯子便是皇帝所有的寝具。[24]

这种重塑自我的方式，与他的身份和职责格格不入，这会让他的母亲十分不悦，因为她认为微服出行是对他生来就注定的身份的背叛。可她知道什么？如果他每次都被迫按照正式宫廷旅行的规格出访，他就无法去更远的地方，国库很快就会亏空，更糟糕的是——各地的民众会在对皇帝到来的期待中编织一个又一个精心的谎言。最终，他将无法看到任何真实的情况。在他的旅行特别是国外旅行之中，他将使用法尔肯施泰因伯爵这个头衔。完美的计划！毕竟，这个称呼源自神圣罗马帝国中部的沃尔姆斯附近的一个伯爵领，该伯爵领通过洛林的继承权归入他的名下，实际上是他唯一可以独自支配的领土。

此时，皇帝已在侍从的服侍下穿戴整齐，动身参加国务会议。国务会议每周二和周四举行，需要他和母亲共同出席。他把信件装在一个信封里封好，将其交给一名侍从。虽然他的母亲就住在霍夫堡的另一翼，但他们已逐渐习惯了用书信来交流。因此，他们的所思所想总是能白纸黑字地呈现出来。他们这么做本来是为了避免冲突，但收效甚微，因为他们之间实在有太多让彼此异常恼火的矛盾。对玛丽亚·特蕾西娅来说，皇帝的旅行仍然是“可怕的远行”。[25]

1768年

巴纳特

无数的上访者如何重塑皇帝的认知

维也纳（Wien）—拉布（Raab）—**佩斯（Pest）**—塞格德（Szegedin）—**阿拉德（Arad）**—**卡波纳克（Kapolnack）**—**奥尔索瓦（Orsova）**—杜波瓦（Dubova）—**托马舍瓦茨（Tomaschowitz）**—**蒂米什瓦拉（Temesvár）**—彼得瓦尔丁（Peterwardein）—**泽蒙（Semlin）**—阿尔特格拉迪斯卡（Altgradisca）—奥西耶克（Essek）—佩斯（Pest）—拉布（Raab）—普雷斯堡（Pressburg）—维也纳（Wien）

期待已久的自由时刻终于到来。1768 年 4 月 16 日清晨，当约瑟夫骑马穿过多瑙河大桥从布达到达佩斯时（这两座独立的城市直至 1873 年才合并为布达佩斯），他所有的紧张情绪都烟消云散了。组成浮桥的系绳驳船在马车轰隆驶过时吱呀作响，来回摇摆。[1] 地平线上的第一道亮光预示着新的一天，匈牙利王国的行政中心佩斯的轮廓浮现在约瑟夫的眼前。皇帝穿着朴素的绿色制服走在前面，他高兴的时候总会和卫兵一起骑马前行。在他身后，同行者正在车厢里打盹儿，一片安静中，没有什么事会打扰到马车夫。几只猫从他们面前的鹅卵石街道上跑过，除此之外佩斯城内并无其他声响。布达城门的守卫奉命准许匿名出行的皇帝和他的随行人员自由通行，不得怠慢，因此当骑手们勒马出城时，城门就已经敞开了。外面，初升的太阳在等待着他们。匈牙利平原呈现出鲜明的绿意。春天来了，马儿打着响鼻。约瑟夫被一种前所未有的幸福感紧紧包裹着。

第一次大型巡视的准备工作持续了一年多，约瑟夫阅读了所有可以想象到的关于这个国家及其人民的报告，而对此负责的宫廷机构则试图规划一条合理安全、总体方便的路线。这次出行的官方原因是相关行政机构之间的纠纷。维也纳城市银行这家金融机构与宫廷战争委员会兼巴纳特人口委员会主席约翰·威廉·埃德勒·冯·希尔德布兰目前正在就巴纳特应当由谁来管理及如何管理展开令人厌烦的争论。该地区既不存在私人地产，也不存在拥有大量土地的贵族，而是由维也纳城市银行直接管控——是的，一家银行！一个荒谬、容易滋生腐败而且程序繁琐的机构。但约瑟夫现在又该如何改变这种情况呢？

直到 1718 年，这片最东南部的地区才被大将军欧根亲王从土耳其人手中夺回，并按照《帕萨罗维茨和约》并入哈布斯堡帝国。从那时起，政府便尝试通过定居措施来发展这个受到孤立和忽视的地区，其目的是在此地建立一个军事缓冲区，以防御受奥斯曼帝国控制的南部再次发起攻击。当局期待将这片荒芜的地区转变为肥沃的农田。

然而，施瓦本人的迁徙不仅使施瓦本人、普法尔茨人和法兰克人来到了这个基督教的外围边界，还带来了阿尔萨斯、洛林和内奥地利[a]的居民，甚至还有法国人和意大利人——在短短不到一百年的时间里，总共有十多万人迁徙到这里。其中还有信奉天主教的保加利亚人、亚美尼亚人和阿尔巴尼亚人，对他们而言，信奉基督教的奥地利是比奥斯曼土耳其帝国更好的选择。此外，还有一些饱受土耳其频繁战争摧残的农民也来到了这里，其中主要包括莱森人和瓦拉几亚人。这块新近排完水的沼泽地成了一片被灌木丛覆盖的荒野，只有最有本领的人才能将其转变成肥沃的农田，并让贫瘠的生活变得富裕。面对恶劣的条件、饥饿和瘟疫，大约三分之一的定居者没能幸存下来。

这就是皇帝刚刚踏上旅程时的情形。他不仅想详细了解军事设施、医院、地牢和矿井的情况，更想了解定居者的生存状况。为此，地方当局必须考虑到他严格保密身份的命令。为什么这样一个简单的命令却如此难以执行？他不是已经以书面形式向银行行长哈茨费尔特

a— 内奥地利是塞默灵山以南哈布斯堡世袭领地的统称。

伯爵解释了他的期望吗？“在视察旅行的过程中，公民或地方官员均不得公开敬礼、行军、举办欢迎仪式或鸣放礼炮。此外，在我将过夜的那些地方，包括在接待我的绅士们的城堡中，也不得有任何灯光、音乐或其他庆祝活动。”[2]

然而，所有的行政官员似乎都对此置若罔闻。为迎接皇帝的到来，他们勤勉地做好了准备工作。约瑟夫随后鄙夷地向所有人发出了警告，几个月后又再次以激烈的措辞表示，“任何地方都不许接待我。我将亲自前往蒂米什瓦拉市，任何行政委员会的成员都不必与我见面……我会随身携带一个帐篷以备不时之需”。[3] 一个帐篷！对于神圣罗马帝国的皇帝来说，这是否有些激进？对于宫廷官员来说，这何尝不是一种彻头彻尾的挑衅？当他们绞尽脑汁地思考如何使基督教世界的最高统治者安全地通过与奥斯曼帝国接壤的荒凉地带时，这位勇猛的年轻人想到的最好办法就是为自己搭建一个帐篷，即便他实际上指的是一种临时的军营？

约瑟夫调转马头，策马飞奔几步回到马车旁。在第一辆马车上，他的妹夫、萨克森-特申的阿尔贝特睡眼惺忪。下一辆马车上坐着他的朋友、宫廷战争委员会主席莫里茨·冯·拉齐伯爵，还有马厩总管卡尔·约翰·冯·迪特里希施泰因伯爵和约瑟夫·冯·科洛雷多少将，其后是军官劳东、诺斯蒂茨和米尔蒂茨，最后是服务人员的马车。一共有十三辆马车！这太多了，约瑟夫一边感叹，一边骑马至队伍的最后，来到厨师和助理厨师的马车前。只裹着一层油布的悬挂炊具随着马匹快速小跑的节奏发出咔哒声。仆人们脸上挂着笑容，教士虔诚地看着窗外。他为什么要带上这些人？他曾拼命想要把随行人员的数量控制在一个较小的范围内。然而，这让所有的负责部门产生了极大的不解甚至是恐慌，于是他不得不允许这些不必要的人员加入旅行队伍。在他的下一次旅行中，他不会再带着他们中的大多数人，尤其是教士。

阿拉德监狱、酷刑与无法得到救赎的囚犯

4 月 19 日，旅行队离开塞格德，仅用两晚便抵达阿拉德市，比行程计划提前一天。[4] 这也是意料之中的事情，毕竟旅行队总是在凌晨四点启程，一直马不停蹄地赶路直至夜幕降临。如果约瑟夫继续保持这样的前进速度，维也纳就会传出消息，称同他旅行是一种折磨。这样一来，以后同他一起旅行的队伍就会自动缩小至必要的规模（事实上，旅行队伍的人数在途中就已经减少了）。但这至少顺遂他的心意，毕竟他不想让自己精心筹划的旅行安排被搞砸。那些心怀不满的人头脑简单，无法理解他旅行的目的，他们在玛丽亚·特蕾西娅的耳边低声说：皇帝想沐浴在冒险英雄的光辉之下。或者，正如有人在霍夫堡宫的走廊里窃窃私语的那样，他是在逃避自己的义务，因此才热衷于实现像这些旅行一样不符合身份的想法。但是，如果他们仅仅只是从自己的宫殿走到专门为他们设立的、与民众隔离的教堂的密室，却从未踏上过人行道，从没有离开过他们舒适的贵族生活圈，又怎么可能会对宫廷生活之外的现实有任何感知呢？

因为想要成功完成使命，他才会担心作为皇帝的自己无法看到任何真实情况，只有那些像他一样，希望将一个新的、更好的国家的愿景付诸实践的人才能理解这一点。只有那些受过自然法理论训练且具有法国百科全书学派思想的人，才能体会到理性和经验事实的价值。令人气愤的是，他只能在私下里阅读狄德罗的作品，比如《百科全书》，这位法国学者和他的同伴们自 1752 年以来一直在试图编纂这样一套囊括世界知识的书籍。此外，让-雅克·卢梭和当时最出名的伏尔泰的书，他也不能公开阅读。法国启蒙思想家的作品都在哈布斯堡帝国的禁书清单上。这简直令欧洲最强大的君主国颜面扫地！为什么会出现这样的情况？因为他的母亲听从了耶稣会的意见，他们将权力扩展到了他们几乎没有经验的领域。不过，多亏了女君主的私人医生和伟大的改革者杰拉德·范斯维滕[a]，固守成规者的星辰正在陨落。

阿拉德坐落于穆列什河畔，是一座建于中世纪的要塞。与该地区的许多城镇一样，它在土耳其人撤退后才被归入奥地利的统治范围内。自蒙古入侵以来，阿拉德的战略意义便与日俱增。从 1763 年起，一座新的防御工事开始在此建造，这不仅是为了保护该镇的四百多个罗马尼亚、塞尔维亚和匈牙利家庭，也作为军事边界的一部分发挥作用，即那条从克罗地亚经斯拉沃尼亚和巴纳特一直延伸到特兰西瓦尼

a— 杰拉德·范斯维滕（1700 年 5 月 7 日—1772 年 6 月 18 日）是一名荷兰医生，从 1745 年起担任玛丽亚·特蕾西娅的私人医生，并改变了奥地利的卫生服务和医科大学教育。他是海顿、莫扎特和贝多芬的赞助人戈特弗里德·范斯维滕的父亲。

亚的哈布斯堡边防线。

约瑟夫希望了解并亲眼看到一切，以履行他作为国家第一仆人的职责，因此在抵达阿拉德后不久，他就下令要在黎明时分视察要塞及相关设施，特别是地牢，他此前已经对那里极其糟糕的状况有所耳闻。

何等悲惨的景象！傍晚时分，当他和随行人员食肉喝汤，享用着可耻的丰盛晚餐时，那些画面依然在他的脑海中挥之不去。要塞掩体狭窄逼仄，堡垒拱顶阴暗潮湿，封闭空间密不透光，没有任何舒适可言。囚犯们就在这样的空间里毫无尊严地蜷缩在地面上。他们几乎没有任何可以下咽的食物，只能从地牢裸露地面上的狗食盆中得到一碗无法辨认的糊状物或是一块面包。不管被指控犯有怎样的罪行，他们都被当作牲畜一样对待。似乎对罪行的调查和对罪犯的改造远不如以酷刑和死刑来威慑他们来得重要。只是这样的威慑并没有发挥作用！虽然约瑟夫自己的入狱经历让他深刻体会到了失去自由、屈辱和痛苦的感觉，可这里大多数人的生存条件是如此难堪，以至于对他们来说，无论是在地牢或凄惨的住所中继续忍受折磨，还是被判处死刑，都无所谓。他们只祈祷当他们不再活着的时候，当他们离开现实世界前往天国的时候，能从所有的尘世痛苦中得到解脱。

约瑟夫将在接下来的旅行中参观更多的地牢。后来，他在交给玛丽亚·特蕾西娅和国务委员会的详细报告中表示，这种惩罚形式毫无意义：“地牢十分骇人。囚犯们必须被一起关在掩体中，这无法使他们说出任何供词（坦白）；他们否认一切，酷刑是徒劳的，包括死刑。”[5]

在另一处，约瑟夫还指出：“除此之外还有一点值得注意，这里执行死刑的数量令人难以置信，因为据我所知，每个季度都有六十名甚至七十名罪犯受到处决，对此应当找到补救的措施。”[6] 自那时以来，寻找补救措施的问题就一直困扰着约瑟夫：现代国家应当如何惩罚罪犯，才能带来普遍的改善并使不幸的人得到净化，从而增进福祉？这也是启蒙思想家热切关注的议题。1764 年，切萨雷·贝卡里亚的开创性著作《论犯罪与惩罚》（*Dei delitti e delle pene*）问世，直到 19 世纪该书始终是整个欧洲刑法改革的基础。废除酷刑和死刑是这位意大利法律哲学家的一项重要主张。1776 年，在约瑟夫的推动下，哈布斯堡帝国废除了酷刑。1787 年，约瑟夫刑法生效，该法虽然废除了死刑（除了军事法庭外），但引入了同样残酷的拉船刑作为替代刑罚。罪犯需要逆流而上拖动船只，这种劳动通常依靠动物完成，极少由人承担。总之，这是一种非常艰苦的强迫劳动。在最初的几年里，就有约八百个罪犯因此死亡。正如我们通常所见到的那样，开明政治的座右铭与其说是一种新的人文主义，不如说是一种贯穿所有改革的功利主义。

卡波纳克：第一批定居者和他们令人心碎的请愿

4 月 23 日，旅行队离开阿拉德。约瑟夫重新回到了马鞍上。他很喜欢骑马，不愿意坐在颠簸的马车里被迫无所事事。在坑坑洼洼的石路上，他连正常书写都难以做到，因为经常会有被碾碎的鹅卵石散落至小路的左右两侧，而如果是在土路上，则会遇到无数的坑洼。[7]多亏了马车夫的谨慎驾驶，才未曾发生过断轴事故。有几次，由于地面不平整，车轮从车轴上弹了出来，紧接着马车就翻到了沟里。目前还没有发生过更糟糕的事情。随行的外科医生随时都做好了包扎伤口的准备，在必要时甚至可以治疗骨折。皇帝为此随身携带了一个装有手术工具的木箱，但庆幸的是这些工具还从未被派上用场。不过，他对医院和药房很感兴趣。只是村子里那些简陋窝棚通常是一些庸医给人拔牙的地方，确实与“医院”这个词没有任何共同之处。

约瑟夫再一次有机会享受到独处的快乐。黎明时，树上还结着白霜，但到了中午，天气就会变得和煦甚至温暖起来。草地芬芳，西部喀尔巴阡山脉的广袤森林就在眼前。穆列什河两岸密林遍布，风景宜人。皇帝突然想到了维也纳，想到了他的母亲。宫里那些人是不是很高兴能暂时摆脱他？他只做了三年的共同执政者，就已经把宫廷的礼序搅得一团糟，半个世纪以来一直守护着宫廷礼仪的克芬许勒侯爵震惊到差点心脏病发作。“这种不幸的革新精神，在查理六世皇帝（约瑟夫的外祖父）去世后不久就降临到我们身上，而且此后每天都在增强，在目前的统治下似乎已经完全控制了我们，如果任由其继续发展下去，我们将漠视宫廷中的每一条礼仪法则！”[8]

这个可怜的人！约瑟夫不禁为侯爵感到遗憾。当约瑟夫以雷霆之势将无数个展示宫廷辉煌和统治阶层自我形象的盛大节日缩减到一个时，侯爵的整个身体都在颤抖。不仅如此，他还解雇了教皇侍从，将狩猎的开支减半，并下令大规模地射杀给农业带来巨大损失的野猪——尽管他自己就是一个热情的猎人！所有这一切都令侯爵万分震惊。此外，皇帝还禁止穿戴西班牙斗篷装，这是一种老式的宫廷服装，以斗篷上镶嵌的宝石数量及羽毛帽子的大小来表明一个人在宫廷社会中的地位。实施这些举措后，巴洛克式的世界秩序几乎荡然无存。就连开明理性国家的勇敢倡导者——首相考尼茨侯爵——也开始为自己过于讲究的穿着打扮感到担心。他之前经常戴着假发在一个充满粉末的房间里行走，只是为了使发色呈现最均匀的白色。面对宫廷着装的问题，即使本质上依然是为了维护旧的世界秩序，但狡猾的狐狸考尼茨借用启蒙运动的价值观做出了有力的回应："任何禁令都应遭到唾弃！"[9]

约瑟夫在马车上眺望着远处的卡波纳克村，心想，如果能在这样的地方生活，他的生活该是多么美好、多么有趣、多么富有冒险精神啊。

长期以来在旅途中陪伴着他们的孤独森林如今被小块的不规则田地所取代。当马车轰隆隆驶过这些田地时，几只长着斑点的猪发出了惊恐的咕噜声。随着他们越来越靠近那些覆盖着稻草的小房子，路面变得越来越泥泞。自从村子中心的水井坍塌后，居民们就只能通过放置在房屋前的木桶获取干净的雨水。牛棚、鹅棚和鸡棚像儿童玩具一样散布在各处，稍远处是简陋的茅厕。几个衣衫褴褛、瘦骨嶙峋的男孩将牧场上的山羊和绵羊赶进围栏。一位老妇人一瘸一拐地走过来给动物喂食。一个疯子摇头晃脑地走在街上，对皇帝和他的旅行队伍视若无睹。村子的尽头有几个刚刚翻新屋顶的房子。这些房子入口处的垃圾已被特地清理干净，否则这里就是一幅垃圾随意散落的景象。仅这一点就让皇帝起了疑心。此外，还有一些衣着干净的居民排列整齐地站在一起，不禁让人怀疑这是人为安排的结果。

“陛下，请看！”拉齐忍不住笑了起来。“母鸡通常会在街道上的尘土中啄食谷物，而不是在屋顶上。”

然而，在这个小型聚居点的这一区域，家禽却坐在屋顶上，因为稻草中的谷物显然比地面上的更多。但通常情况下，任何人都不会想到用未脱粒的稻草（即含有谷物的稻草）来建造屋顶。约瑟夫下令调查此事，很快就弄清了真相：这些居民根本就不住在这些草屋里，他们是负责人口的官员希尔德布兰专门从几公里之外的德意志人聚居点古滕布伦村运送过来的。[10] 几周后，皇帝在蒂米什瓦拉查明，希尔德布兰和行政委员会委员冯·布兰登布格尔两位地方高级官员正是这件事的始作俑者。正如皇帝所注意到的，他们强烈地憎恨着对方，只是还没有用毒药和匕首来对付彼此，“除此之外，可以肯定的是，他们早已使用了最恶毒的诽谤和最卑劣的阴谋来对付对方”。[11]

布兰登布格尔很晚才将皇帝将要到访的消息通知给希尔德布兰，导致后者不得不在卡波纳克拼凑这样一出拙劣的戏码。

这些对当地情况一无所知的村民甚至为他们的滑稽剧准备了一份简陋的欢迎餐——一份带有少许培根的面汤，村长还向皇帝说了几句恭维的话。约瑟夫友好地回应了人们的善意，但令他感到愤怒的是，他看到人群最外围有一些穿着更加糟糕的农民试图递交他们的请愿书，却遭到了两名巴纳特地方官员的驱赶。官员告诉他们，皇帝对他们的事情不感兴趣，因为他有更重要的事情要操心。

“这些人是谁?”约瑟夫要求立即将请愿者带到他面前来。“这些先生们不知道我之前下过什么命令吗?”他强调说，任何人，即使是最微不足道的人，只要说出自己的名字，都可以把请愿书交给他。

当那些穷困潦倒的民众在皇帝面前排成一列，一个接一个地扑向尘土时，官员们露出了难堪的表情。约瑟夫将他们一一扶了起来，认真听取每个人的意见。村民们自豪地将他们的请愿书递给皇帝，这些请求已用流畅的文字记录在了纸上，他们为此支付了几个十字币。队伍前面的几个人看起来虽然贫穷，但还算健康，可越是靠后，人们的衣服就越是破烂不堪，身形就越是瘦弱。这些人中的大多数都是因为听说皇帝正经过他们的土地，才长途跋涉至此，倾诉他们的苦难。

约瑟夫对这样的事情并不感到意外——微服出行使他免受礼仪之苦，只要他的命令得到遵守，他就能对实际情况有较为清晰的了解。但人们总是很快就能知道，法尔肯施泰因伯爵其实就是皇帝。

变换身份的游戏在18世纪的社会中相当流行，因为生活本身是由一个人在社会中所对应的角色定义的，特别是宫廷和贵族社会中的身份。因此，在很长的一段时间里，皇帝的微服出行成了一种流行的捉迷藏游戏，是各类小报争相报道的内容，甚至出现了一些情节老套的轶事，例如法尔肯施泰因伯爵在一家旅馆现身，受到了旅馆老板的怠慢，直到老板因某个偶然的机会发现他的真实身份后，才为他安排了一间空房。

再说回卡波纳克和请愿者的问题。原住民莱森人和瓦拉几亚人抱怨道，他们被定居者赶出了家门，过着居无定所的贫苦生活。在他们世世代代放牧的地方，当局将建立新的村庄并开垦农田。一些年轻人请求入伍。他们说，成为边防军人能让他们过上更好的生活，获得更好的食物，即使可能要直面恐怖的战争，这样的生活也仍然比挨饿更令人向往。其他人则提到了频频出现的疟疾和其他疾病，他们需要一名医生，哪怕他要经过两天的长途跋涉才能到达这里。

“陛下，能否帮我把我的烧酒锅拿回来？我太需要它了。”一个驼背老人结结巴巴地说，颤抖着双手将他的请愿书递到了皇帝面前。[12]

多么愚蠢的行为！约瑟夫立即要求归还老人的财产。难道他制作烧酒，每年赚几个古尔登，用酒精让自己的生活变得稍微甜美一些，会妨碍到任何人吗？

官员们仍然面露窘色，他们记录下这件事情的缘由，而侍从则从约瑟夫手中接过请愿书，把它装进一个特制的邮袋里。

约瑟夫几乎每天都会在旅行日志中留下简短的随笔。当晚，他的日志中有这样的文字：“由于到处都是寻求庇护者，我得以亲见一些粗鲁的行径和暴虐的行为。”[13]

旅程结束时，皇帝将会收到几百份这样的请愿书，如果不满没有当场得到解决，请求无法立即得到满足，他就会把这些请愿书带回维也纳。[14] 没有一份请愿书会被搁置或丢弃。在维也纳，约瑟夫也实践了这种亲民的新治理形式。他住在霍夫堡宫利奥波德翼楼的套间里，在其下夹层的走廊区域接待了众多请愿者。

每个人都能够参与，每个人都能够发声。约瑟夫因此受到平民百姓的崇敬，但却遭到了上层社会的嘲笑。为什么要为这种琐事烦恼呢？这会使人无法顾全大局。其他人猜测，皇帝只是想树立良好的形象。基督教世界的最高统治者自降身份到如此程度，违背了任何一种统治理论。他不只是为了追随最时新的思想而做做样子，而是对人民的需要和关切真正感兴趣，这对许多人来说是在背叛君主制和整个贵族秩序。[15]

奥尔索瓦：奥斯曼帝国的边境

法尔肯施泰因伯爵一行人现在正沿着切尔纳河和瓦拉几亚边境的陡峭山路前行。这支旅行队已经启程大约两周了。昨天他们在河边的一个村子里过夜，为谨慎起见，约瑟夫让下属搭起帐篷——他在之前的住处抓到过跳蚤和虱子。次日清晨，他在半梦半醒之间看到一个农家姑娘走在路上。她赤着脚，手里提着一个洗衣篮，唱着歌漫步至河边。他本想走到她身边去。那坚挺的胸脯，紧实的腰身，赤裸的双腿。一切都是那么的完美。或许这只是一场梦？

他揉了揉眼睛。[16] 自从他的第二任妻子巴伐利亚公主约瑟法于一年前去世后，他就一直是自由身。和他心爱的第一任妻子伊莎贝拉一样，约瑟法也死于18世纪的天花瘟疫。虽然他不得不承认，她有许多优秀的品质，而且深爱着他的她理应得到更多的疼爱，但他却没有出席她的葬礼。他认为自己深受第二次婚姻的束缚，是他母亲所安排的政治联姻的牺牲品。玛丽亚·特蕾西娅再清楚不过，为了国家的利益，她会对她的孩子们提出何种要求，要拿他们的幸福下多大的赌注。自由从不属于皇室子女。他们生来就背负着为了王朝和帝国的利益而必须履行的使命。事实就是如此。

然而，在关于可怜的约瑟法的事情上，约瑟夫却对母亲抱有愧疚。1765年3月，哈布斯堡地位最高的婚姻介绍人——约瑟夫的母亲——仅在约瑟夫与约瑟法结婚两个月后，就写信给她的朋友索菲："我的儿子终究是要受委屈的，因为她既不漂亮也不讨人喜欢，我愿意相信她是可爱的，但如果真是如此，她至少会给我们带来一位继承人，那时我们定会对上帝感激不尽。"[17]也许是因为内疚，玛丽亚·特蕾西娅在儿媳染上天花时一直守在她的床边。结果，女君主自己也染上了这种威胁生命的疾病，她的病情迅速恶化，以至于不得不接受了临终圣礼。约瑟夫从没有离开过母亲的床边，举国上下都在为女君主祈祷。当她出乎意料地康复后，人们在圣斯蒂芬大教堂举行了盛大的弥撒感谢上帝，并铸造了纪念币和纪念章以庆祝她的康复。

约瑟夫还记得在病床前度过的焦虑的日子。如果他的母亲当时就去世了，他现在就可以独自掌权——尽管这个想法很诱人，但他还是很快就打消了这个念头。紧接着，他又想到了那个河边的晨梦。他感受到了自己体内雄性荷尔蒙的力量，他正值壮年，肯定不会全然放弃感官的享受，白白浪费掉最好的时光。只是，不论他的母亲如何叱责他，他都不打算结婚了，再也不会。他怎么能再婚呢？他出乎意料地对伊莎贝拉一见钟情，疯狂地爱上了她——就像皇室中通常的情况一样，这一切在婚礼上才发生。在她温柔的眼眸中，他所有的不安都烟消云散了。波旁-帕尔马的伊莎贝拉完美地诠释了何为童话般的公主。她的身材婀娜娇小，嘴唇饱满生动，一双小鹿眼深邃而温柔。他喜欢她拉小提琴的样子，喜欢她画画的样子，除此之外，她甚至还写下过一些哲学思考。维也纳宫廷上下都被她的风采所吸引。约瑟夫当时并没有察觉到，面对他年少热烈的爱意，她的心其实更偏向于他的妹妹玛丽·克里斯蒂娜。伊莎贝拉曾在信中多次强调这一点。然而，当他从一场小病中恢复后，她在给他妹妹的书信中提到："大公的身体已经好转。你可以想象我有多开心……再见了，虽然我全心全意地爱着你，可我昨天意识到，大公在我心里才是排在第一位的。"[18] 她对他原本只是抱有一份出于义务的仁慈感情，之后的她是否觉得，这种不对等的情感关系其实可以发展成一段幸福的婚姻？

当时，作为王位继承人的他已经忙得焦头烂额。他需要出席战争委员会的会议和国务委员会的会议。他早上六点半起床，参加弥撒，并从八点开始处理国家事务——这些任务对他来说似乎永无止境、杂乱无章，但也令人着迷。到了晚上，他便可以逃到他的妻子身边，与她一起演奏音乐或静静地看着她，沉浸在属于他的幸福中。每当这时，他都会充满感激，感激她说出的每一个字和她的沉默，感激她每一个优雅的姿态，感激她散发出的芬芳，感激他看着她走回自己的房间时，箍裙发出的沙沙声。

皇帝在 4 月 30 日的旅行日志中说："沿着边防哨所的方向望去，左边是一座岛屿，前方是进入瓦拉几亚的高山，右边是多瑙河边的平原，多瑙河在奥尔索瓦要塞下蔓延开来，在右岸可以看到维丁……那些被战火烧毁的房屋矗立在那里，它们仍然是一片废墟，铁片和金属碎片散落在堡垒周围。几乎看不到任何住在里面的人，只有少数几个土耳其人在注视着我们。"[19]

他们沿着喀尔巴阡山脉的山麓骑行，直到奥斯曼帝国的天然边界多瑙河横亘在他们面前。这里的一切都会让人想起土耳其战争时期。自从 1526 年奥斯曼人在摩哈赤战役中战胜匈牙利以来，该地区就被并入了奥斯曼帝国。但在 1714—1718 年的第六次奥地利土耳其战争中，欧根亲王成功地将奥斯曼人彻底赶到了多瑙河的另一边，并将包括奥尔索瓦在内的巴纳特和塞尔维亚北部的部分地区与贝尔格莱德一起并入了奥地利。哈布斯堡帝国因此在东南欧实现了最大程度的扩张，而欧根亲王则成了"基督教世界的宿敌"面前的"西方救世主"——尽管他的军事生涯中只有一小部分时间是在对抗奥斯曼帝国，大部分时间是在与法国作战。

1736 年，当奥斯曼帝国和与俄国结盟的哈布斯堡帝国爆发下一场战争时，这位伟大的将军正处在临终之际。沙皇和查理六世对土地的贪婪欲望从长远来看没有得到回报。奥地利几乎失去了欧根亲王征服的所有领土，即奥尔索瓦、贝尔格莱德和小瓦拉几亚，只有皇帝旅行经过的巴纳特仍属于哈布斯堡帝国。难怪人们更愿意记住欧根亲王的伟大胜利，记住约瑟夫在成长过程中频频听到的“森塔”“彼得瓦尔丁”和“贝尔格莱德”这些有着响亮名称的战役，而不是持续了两个多世纪、充满了失败和损失的力量较量。不断的拉锯战已经多次伤害这个地区，边境居民对此感到麻木，他们知道自己不过是强权者的棋子，战争几乎没有改变他们的命运。

随着旅行队伍离边境越来越近，约瑟夫注意到“几名土耳其人在观察”他和他的同伴。他们是否有所警觉？哈茨费尔特伯爵在旅行前已经向君士坦丁堡的皇宫派出了特快信使，以确保这一异乎寻常的车队不会引起外交纠纷；毕竟，和平才持续了不到二十五年。而且，这样的和平相当脆弱。

约瑟夫和他的同伴们从哈布斯堡的领地老奥尔索瓦望向多瑙河上的阿达卡莱岛和新奥尔索瓦堡垒未完工的尖塔。向东，可以隐约看到铁门[a]的陡峭峡谷，多瑙河湍急的水流在那里蜿蜒穿过欧洲最雄伟和最危险的河流出口之一。

约瑟夫会在将来再次经过森塔。“森塔是一片广袤的地域……土

a— 铁门是多瑙河上的一个峡谷，构成罗马尼亚和塞尔维亚边界的一部分。

耳其人的桥就在那里……土耳其人……的一大半部队都被欧根亲王击溃，桥梁被毁，所有人都被迫跳进蒂萨河中。”[20]他是否应当同样干预历史的进程？他是否应该再次将土耳其人赶出贝尔格莱德，并重新夺回奥尔索瓦？提到这个永远都不缺乏激烈争夺的边境地区，统治者难免会产生扩张领土、扩大权力和影响、提升自身在欧洲的地位的想法。一切事物之间都有着千丝万缕的联系：神圣罗马帝国与哈布斯堡帝国，一心要成为大国的奥地利与俄国和波兰，俄国征服君士坦丁堡的计划与奥斯曼帝国日益衰弱的国力，以及“基督教世界的宿敌”的命运与欧洲其他国家的命运。

几天后，皇家旅行队在多瑙河岸边休息时，一艘土耳其运盐船朝贝尔格莱德方向逆流而上。皇帝在当晚的日志中说道：“我们看到了由人力拉动的土耳其运盐船，这些船只二十天内可从维丁到达贝尔格莱德：他们说，向下游去的回程只需要四天到五天。”[21]

但此刻，相比沉迷于可能的大国计划，用遥远世界的画面来激发想象力，约瑟夫有更重要的事情要做。人口迁移政策必须向前推进，毕竟，新纳入的狭长地带只有通过人为的努力才能变得繁荣。工场、玻璃场、锻造场或造纸场的选址也只有在人口密度达到相应要求时才能确定。这片土地是如此肥沃，是一座真正的伊甸园！自弗洛里蒙·德·梅西时代起，这里就成了开明的定居政策的实验地，这位陆军元帅曾在彼得瓦尔丁战役中与欧根亲王并肩作战，后来又作为巴纳特地区的行政长官带领第一批来自施瓦本的定居者进入这个惨遭摧残之处。在这片土地上，按照标准范式建造的村庄试图向世人展示提升公共福祉的尝试。

托马舍瓦茨：在绘图板上设计的村庄

在5月9日抵达托马舍瓦茨前，约瑟夫在途中看到了一个又一个贫穷的定居点。贝加河和蒂米什河之间平坦的潮湿地带十分肥沃，但因疟疾肆虐而臭名昭著。定居者的村庄的确已经在绘图板上建立了起来，而且他们也被许诺了各种好处——五年的免税期，免于土地束缚[a]，不受宗教和种族歧视，以及免费使用土地。然而，这些定居者的生活仍然艰苦得令人难以置信。毕竟，他们生活在巴纳特，这是欧洲边缘最荒凉的地区之一。

5月里，这个地区在夜间仍经常出现霜冻，但到了白天天气就又变得像非洲一样，春天随着田间工作的开始倏忽而至。厚厚的泥块粘在男人们的木拖鞋上，他们疲惫不堪地从田野朝着家的方向走去，弯曲的脊背控诉着使用牛车耕种厚土的痛苦。一阵婴儿的啼哭声传来。难道他的母亲晚上发烧去世了？

"我们曾经得到过许多承诺。"其中一名定居者叹了口气。

作为乌尔姆的一个小农户的次子，他带着对美好生活的殷切希望来到了巴纳特。他的妻子和两个孩子没能熬过最初的几年，现在只剩他和另一个儿子在分配给他们的田地上劳作。"每时每刻都有人死去，

---

a— 一旦与土地绑定，农民必须生活在他所租的土地上，理论上无法在另一个地区定居（例如，服务于另一个领主或是自由劳动），而且农民没有反对的权利，必须完全听从领主的安排。

有人发烧，有人变得虚弱。”这个人继续说，神情苦涩而疲惫。他说，他们的村子非常大，需要花好几个小时才能从家里走到田地，将取暖和做饭用的木头和水拉回家则需要更长的时间。几年下来，他已经耗尽了所有的力气。[22] 这个人看起来比他的实际年龄要老得多。巴纳特是一片水量充足的荒野。为了耕种，必须排干沼泽并整治河流。这是一项开创性的事业。

然而，这位农民却对贵客的到访由衷地感到高兴。他邀请这个小代表团进入他的小屋，并让儿子从贮藏室里取来食物。然后，农民掰开面包，有些犹豫和羞涩地把它献给皇帝。他粗糙而黝黑的脸上浮现出一抹微笑。

“陛下？”

约瑟夫从农民手中接过面包，衷心地感谢他。

他有没有尝试过种植马铃薯、大麻、卷心菜或有色药草？在其他地方，人们甚至在尝试酿造葡萄酒。他应该尝试新的耕作方法和新的作物。也许他很有兴趣站在农业发展的最前沿？约瑟夫向他的侍从做了一个手势，侍从便匆匆离开了。很快，他就带着一个装满种子和幼苗的盒子回来了，并把这些东西递给了男人。[23] 农民像对待珍宝一样仔细地研究它们。太阳高高挂在天上，突如其来的高温让约瑟夫的随从们喘不过气来，只有瘦如细柳的他与已经习惯了极端天气的农夫安然无恙。

晚上，旅行队在几间临时搭建的木屋里安顿下来。他们围着篝火享用了烤牛肉和几只阉鸡，恢复了体力，随后约瑟夫和拉齐便开始讨论当前的形势。他们断定，他们正处在一个新时代、一个新纪元的开端。农业和农民的重要性与日俱增，他们是抵御饥饿威胁的先锋。每次歉收之后，饥荒就会降临这个国家，就像 11 月的雨水总会带来冬天一样。关税壁垒将加重饥荒。国家需要更多的定居者，耕作的方法需要得到改进，道路和排水系统也亟待进一步完善！

“还有教育。”约瑟夫说。

拉齐盯着皇帝看了许久。比约瑟夫年长近二十岁的宫廷战争委员会主席，永远把他的君主放在心上。他对待这些事情是如此认真！他对平民百姓的关心也是如此真切！

拉齐将一直陪在约瑟夫身边，直到他去世。尽管他同皇帝时常意见不合，但还是成了他的朋友（有时甚至是他唯一的朋友），且始终是他最忠诚的朋友。巴纳特之旅和共同的经历、所有的场景、所有的画面都将他们两个人紧紧联系在一起，并塑造约瑟夫对帝国的看法。所有这些都会赋予他口述的巴纳特报告一种特殊的紧迫感。“我曾骑马穿过几乎所有的村庄，在这些村庄中观察到了如出一辙的愚蠢错误，这一方面是由于它们的位置和规模，另一方面则是由于它们的内部安排。从来没有哪个地方像这个定居点一样糟糕、无用、低效地支配了九十万古尔登，因为这样的一大笔钱只换来了少数的人口、糟糕的村庄和几乎无用的房屋，文化没有得到促进，森林遭到了砍伐，最后，少数族群（本地的莱森人和瓦拉几亚人）还被赶出了他们的家园和农场，他们遭人唾弃并心生怨恨。”[24]

蒂米什瓦拉：因“水推”政策而蒙上阴影的城镇

终于，在离开维也纳一个月后，约瑟夫一行于5月13日到达了首府蒂米什瓦拉。这是一个发展良好、不断扩建的小城镇，夜间还会使用油灯照明。起初，连皇帝也对此感到惊喜。巴纳特的第一任总督弗洛里蒙·德·梅西在这里完成了出色的工作。蒂米什瓦拉驻有巴纳特天主教主教、军事最高指挥部和要塞指挥官、巴纳特行政机关及其众多文职官员、高等法院、邮局和彩票管理部门、第三十办事处（即关税和税务站）以及各种宗教团体。城镇里分布着各种学校、工场和商店，其中许多市民是富有的手工艺者。简而言之，在落后的偏远地区旅行了数周之后，他们终于回到了文明社会。

约瑟夫、拉齐，还有旅行队的每一个人都松了一口气，开始享受这份适度的奢华；他们终于可以好好地洗个澡，终于可以在正常的床榻上睡个好觉。微服出行的旅行者即皇帝本人的消息很快就传遍了整座城镇，于是每天早上都会有大量的请愿者在约瑟夫居所的门前排起长队。他将一整个上午的时间都用于接见，向他们中的每一个人问好，而拉齐和科洛雷多则负责将请愿书放入那个已经声名远扬的邮袋中。接下来便是实地考察和正式的会谈，所有事情都会得到细致的评估。然而，在最初的美好表象褪去之后，裙带关系和阴谋的底色再次显现，约瑟夫和他的同伴们认为这是巴纳特许多地区所有邪恶的根源。

一天晚上，皇帝想同往常一样在街上漫步。有人警告他，这里有许多土匪和流浪汉，他们是当地社会的渣滓。这些人就像瘟疫一般引人厌恶，而他们的出现完全是玛丽亚·特蕾西娅实施驱逐政策的后果。

1744—1768 年，每逢春秋两季，都会有三千多名流浪者、偷猎者、走私者、反叛的农民和妓女从君主国的核心区域被运往边缘地带。由于“蒂米什瓦拉水推”政策，这些人将乘船沿多瑙河顺流而下，来到巴纳特。所谓的“水推”是一项重新安置措施，可以随意加之于所有不受欢迎的人，以预防潜在危险的发生。这项政策最先针对的是所有放荡的女性，她们是严格的天主教执政者的眼中钉。所有不幸的人都将在巴纳特重获自由，但他们不会得到任何扶持，无法开始新的生活。因此，走私者在这里还是走私者，乞丐依旧是乞丐，妓女仍是妓女。他们沿着苦难的螺旋向下，逐渐深陷贫困的深渊。来自莱森的谈判代表会带走那些漂亮的女孩，与土耳其进行利润丰厚的少女买卖。那些逃回维也纳的人会被再次抓起来，和下一批人一起被带回巴纳特。有些人就这样经历了四五次“水推”，而这些悲惨的人中有一半以上没能在这种难以形容的残酷政策中幸存下来。

一阵歇斯底里的笑声从一条小巷里传来。一个袒胸露乳、头发凌乱、衣衫褴褛的女人向皇帝走来。她可能只有二十岁，也可能已经有四十岁，她实在是形容枯槁，以至于根本无法分辨她的年龄。她向约瑟夫伸出了她因黑死病而发黑的双手。皇帝被吓得一颤，向后退了一些，但还不足以摆脱这个可怜女人散发的恶臭。就在这个可怕的身影后面几步远的地方，另一个女人，一位母亲，正在为她被莱森人抢走的女儿哭泣。

“陛下！请小心。”拉齐拉着皇帝走出小巷，来到蒂米什瓦拉灯火通明的长廊上。

“都是因为‘水推’，不是吗?”约瑟夫摇了摇头，“多么荒谬的措施!”说罢，他转身离开。他为他的母亲，为他的帝国感到羞愧，这个国家泯灭人性的政策有时几乎让他发狂。[25]

泽蒙：检疫站阻碍了贸易

在蒂米什瓦拉巡游了四天之后，约瑟夫又在彼得瓦尔丁停留了四天，他在那里视察了欧洲最大的一个堡垒，也是哈布斯堡帝国在巴尔干半岛最重要的一个堡垒，然后踏上了返回维也纳的旅程。

然而，边境地区不仅有军事防御工事，还有从 1765 年起就存在的卫生防线，目的是防止瘟疫蔓延。四千名边防军驻扎在此，其中大部分是愿意做出极大牺牲的斯拉夫人，他们逃离了奥斯曼帝国，现在作为自由农民履行边境服务职责，不受土地关系和民政部门的约束。正如皇帝在最后的视察地泽蒙所说的那样，这是一项艰巨的服务。边防人员的生活“非常艰苦。他们必须自己携带面包和其他食物，住在用泥土建造的小屋里，履行时刻坚守岗位的义务，护送不断被拖到我们岸边的土耳其船只，每个小时都要巡逻，所以他们一整个月都不能脱下衣服，甚至无法获得充当铺垫的稻草”。[26] 在贝尔格莱德和泽蒙之间、在君士坦丁堡和维也纳之间的主要交通路线上，坐落着哈布斯堡帝国东南部最重要的检疫站。

旅行队乘船沿着多瑙河继续向前，并于 5 月 23 日抵达贝尔格莱德的这个检疫站。约瑟夫共访问了七个瘟疫隔离站或所谓的检疫站，“但在泽蒙，一个贸易最为繁忙的地方，我发现这里的景象最为混乱，情况最为糟糕”。[27]

“真是一团糟，”皇帝评论道，“如果感染者仍然可以与任何人交谈，那么隔离的意义何在？”

然而，从理论上讲，一切都是经过深思熟虑的安排。商人们必须带着他们的牲畜和马车通过一座大门进入检疫站。随后他们会被检查有无瘟疫症状，医生和官员们在此过程中都不会与这些商人或他们的动物发生直接接触。接下来他们将接受四十二天至八十四天的隔离，之后才能从另一座大门离开检疫站。

当帝国代表团参观检疫站时，他们看到堆放起来正在熏蒸的货物暴露在空气和阳光中。官员们需要花上几个小时才可以将这些只能用钳子处理，还要经过熏蒸和日晒的货物送出隔离区。卫生防疫是一项艰巨的任务，它阻碍了沿着这条道路通往东方和丝绸之路的贸易。但只要瘟疫继续在边境以南肆虐，就不得不采取这样的办法。

维也纳：经验主义的胜利

当约瑟夫最后出现时，国务委员会成员已全部到场。他的母亲刚刚在考尼茨身边坐下，现在除了女君主之外，所有人都必须再次起身，恰如其分地迎接皇帝的到来。他做了一个安抚的手势，试图表示如此毕恭毕敬是不必要的，应该优先考虑工作本身及实操效率。

6 月 10 日，在五十七天的旅程后，约瑟夫及其随行团队安全返回维也纳。他没有给自己任何休息的时间，迅速口述了一份关于巴纳特的报告。这是一份影响深远的清晰报告。他的叙述中满是地区混乱甚至饱受创伤的景象，它们使约瑟夫更加坚信，他的首要使命是将名为哈布斯堡帝国的多彩拼布被子改造为现代国家。因为，正如他在巴纳特看到的那样，如果基本原则不正确，"每一步都是有缺陷的，每一条法令都是徒劳的"。[28] 维也纳的相关机构对巴纳特的情况一无所知。在维也纳和蒂米什瓦拉之间互通公函需要花上几个月的时间，在此期间，当地什么也做不了。当命令从维也纳传达到当地时，那里的情况早已发生改变，一切都需要重新安排。难怪在巴纳特人们都说：反正维也纳离这里很远。

会议开始时，首相考尼茨已经兴致勃勃地读完了约瑟夫的报告，投出了自己的一票。这是深刻领略约瑟夫征途成果的闪耀一票，是对年轻君主的无限赞美。"皇帝的《巴纳特和斯拉沃尼亚旅行报告》令我钦佩，这不是奉承，而是发自内心的赞美。一个由不同成员组成的委员会绝不可能在这么短的时间内进行如此全面细致且彻底的调查，指出好的方面和存在的问题，并提出切实的改进建议。”[29] 即使是玛丽亚·特蕾西娅也不得不承认，这是一份十分完美的报告，她的共同执政者大大支持了委员会的工作。[30] “这让作为母亲和君主的我万分欣慰。”[31]

1769 年

意大利

启蒙时代的马可·奥勒留

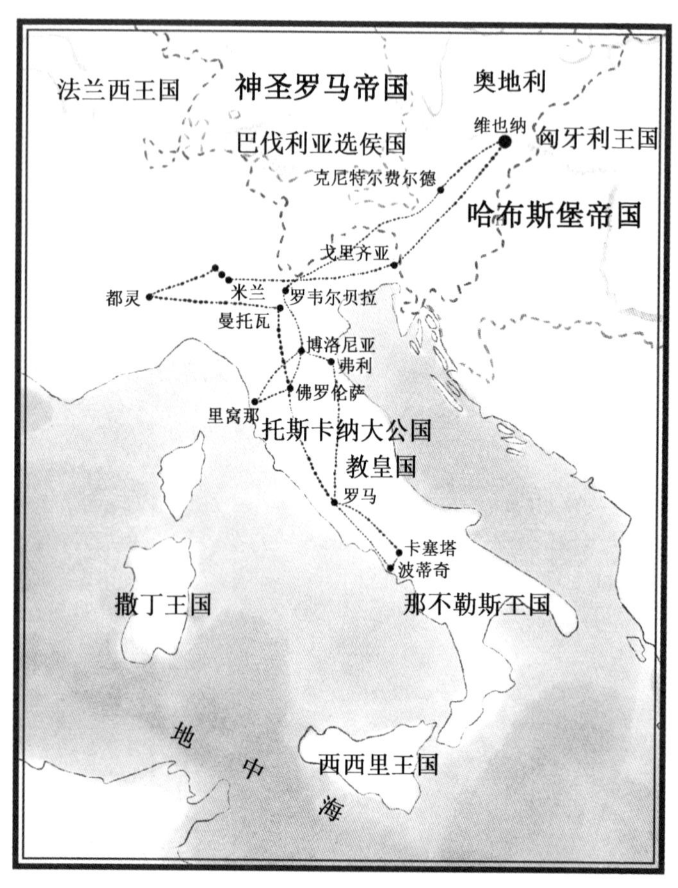

维也纳（Wien）—克尼特尔费尔德（Knittelfeld）—罗韦尔贝拉（Roverbella）—博洛尼亚（Bologna）—**弗利（Forli）**—**罗马（Rom）**—**波蒂奇（Portici）**—**卡塞塔（Caserta）**—**罗马（Rom）**—维泰博（Viterbo）—**佛罗伦萨（Florenz）**—**里窝那（Livorno）**—**博洛尼亚（Bologna）**—**佛罗伦萨（Florenz）**—**曼托瓦（Mantua）**—都灵（Turin）—科莫（Como）—**米兰（Mailand）**—戈里齐亚（Görz）—维也纳（Wien）

罗马，凌晨五点。皇帝一行人乘坐敞篷马车，在倾盆大雨中穿过弗拉米尼亚门驶入永恒之城。除了马蹄声和马车车轮的隆隆声外，城中安静得没有任何声响，只有教堂的钟声宣告着时间。黎明时分，当约瑟夫抬头望向人民广场上的方尖碑顶时，重重的雨滴顺着他的脸颊流淌下来。他们即将在米拉科利和蒙特桑托两座教堂旁转入科尔索大道古老的罗马弗拉米尼亚大街，从那里前往西班牙阶梯，最终抵达通向美第奇府邸的平西奥山丘。

自古以来，无数朝圣者和旅行者都曾通过这座城门到达基督教世界的中心——罗马。在约瑟夫二世和歌德（歌德的意大利之行[a]几年后才在这座永恒之城达到高潮）的那个年代，罗马仍然完全被厚重的城墙所包围。尽管光线昏暗，但约瑟夫看到，现实中的一切都比景观绘画雕刻师朱塞佩·瓦西的风景画更加令人印象深刻——他在为这次旅行做准备时研究了这位艺术家的十卷本罗马作品。维也纳官员还向他提供了一份关于教皇的报告及一份无穷无尽的外国名人和意大利名人名录——他总是会收到这样的名录。他自己则编撰了一份意大利名胜概览，涉及古代建筑、雕像、花园、艺术品和社会福利机构。他对古典建筑和雕塑也十分痴迷。所有这一切都比教皇和罗马贵族更让他感兴趣，毕竟无人不知罗马贵族有多么颓废、阴险和贪图奢华。[1]

---

a— 歌德于 1786 年 9 月至 1788 年 5 月在意大利学习生活，并于二十多年后根据这段经历写成《意大利游记》。

他们现在正从破船喷泉旁走过，它由伟大的建筑师乔瓦尼·洛伦佐·贝尔尼尼的父亲彼得罗·贝尔尼尼为教皇乌尔班八世建造。约瑟夫了解到，1598 年，一场可怕的洪水导致台伯河决堤，一艘小船因此搁浅在了西班牙广场上。这就是关于这座喷泉的传说。多么有魅力的一座城市！他对罗马和意大利向往已久。现在他终于来了！

“我是不是夸大其词了？”迪特里希施泰因问道，和前一年一样，他现在也是约瑟夫旅行队伍中的一员。这位马厩总管和皇帝一起骑马先行，而其余的人还在离罗马一天路程的驿站等候马匹。“请陛下恕我直言，罗马比蒂米什瓦拉要令人愉悦得多。”

“我亲爱的朋友，这是多么不公平的比较！但蒂米什瓦拉是我们的！”

约瑟夫心情愉悦。3 月 2 日离开维也纳后，旅行队只用了两周多的时间就来到了这里。只有骑马的信使才能比这更快，但他们有更好的马匹，而不是像法尔肯施泰因伯爵旅行队配备的那种犁马。他骑着这样一匹笨重的冷血马，伪装成邮差走了一段路，然后徒步前行。由于牛车的速度实在让人难以忍受，最后在通过属于教皇国的罗马涅地区时，它们被换成了犁马。他们放弃了能够更快、更便捷地穿过托斯卡纳的路线，因为他们担心无法在这条经常出现红衣主教和外来人的道路上找到精力充沛的马匹。[2]18 世纪并不是不存在交通。道路上除了贵族的马车、骑马的信使和赶路的士兵外，还有商人的马车和各种步行者，比如流浪者、吟游诗人、为修道院图书馆采购手稿或管理修道院土地的僧侣。

弗利：约瑟夫，耶稣会的学生？

这次的旅行队也是一支以法尔肯施泰因伯爵为首的精简队伍，伯爵本人并没有获得任何特别的财富或权力。队伍中还有迪特里希施泰因和科洛雷多（这位将军在前一年也曾一同前往巴纳特）、两名厨师，以及曾参与法兰克福加冕仪式之旅的外科医生乔瓦尼·亚历山德罗·布兰比拉。拉齐在七年战争后把布兰比拉带到维也纳，约瑟夫在成为罗马人民的国王后不久就任命他为御用外科医生。这次的随行人员中没有教士！毕竟，教皇国里已经有足够多的宗教权贵。

当他们到达亚平宁山脉东麓的弗利驿站时——正如上文中提到的，约瑟夫步行前进，他的黄色裤子甚至棕色外套都被泥泞的道路弄脏了——一个自称为帕皮尼伯爵的过路人误以为他是一个耶稣会学生。[3]

“你在特蕾西娅学校上学吗？”过路人骄傲地问起他对哈布斯堡家族和耶稣会开办的骑士学院的了解。

“不，亲爱的朋友，在家里。”约瑟夫看着帕皮尼伯爵，带着一种令人无法继续追问的坦率，简洁而诚实地回答道。伯爵好奇又激动的样子让他觉得很有趣。但如此直接地询问是不礼貌的，于是约瑟夫假装自己是年轻的贵族，没有透露更多有关自己的信息。相反，他开始自娱自乐地为耶稣会士辩护。

“耶稣会，”他提高了声音，“他们不是被不公正地指控犯有各种罪行吗？”

在18世纪60年代，耶稣会已成为欧洲启蒙圈子里最重要的话题之一。这个与教皇关系密切的教团被视作理性对立面的化身，他们热衷于浮夸的巴洛克式天主教教义、愉悦感官的朝圣活动和对圣徒的迷信崇拜。此外，世俗统治者认为教团过于强大，怀疑教团有不正当的金融交易行为并给政治带来了负面影响。

伯爵清了清嗓子，试图转移话题，这个年轻人看似进步，心底却对耶稣会充满认同，这令他感到困惑。但约瑟夫并未停下。

“看看，他们是多么出色的老师，在宫廷中是多么有影响力！”

“但是……先生，我不明白。葡萄牙的国王甚至西班牙的国王……”

“他们很快就会认识到自己的错误。”

在约瑟夫前往罗马的途中，针对耶稣会的指控和相关的阴谋论已愈演愈烈。葡萄牙、法国和西班牙的国王都驱逐了耶稣会士，如何看待长期存在的耶稣会士实际上已经成为检验一个人究竟是站在启蒙派一边还是顽固派一边的试金石。当然，约瑟夫实际上并没有站在势力强大的教团一边。在哈布斯堡家族中，教团世代担任告解神父，这是一种颇有意味的控制手段。

伯爵再次清了清嗓子，利用谈话的间隙，成功地将话题从耶稣会士转移到了女人身上。那里的女子惹人怜爱，平易近人，充满地中海风情。她们比北方女子更美丽，更令人向往。但是，帕皮尼最后以父亲般的口吻告诫这位年轻人要小心罗马女人。“我的孩子，你是个英俊而富有的年轻人。你要当心罗马女人，她们很狡猾，可能会伤害到你。”[4]

哦，他可不会介意几个漂亮的罗马女人，约瑟夫一边这样想着，一边随马车穿过罗马空无一人、未亮灯光的街道，进入通往美第奇府邸的大道。不过到目前为止，他只见到过几个裹着脏布的女人在晨雨中急切地寻找可以躲避的干燥门廊和城门。她们让他想起了国务委员会关于蒂米什瓦拉“水推”政策的激烈讨论，想起了他母亲的否决带给他的痛苦，因为她原本对他所有的改革建议都赞赏有加。可在这件事上，她却一直固执地坚持自己的观点。

为什么会这样？不论是考尼茨，还是对巴纳特事务非常熟悉的国务委员费利克斯·冯·博里埃，都在他恳切地请求即刻彻底废除“水推”政策时立即站在了他这边。在这件事上，约瑟夫坚信：这个体系是荒谬的，与任何开明的精神都是矛盾的。它违反了法律和秩序的原则，起不到任何预防作用，毫不人道，对定居政策来说是一场真正的灾难。这纯粹是一种奴役，与奥斯曼帝国的奴隶制并无二致。“他们（因‘水推’法而移居的人）一到蒂米什瓦拉，整座城市便会敲锣打鼓地宣告他们的到来，任何男性或女性都可以出门围观这些人，然后从中挑选一个……那些在蒂米什瓦拉没有被立即选中的人会被送上装有围栏的马车，在几个轻骑兵的看守下被分派到不同的地区。”[5]在他的报告中，他强烈地为这些最贫困的人辩护，并明确表示这种不人道的惩罚形式应当被终结。1768 年 10 月，也就是在半年前，哈布斯堡帝国最后一次实行“水推”政策。

只是，约瑟夫继续思考，如果他在这样一个无可争议的问题上都与母亲的意见相左，那将来又会发生什么？如果要推行更加复杂的改革，比如教会改革，又会是怎样的情形？答案已经再清楚不过。在考尼茨的指导下，玛丽亚·特蕾西娅在伦巴第的权力斗争中战胜了教皇克雷芒十三世，并在一定程度上削弱了教廷在哈布斯堡领土上的影响力。这场斗争的主要目的是将教会的图书审查权移交给国家，从而让其控制知识和教育。出于这个原因及考虑到皇帝与教皇的关系，约瑟夫才前往意大利视察。教皇克雷芒十三世前不久刚刚去世，秘密选举会议已经开始。在当前紧张激烈的气氛中，按照上帝的旨意，谁将被红衣主教会议选为圣彼得[a]的继任者已成为一个政治问题。

事实上，他和母亲在涉及政治的大多数事情上都存在分歧。整个1月，就国务委员会决议的联合签署问题，他都在与玛丽亚·特蕾西娅进行激烈的斗争。他已经厌倦了表面上的一致与实际中无休止的争论、分歧和冲突。他的母亲反驳说，二十八年来她一直在使用联合签署的方式——毕竟他的父亲也曾是一名共同执政者，只是他几乎没有给她带来任何麻烦。现在她写信给他，告诉他联合签署是她心中十分重要的事情，它让她想起自己对丈夫的温柔之爱，而他，她心爱的儿子，也应该证明自己比得上他的父亲，因此他最终不能无视她的意

a— 圣彼得，早期基督教领袖人物之一，耶稣十二门徒之一，天主教第一位教皇。

志。她的行事方式一直如此。玛丽亚·特蕾西娅反复使用她那套经典的诉苦措辞“只有上帝知道我有多痛苦”，并强调——这一点也让约瑟夫听得耳朵快生茧了——她所做的一切都是为了他和国家。“我无法再期望收获属于自己的劳动成果了，所以我做的这一切都是为了你们。”[6] 多么令人恼火。没有人能够像她一样，在统治责任的问题上熟练地打出母爱的感情牌。她以自己特有的权力操控着她周围的人，尤其是她的孩子们。最终他还是屈服了，他签了字，并在签名后面用很小的字加上了一行缩写，以一种无力的姿态表明自己不同的态度。现在，在罗马，他下定决心，他将在与母亲的书信来往中扮演好孝顺儿子的角色，让她再也没有理由来折磨他的神经甚至羞辱他。因此，他总是以“亲吻您的手”和类似的恭敬语结束信件。

美第奇府邸：皇帝万岁

约瑟夫在弟弟利奥波德的美第奇府邸度过了在意大利的第一天。利奥波德以托斯卡纳大公的身份继承了平西奥的宏伟庄园。红衣主教费迪南多·德·美第奇于 1576 年买下了这座房子，伽利略·伽利雷曾在这里度过他软禁时期的第一阶段。这只是多年监视的开始，这种监视一直持续到这位著名的天文学家、数学家去世，而这一切只是因为这个虔诚的天主教徒试图让教会放弃地心说的错误观念。

“一座美丽的监狱。”约瑟夫想到了伽利略。他已经休息了一上午，现在他想安排在罗马的日子，并和他的弟弟聊聊天。

“这让我想起了之前的主人们。”利奥波德回答说。

“我命人把所有的艺术品运到佛罗伦萨，运到乌菲兹美术馆。”他的兄弟似乎是个思想进步的人，“那里有欧洲最美丽的艺术收藏品！”

兄弟俩小心翼翼地试探彼此的喜好和底线，都没有完全卸下防备。毕竟，他们已经很多年没有见面了。

在罗马，早就没有人相信法尔肯施泰因伯爵只是一个正在环游欧洲的普通旅人。微服出行至少使约瑟夫不必与三百辆马车同行。但在他达到罗马之前，信使们就已经将皇帝本人正在路上的消息散播了出去。聚集在秘密选举会议上的红衣主教们急忙开始为这一自 15 世纪以来罕见的访问做出安排。权力中心正处于空缺状态，对他们来说，这次访问是一个令人不安的事件；他们担心基督教世界的世俗领袖可能会干涉他们寻找精神领袖的工作。但他们该怎么做呢？取消对他的邀请？对他置之不理？任何微小的反抗都是不被允许的，因为一切都必须被视为皇帝巨大的恩赐。

于是，十二名教皇骑兵、三十名瑞士卫兵和一队红衣士兵被派往美第奇府邸迎接这位尊贵的客人。[7] 皇帝在罗马的消息随即也传到了平民之中。抵达圣城的约瑟夫不希望有人知晓他的到来，于是，与利奥波德同在罗马的托斯卡纳宫廷大总管弗朗茨·克萨韦尔·冯·奥西尼-罗森贝格散播消息称约瑟夫二世仍在维也纳，但这种做法无济于事。人们嘲笑大臣拙劣的隐瞒手段，因为它不仅没能掩盖任何事情，反倒证实了一切。

2月2日，教皇克雷芒十三世去世，这让欧洲的天主教统治者感到如释重负。这位来自威尼斯雷佐尼科家族的耶稣会拥护者和启蒙反对者与所有人都撕破了脸皮，尤其是波旁家族，他们对耶稣会士的抨击无休无止。他甚至因为帕尔马公爵限制教皇权力的措施而将其逐出教会，后来公爵在法国和那不勒斯的波旁亲戚们出兵报复，并占领了阿维尼翁和贝内文托。最后，玛丽亚·特蕾西娅费了好大的力气才勉强阻止了她未来的女婿波旁-帕尔马的费迪南多拿起武器反对教皇国。[8] 权力游戏很受欢迎，它们让欧洲的精英们忙个不停。从那以后，教皇国的局势一直很紧张，处理这里的问题时总要保持高度的政治敏感性。

“阿尔巴尼有取得什么进展吗？”约瑟夫问他的弟弟。利奥波德正与奥地利驻罗马教廷大使、红衣主教亚历山德罗·阿尔巴尼商议在遵循所有规则的情况下，让哈布斯堡家族成员到访秘密选举会议。

“对阿尔巴尼来说，没有什么比你的同情更重要。”利奥波德讥讽地笑了笑。这位红衣主教被首相考尼茨列入了打击名单。突然，“万岁”的欢呼声从府邸花园经敞开的窗户传入了室内。

“你得和他们打个招呼！”利奥波德将窗帘拉开一点，小心翼翼地朝外面看去。有几百人聚集在一起。“否则罗马人不会原谅你的。而且——看啊——多么好的机会！”

兄弟俩会说法语、德语和意大利语。约瑟夫的意大利之行持续的时间越长，他讲意大利语的机会就越多。他用这种美妙悦耳的语言写作，自然而然便掌握了这种语言；毕竟，伦巴第属于哈布斯堡。掌握欧洲语言，或者说是日常的宫廷语言和学术语言，是理所当然的事情，对君主而言就更是如此。然而，约瑟夫既不懂匈牙利语，也不懂罗马尼亚语，因此他无法在哈布斯堡帝国的东南部地区发挥多语言的才能。

“很好，你的愿望就是我的命令，我的弟弟。”约瑟夫期待这次重逢已久，自从利奥波德在因斯布鲁克举行婚礼以来，他们就未曾见过面。利奥波德一直是他最喜欢的弟弟，无论他们之间存在怎样的竞争——哪对兄弟姐妹之间没有竞争？利奥波德是众多兄弟姐妹中唯一一个与他不相上下、令他完全信任的人，尽管他的弟弟过去很少回应这种无条件的感情。他是那个和约瑟夫一起度过童年时光、在青年时期一起击剑的人。后来当他们都成为需要承担各自统治责任的君主时，他们之间曾有过激烈的争吵，产生了难以言明的矛盾。但现在，他们的眼中只有重逢和阳台前喧哗的人群。

约瑟夫向前迈了一步。除了一顶假发之外，他只穿了轻骑兵团的绿色制服，没有佩戴勋章。

“万岁！皇帝万岁！”约瑟夫举起双臂，当他轻轻地挥动右手时，欢呼声变得更加强烈。众人向他抛来飞吻，“万岁”的呼喊声也变得更加响亮、更加热烈。[9]

“一个年轻的英雄！一个新的马可·奥勒留！多么伟大的统治者！”

约瑟夫通常将公开的荣誉授予看作空洞的仪式，但像这样的民众集会对他来说却十分珍贵。人民的真实声音就是他一直以来寻找的东西。不同于法兰克福的加冕仪式，在罗马，他自己决定了人们将以何种方式看到他，他要塑造怎样的形象。

一个现代的马可·奥勒留登上欧洲舞台的形象像野火一样蔓延开来。在罗马，有足够多擅长写作和阅读的报人、学者、艺术家，他们把这位开明君主的消息传播到了世界各地。[10]

甚至在第二天，当约瑟夫和利奥波德去罗马观光时，人们依然对这位微服出行的皇帝轰动登场的景象念念不忘。他将经过什么地方，在哪里停留？那些在美第奇府邸的阳台前亲眼瞻仰过这位年轻君主的民众激动地向周围的人描述他的面貌、他的衣着、他的手势。他们对他那双闪闪发光的蓝眼睛赞不绝口，但由于距离太远，他们也只能从道听途说中了解他的情况，从他回应他们的呼唤时和善的语气中感受他的魅力。所有人都认为，他是一个为人民服务的统治者，是人民可以触及的人。他们感觉到，这位年轻的君主身上散发着令人着迷的气质。于是，整个城市变成了一个嗡嗡作响的蜂箱，人们向马车夫和仆人打探消息，听取那些熟悉小巷的最佳路线的流浪者和商贩的意见，讨论并推测可能的观光路线，用编造的或偶然得知的细节来夸耀圣城的贵客。整座罗马城都陷入了狂热。

“皇帝！皇帝！大家快来看！”

在兄弟俩的马车从特雷维喷泉前往圣彼得大教堂的途中，这样的呼声在小巷中激荡。到达教堂后，约瑟夫和利奥波德登上圆顶，欣赏教堂前厅的查理曼和君士坦丁大帝的马术雕像，之后返回纳沃纳广场。

到处都是喧嚣的人群，人们蜂拥而至，热闹得好似这里是新年集市一般。人群中有工匠和商人，守夜人和仆人，洗衣女工和随军女贩[a]。市场上的女商贩向他挥手，并递上一篮面包和鱼干。农民将酒从桶里倒入壶中，而商人则急忙从他的商店里为贵客取来一只银杯。姑娘们——其中的确有一些美女——把春天的花朵撒在皇帝身上，送来一场色彩和香味缤纷的雨。皇帝成了镇上的焦点，而原本同样具有吸引力的秘密选举会议及其神圣且严格保密的仪式，已无人再去关注。

然而，约瑟夫不得不心系秘密选举会议，即使他在出发前往意大利之前已经多次明确表示，他不在乎谁将成为下一任教皇，只要新教皇能正确理解自己的事业。至于他如何理解“正确”一词，他将在秘密选举会议中向红衣主教们解释。但目前，约瑟夫最关心的是，一心想获得哈布斯堡家族好感的年迈主教阿尔巴尼，要如何将他和弟弟顺利带入会议。

下午，约瑟夫在府邸的花园里休息，静静聆听春日里鸟儿忙碌的鸣叫声。过了一会儿，教士布切拉急匆匆地跑了过来。他满头大汗地在皇帝面前弯下腰来，恭敬地报告说被困在秘密选举会议中的阿尔巴尼因渴望见到皇帝而饱受煎熬，并声称如果皇帝不尽快接见他，他就要从窗户跳下去。

“从窗户跳下去！”布切拉重复道，神色绝望。[11]

---

a— 随军女贩是陪伴军队并为士兵提供日常商品和服务的女性。

约瑟夫摆出一副震惊的样子，向教士的衷心报告表示感谢。当然（他很清楚），这样做主要是为了提升阿尔巴尼的声望。约瑟夫表示他们会尽快赶过去。

秘密选举会议：约瑟夫和变革之风

第二天，也就是 1769 年 3 月 17 日，神圣罗马帝国皇帝与聚集在秘密选举会议上的红衣主教举行了史无前例的会面。在阿尔巴尼的指示下，约瑟夫恰好与从费拉拉姗姗来迟的红衣主教斯皮诺拉[a]同时进入了与外界隔绝的房间。阿尔巴尼喜笑颜开，同时又感动得热泪盈眶，他的这种复杂情绪将一直持续到这次尊贵的访问结束，很难辨别这究竟是出于算计还是真实的情感。他向皇帝问好，维也纳的教皇使节塞贝罗尼则邀请皇帝跨过门槛，进入回廊，以便更好地欣赏西斯廷教堂入口处国王厅的壁画。利用这样的小把戏，皇帝进入了会议厅，被塞贝罗尼和阿尔巴尼带到了他们中间落座，一出好戏就这样顺其自然地拉开了序幕。

当约瑟夫准备取下他的佩剑时，一位对政治高度敏感的红衣主教建议，皇帝在此应当继续持剑，因为作为“教会的捍卫者”，他需要用它来保护教会和教廷。

约瑟夫点点头，但没有透露他对政教关系的看法。他们在西斯廷

---

a— 吉罗拉莫・斯皮诺拉（1713 年 10 月 15 日—1784 年 7 月 22 日）是罗马教会的红衣主教。1761—1768 年，他在博洛尼亚担任教皇使节，后来在费拉拉担任教皇使节。

教堂中穿行，但那里的光线过于昏暗，无法欣赏米开朗基罗的壁画。一场简短的祈祷过后，在六名持烛人带来的烛光中，约瑟夫向几位红衣主教表示，他想参观他们在秘密选举会议禁闭期间的居所。

“拿稳蜡烛，以免着火。”[12] 约瑟夫在进入亚历山德罗·阿尔巴尼的狭小居所时说道。这个房间用帆布与邻间隔开。

在这里，在其他红衣主教不在场的情况下，这位年迈的教士拥抱了年轻的皇帝，再一次感动得流下了泪水。“我的孩子，我的孩子……”他情不自禁地喃喃自语道，同时不停地举手祈福，说他现在高兴得快要死掉。

“别这样，尊敬的主教阁下！”

“陛下，正如您亲眼所见，我们在这里的居所多么拥挤和简陋。这是一种殉道。”

“战争带来的不幸远超于此，因为人们必须冒着失去生命的危险；而秘密选举会议则提供了成为教皇的机会。”[13]

“上次选举持续了六个月之久！”阿尔巴尼继续抱怨道。随后，他们离开了他的房间，重新加入了前往国王厅的队伍。

红衣主教们与讲意大利语的皇帝进行了热烈的讨论。约瑟夫用他机智的回答、幽默和轻松的态度感染了他们。当他把话题转向秘密选举会议期间的生活时，阿尔巴尼再次神情痛苦地强调了可怜的红衣主教们简朴的修道生活，对此，约瑟夫狡黠地说：“精神牧羊人应当永远以这种方式生活。还是说我误解了我们主的福音？”[14]

他环顾周围那些肥头大耳的教会领袖，对他们为了显得比实际更虔诚而做出的拙劣努力皱起了眉头。教廷要员们当然清楚这位年轻的君主这般精明措辞背后的深意。所有在场的人都对世俗统治与教会统治之间潜移默化的权力斗争心知肚明。这种斗争就同废除农奴制和酷刑一样，贯穿了整个 18 世纪。

当然，必须补充的是，约瑟夫在改革的考量中，永远不会触及帝国教会和教会选帝侯的权力，因为他需要他们的支持。不过，在真正的权力斗争中，他和那个时代所有具有改革精神的人一样，会得到来自哲学界的支持。无论是伏尔泰还是自然法学者，他们都区分了世俗的人身统治和教会的灵魂统治。简而言之，这意味着教会应该将其核心事务聚焦在关怀牧灵和关注来世。

考虑到这一点，在访问秘密选举会议的最后，约瑟夫明确表达了他对政教关系的看法及他愿意支持什么样的教会。如果教廷的世俗利益受到威胁，教皇无权要求其他王公为他出头。但是，一旦教会的权利受到侵犯，包括他自己在内的每一位天主教君主，都会以捍卫者的姿态为教会拔剑，并将此视为一种荣誉。

“曾经，只要宣布十字军东征，教皇就可以调动十万大军。”约瑟夫故意停顿了一下，然后继续说道，“如果今天的教皇发出这样的号召，恐怕没有任何人会出现在战场上。”[15]

没有哪句话能更加清楚地描述出教会在世俗事务中的权力丧失。皇帝的发言产生了影响，这种影响在几天之后就显现了出来。这次的秘密选举会议虽然没有持续六个月之久，但也持续了足足三个月的时间。红衣主教们都在思索这位基督教世界的最高统治者是个怎样的人物。他们一致认为他很有才干，总有一天会成为重要人物，但渐渐地，以耶稣会全权代表、红衣主教托里贾尼为首的保守派的声音越来越大。他认为，皇帝对启蒙运动的现代思想有些过于着迷了。他们必须设法影响他，使他理解教会纪律和宗教的原则，因为他目前显然没有正确理解这些事情。但随后，经过一百八十五轮投票，红衣主教洛伦佐·甘加内利当选为教皇克雷芒十四世，站在波旁家族一边的反耶稣会派别获得了胜利。新教皇虽然不是拥护创新变革之人，但会成为温和且易于相处的教会之首，最终向世俗权力低头。1773 年，他正式解散了耶稣会。约瑟夫在整个统治生涯中推进着教会改革，这一点再也无法改变。克雷芒十四世的继任者、教皇庇护六世甚至在 1782 年亲自前往维也纳，试图使皇帝“皈依”，但未能成功。

维苏威火山、那不勒斯和一位怪异的妹夫

3 月 29 日，约瑟夫离开罗马。皇帝再一次以法尔肯施泰因伯爵的身份，带着他那支简陋的旅行队伍启程。仅仅经过一天的路程，他们就到达了那不勒斯附近的波蒂奇王宫。[16] 在那里，应玛丽亚·特蕾西娅的要求，约瑟夫去拜访了他的妹妹玛丽亚·卡洛琳娜，并了解她的近况如何。前不久她刚刚与那不勒斯和西西里国王费迪南多四世成婚。

“我的哥哥，你终于来了！你的旅行还顺利吗？”玛丽亚·卡洛

琳娜急步穿过宫殿里布满精美古董的长廊，朝约瑟夫走来。

“我亲爱的妹妹！”兄妹俩拥抱了对方。“你住在赫库兰尼姆[a]的宝藏之中！”

“是的，这里甚至还有一个博物馆，里面摆满了古代的马赛克制品、纸草文稿和雕像。那不勒斯是古代世界的中心！”

“噢，我多么希望能参观庞贝城和所有自童年起就让我心驰神往的地方。”约瑟夫满怀憧憬地说，他挽着妹妹的胳膊，漫步于维苏威火山脚下这座美丽宫殿的开阔园林中。感谢上帝，他有十天的时间可以参观这个王国的名胜古迹，而且不需要处理任何政务。

几个世纪以来，意大利半岛一直是哈布斯堡家族和波旁家族的主要战场，直到波旁家族的西班牙支系开始对意大利的重要地区施加影响。逆转联盟——奥地利王位继承战争后哈布斯堡为与法国和解而采取的著名外交大转弯策略——使得哈布斯堡家族和波旁家族之间的政治联姻活跃起来。玛丽亚·特蕾西娅在她十个成年的孩子中，一共促成了五段这样的婚姻。在意大利，哈布斯堡家族缔结了两个重要的联盟，一个是与帕尔马公国，另一个是与那不勒斯-西西里王国。就目前来看，那不勒斯-西西里王国更为重要，因为它的规模更大，而且其重要性可以追溯到诺曼底王朝和霍亨斯陶芬王朝时期。

约瑟夫住在首相的儿子考尼茨伯爵的家中。恩斯特·克里斯托

a— 赫库兰尼姆是一个古老的城镇。公元 79 年维苏威火山爆发时，赫库兰尼姆被埋在火山灰和浮石之下。

夫·冯·考尼茨自1764年起担任奥地利驻那不勒斯大使，与佛罗伦萨的罗森贝格伯爵和后来巴黎的弗洛里蒙·德·梅西–阿让托一样，他的任务是向玛丽亚·特蕾西娅发送关于所有事情的未经修饰的真实报告——不仅包括大大小小的政治事件，还包括八卦、阴谋、失宠的大臣的轶闻，当然还有嫁到不同宫廷的女儿是否怀孕这一至关重要的问题。这毕竟是所有政治联姻的目标，即通过基于王朝的联盟，将一国不能（或不愿）征服的领土转移到自己的势力范围之内。为了实现这一目标，必须在整个欧洲布下耳目。例如，波蒂奇的报告由可信任的人士亲自带到罗马，然后转交给玛丽亚·特蕾西娅的信使。普通的邮政服务是不可靠的，信件会在众目之下被拆开，随后全世界都会知道其中的内容。

当初是利奥波德将玛丽亚·卡洛琳娜送去那不勒斯的，原本他和妻子（费迪南多的姐姐）应当帮助玛丽亚·卡洛琳娜度过新婚生活的最初阶段。然而，利奥波德对他在那不勒斯宫廷的所见所闻感到震惊。同样，约瑟夫也没有发现好事，即使他不愿看到这样的情况发生。他的母亲玛丽亚·特蕾西娅只能忍受良心的谴责！毕竟这场婚姻是她用尽全力推动的。而且她很清楚自己想从年仅十五岁的玛丽亚·卡洛琳娜身上获得什么。在婚礼前，她曾写信给她的密友和前宫廷女官索菲："这位新娘是我所有女儿中最像我的一个。我经常为她担心得发抖，因为我不（知道）该如何帮助她、建议她……她仍然像孩子一样鲁莽。"[17]

结婚一年后，约瑟夫的妹妹已经完全变了一个人。她经历了幻灭的痛苦，流干了泪水，但也因此变得更加强大。

“不，我的肚子还没有动静。”玛丽亚·卡洛琳娜的漂亮脸蛋上闪过一丝红晕。他们在场地开阔的英式园林里漫步了一会儿，绕了一个大弯，经过圈养珍奇动物的动物园，然后回到了宫殿。现在，玛丽亚·卡洛琳娜带她的哥哥走进一座小教堂，那是经常给予她安慰和力量的地方。

“如果不是我的信仰告诉我还有上帝，我大概早就离开这个世界了。”[18]

约瑟夫仔细地看了看玛丽亚·卡洛琳娜。她的五官不再有任何孩子气，甚至这个小他十一岁的妹妹最令他怜爱的淘气劲儿也从她的眼睛里消失了。如今的她仪态端庄，甚至有些僵硬，她的嘴唇透露出经历了巨大羞辱但也克服了这些困难的人的意志力。

当国王一行人的笑声传进小教堂里时，玛丽亚·卡洛琳娜挺直了脊背，而她平放在覆盖着天鹅绒的祈祷台上的双手则开始微微颤抖。约瑟夫爱怜地将他的手放在妹妹的手上，两人互相看着对方。年仅二十八岁的约瑟夫能够理解玛丽亚·卡洛琳娜的苦恼，尽管他们的悲伤不尽相同。他在第一次婚姻中找到了幸福，这在幸福婚姻十分罕见的时代是不寻常的。他的不幸在于伊莎贝拉的死亡，而玛丽亚·卡洛琳娜的殉道则在于与费迪南多结婚。约瑟夫从他弟弟利奥波德讲述的故事中了解到，他们刚刚结婚的时候情况有多糟糕。

当他的妹妹刚到卡塞塔时，这个没有经验的女孩担心她的丈夫会不爱她。但这个问题很快就变得不值一提。他们第一次见面是在婚礼上，费迪南多表现得沉默、尴尬且不安。但在新婚之夜，他却强奸了玛丽亚·卡洛琳娜。第二天一早，他便心安理得地去打猎了。这件事让玛丽亚·卡洛琳娜受到了巨大的惊吓，导致他们在结婚的前四年里一直没有孩子。然而，养育后代才是联姻的真正意义所在，因此她最终为他生下了十八个儿女。当她怀上第八个孩子时，她写信给她的哥哥利奥波德，控诉丈夫再次强奸了她。在 18 世纪及之后的一个世纪里，婚姻内的性侵犯还不构成犯罪；随着启蒙的不断推进，人们才逐渐对男女关系有了新的思考。

“来和我们一起玩，来和我们一起玩！”当约瑟夫和他的妹妹从园林走进宫殿入口的大厅时，费迪南多尖叫起来。

这位国王在八岁时就登上了王位。辅佐国王直至其成年的贝尔纳多·塔努奇忽视了对王位继承人的教育，相反，他鼓励这个年轻人沉迷于宫廷多种多样、充满诱惑的奢华消遣之中——这是塔努奇为稳固自身权力而采取的出色计谋。因此，正如塔努奇期望的那样，费迪南多成了德行不佳的国王。他是那不勒斯和西西里的统治者，拥有两座令人叹为观止的宫殿建筑群、众多艺术收藏品、瓷器制造场和广阔的庄园，但也是一个不守规矩且轻浮的孩子。他自娱自乐地在宫殿里飞奔，穿过各个房间，捏女仆的臀部，踩着男仆从高处扑到某个女仆身上，和她一起在地面上打滚。

现在，他愉快地哼着下流的小曲，粗暴地把在哥哥身边努力保持镇定的妻子拉向自己。

“如果你不给我生孩子……哒啦啦，哒啦啦!”终于，他筋疲力尽，兴奋地在一张豪华沙发上挨着他的猎犬坐了下来。这显然是他最喜欢的动物的沙发。

约瑟夫决心向他的母亲详细报告这一切，他不会向她隐瞒任何事情，甚至包括不光彩的细节——例如，国王当众在随行人员面前脱下裤子，坐在坐便椅上，随后仔细检查并研究自己的排泄物。[19]“他的行为粗俗且怪异，”他接着写道，“无法与他进行理智的对话。他厌恶阅读任何东西。他既没有道德感也没有宗教信仰，只相信鬼魂的存在。他不惧怕地狱，也不觉得拥有情妇有什么不妥。”[20]

与此同时，玛丽亚·卡洛琳娜的政治影响力也在不断增强。1776年，在她的鼓动下，塔努奇被迫辞职，她自己则取代了他在枢密院的位置。从此，她与她提拔的海军大臣约翰·阿克顿（据传两人有染）开始主导那不勒斯和西西里的政务。

约瑟夫在王国逗留期间给所有在场的人留下了完美的印象。考尼茨伯爵的妻子莱奥波尔迪娜写信给她在维也纳的妹妹、列支敦士登侯爵夫人埃莱奥诺雷（两人都是出生在奥廷根-斯皮尔伯格的侯爵之女）：“皇帝举止优雅，善于倾听他人的意见，一切言行都恰如其分……我和他交谈了很长时间，从那时起，我就对上帝充满了难以言表的感激之情，感谢祂给予了我们一个像约瑟夫这样的君主。”[21]

只要有机会，约瑟夫就会逃离王宫，去户外观光旅游。他来到卡普里岛，爬上维苏威火山，站在火山口的边缘，就像之前来到这里的许多旅行者一样。在那里，他惊叹于大自然的壮丽奇观，一次猛烈的火山喷发就摧毁了整座庞贝城的生命。在好奇心的驱使下，他来到庞贝城，与国王夫妇和东道主考尼茨一起参观了遗址，特别是一座后来以他的名字命名的罗马住宅的遗迹。[22] 皇帝还花了一天时间专程赶往卡塞塔，观摩正在建设中的巨大王家宫殿。这座意大利的“凡尔赛宫”位于那不勒斯城以北五十公里处，注定要成为欧洲最大的宫殿群之一。现任国王的父亲于 1752 年就已经开始建造这座宫殿，但竣工依旧遥遥无期。

在意大利南部，人们也对皇帝充满热情，他亲近人民，始终保持着朴实无华的作风。但没有谁比莱奥波尔迪娜对他的印象更加深刻，直到 1770 年 2 月，她仍然对他赞不绝口，并用对这位皇帝的称赞来斥责她那深陷维也纳宫廷八卦的妹妹——也许，这是对这位有争议的君主最贴切的描述：“在维也纳，人们或许不认识他，但我见过他，对他有极好的印象。我发现他是一个和蔼可亲、富有人情味、真实且诚实的人，我徒劳地寻找着别人口中他性格的缺陷之处。他对他的人民充满仁慈，比我们仁慈得多，而且这不是为了装装样子，而是出于一片赤诚之心……他通常不会按照我们的大领主和贵族希望的方式来管理他们，但他将高举正义的旗帜，成为穷人的父亲，而不是闲人的父亲；他会把公共利益放在首位，并对其他人提出同样的要求……皇帝的性格让我产生了很多思考；统治我们的不是神明或天使，而是一个人，这个人具有一位优秀统治者的所有优良品质。”[23]

佛罗伦萨：兄弟之间的亲密和距离

从那不勒斯回来的路上，约瑟夫在罗马稍作停留，以便一睹画家庞培奥·巴托尼完成的双人肖像画。他感叹道："不愧是大师，完成得真是出色！"他和他的弟弟在巴托尼的工作室里做了六天的模特。约瑟夫坚持认为，与其要求画家每天带着所有的绘画用具到美第奇府邸来，不如让他们乘坐马车前往巴托尼的工作室，后一种方式对这位艺术家来说要舒适得多。而且他也想了解这位在当时已负盛名的画家在工作室里是如何工作的，罗马的艺术家是如何生活的。

庞培奥·巴托尼以绘制罗马游客的肖像画而闻名，他精心刻画名胜古迹和旅行中的典型细节，使观者一眼便能看出所描绘人物的受教育程度和他们的崇高身份。[24] 通过这种方式，他已经创作了一百多幅具有代表性的作品。在皇帝和他弟弟的肖像画上，约瑟夫身穿一件深绿色的制服，随意地靠在一座罗马女神的古典雕像旁，身后是圣彼得大教堂和圣天使城堡。利奥波德则身穿白色制服，被安排在画面的左侧。兄弟两人各伸出一只手，轻轻地握在一起——这是一个经过精心设计的姿态。

就像今天的人们欢迎摇滚明星和足球运动员的巡回活动一样，当时的人们热烈地欢迎两兄弟对罗马的访问。现在，作为欧洲启蒙时代的统治者，这两位哈布斯堡家族的君主留下了永恒的图像。他们是英俊且现代的男性，穿着制服而不是巴洛克式的宫廷服饰。巴托尼必须立即制作这幅画的副本，其中一份将被交给玛丽亚·特蕾西娅，因为她非常关心儿子们表现出来的团结或者说友谊。

巴托尼擦了擦额头上的汗水，对夸奖表示感谢。“感谢您的夸奖，陛下。”

这项极其复杂的工作的重担瞬间从他的肩上卸了下来。他在作画时需要考虑很多因素，比如维也纳和托斯卡纳方面对画中人物、两人的位置和画作含义的无休止的指示。但这并不是他倍感压力的唯一原因。在利奥波德和约瑟夫离开罗马并分别去往佛罗伦萨和那不勒斯之后，他的工作室也变成了一个受欢迎的景点。挤在门前排起长队的参观者和围观者络绎不绝，他们想目睹这一重要作品的诞生，好将其作为下一次聚会上的谈资。所有好奇的人都本能地感觉到，这幅画将成为他们那个时代最重要的作品之一，这不仅是因为被描绘的对象身份尊贵，更是因为它所具有的象征意义：这幅画明确无误地传达了一种现代、开明的统治理念。

在继续前往佛罗伦萨的路上，约瑟夫总会想到这幅画像，画中他与利奥波德之间的关系符合他的心意——友好、充满爱意且敞开心扉。为什么不能继续保持这样的感觉？他们每周通信，而这不仅仅是出于实用主义的目的——通信对他们来说是不可或缺的信息来源，也是维系王朝政治网络的重要手段。约瑟夫与伊莎贝拉只有一个女儿玛丽亚·特蕾西娅，如果他在没有男性继承人的情况下于利奥波德之前去世，那么利奥波德就是下一个继承人。[25] 但对约瑟夫来说，与弟弟之间的联络从来都不只是出于政治的原因。

早在1765年9月26日，他就在给利奥波德的信中表明过这样的心意："我全心全意地拥抱你，并请你相信，即使你在百里之外，我依然爱你，超出一切准则地珍视你。"[26]就在这封信中，他告诉他的弟弟，他在已故父皇的遗嘱中找到了一些文件，由于这些文件与利奥波德有关，所以他立即将它们转交给了母亲。

七年战争刚刚结束两年后，弗朗茨·斯蒂芬离世，约瑟夫被任命为皇帝和共同执政者。那是一段艰难的时期，国家债务累积到了高达三亿古尔登的天文数字。约瑟夫当时在信中告诉弟弟，他立即将宫廷马厩中的马匹数量从一千两百匹减少到了八百二十匹，但这不过是杯水车薪。

然后，约瑟夫找到了他父亲的遗嘱。他打开了一个柜子，经过一番搜索，终于在一个红色的钱袋里找到了弗朗茨·斯蒂芬的遗嘱。除了他在生前就划分给利奥波德的托斯卡纳之外，遗嘱指定约瑟夫为唯一的继承人。[27]托斯卡纳从此成为一个独立的国家，由从利奥波德开始的哈布斯堡家族旁系统治，这就是所谓的次子统治（Sekundogenitur）。约瑟夫继承了一千八百万古尔登，这是一笔不容小觑的财富，被分散在多个账户中进行监管。多么巨大的一笔财富！他打算用其中的五百八十万建立一个家族保障基金，这样玛丽亚·特蕾西娅的众多子女和之后统治者的后代就不会成为国家的负担，剩下的私人遗产则全部捐赠给国家。这就像是一种针对他自己的财富税。根据约瑟夫的计算，通过这种方式，他能够把国债的利息从6%降低到4%，从而节省大量开支。他还向国家捐赠了十二处直接隶属于宫廷的房产。他个人对财政做出了巨大的贡献，君主国到1775年就还清了所有的债务。当然，这在一定程度上也要归功于约瑟夫的紧缩政策。考虑到法国大革命爆发的一个重要原因就是国家负债过多，我们不能小觑约瑟夫的这一举动。

在皇帝打算交给国家的一千两百多万古尔登中，有两百万古尔登是弗朗茨·斯蒂芬留给托斯卡纳的。在1765年10月9日的一封信中，约瑟夫向利奥波德提出了请求："我不能从它（国家）那里扣留不再属于我的利益，但出于对你的爱，我感到羞愧。因此，我亲爱的弟弟，我建议你将账户里的积蓄转给我。但与此同时，通过这次为国家增资的贡献，我保证你终身享有4%的收益。"[28]

玛丽亚·特蕾西娅曾尝试调解两兄弟之间的争端，但她最终站在了约瑟夫一边。利奥波德也需要这笔钱，他想在解决饥荒后将这笔钱用于援助项目并排干马雷马的沼泽，但他最终失败了。利奥波德对这件事一直耿耿于怀，直到他哥哥早逝。约瑟夫很清楚他们的关系将会受到多么严重的影响。但他还能怎么做呢？他在给利奥波德的信中一如既往地保持亲密的语气，希望时间能抚平他无法消除的伤痕。

当他到达碧提宫时，他想到：或许现在就是和解的时刻？

在佛罗伦萨的那段时间里，约瑟夫与利奥波德一家度过了一段无忧无虑的快乐时光，宫殿里回荡着玛丽亚·特蕾西娅和弗朗茨两个孩子的笑声。弗朗茨是个聪明的小男孩，很快就被约瑟夫指定为继承人；毕竟，约瑟夫很清楚自己不想再结婚了，世界上没有任何力量可以强迫他这样做。在这座令人难忘的文艺复兴时期的大都市流连忘返了数日后，他又来到大公位于乡间的别墅拉彼得拉亚过了几天安静的日子，在那里饶有兴趣地观察周围庄园里耕作的农民，并与佃户们就改进耕作方法和他弟弟的改革进行了各种讨论。

“我们过得不错。”他反复从农民的口中听到这句话，他们似乎都知道生活在托斯卡纳是件幸运的事。但这不仅仅是因为这里宜人的气候条件。

“这里土壤肥沃，上帝赐予我们雨水和阳光，让我们能有个好收成。”

“你们一定是有福之人。”皇帝附和道。

“保佑我们的是统治者，利奥波德大公！”

“他是个聪明人。”约瑟夫赞赏地点点头，农民们并不知道他是利奥波德的兄弟。“改革的情况如何？”他随口问道。即便面对这样的问题，农民们也依旧神情愉悦。他们说，税收不算太高，政府甚至还奖励了他们“结婚补助”。“哪里能有这种福利，给你钱去成立自己的家庭！”[29]

这种做法着实富有远见。约瑟夫决心在自己的领土上实施类似的社会政策。

之后，约瑟夫和利奥波德一同出发前往里窝那。他们的马车转入主街道，来到了热闹非凡的新城区——圣雅各伯-达夸维瓦。

“这是我们的父亲留给我的最好的遗产。”利奥波德说。他自豪地望着这一切，目光扫过为商人准备的仓库和为渔民准备的现代化住所。“这里容纳了两百个家庭。瞧，这一切设计得多好！”

约瑟夫由衷地表达出钦佩和赞美。在此之前，他也只是从纪念奖章上了解过他已故父亲的港口项目，奖章的正面刻着弗朗茨·斯蒂芬大公的形象，背面则是里窝那港。父亲还创办了军医院、孤儿院和航海学校；总体而言，里窝那港因此成了的里雅斯特效仿的典范，不久之后，那里也开始兴建军医院、仓库和住房，促进贸易发展。[30]

约瑟夫认为，利奥波德是幸运的，因为弗朗茨·斯蒂芬早已在托斯卡纳实行了一系列重要的改革，使其成为启蒙时代的模范国家。这些改革涉及司法、税收、行政管理以及贸易和农业的发展。

“当然，要完成的工作还有很多，这只是一个开始。”利奥波德自然有不同的看法。他说，托斯卡纳因向弗朗茨·斯蒂芬的宫廷和玛丽亚·特蕾西娅的战争付出高额税款而陷入贫困，饥荒是一个意料之中的结果，这里农业落后，马雷马的沼泽地还没有被排干。曾经和弗朗茨·斯蒂芬一同来到托斯卡纳定居的洛林人早已因恶劣的环境风流云散。[31]但是，他会采取谨慎的态度，精准但不急于求成地一步步实行改革，把托斯卡纳打造成一个治理良好的繁荣国度。

兄弟俩都深刻认同启蒙的原则，例如宗教宽容、农奴解放、废除审查制度和死刑，但他们在实践理念上存在重大分歧。约瑟夫依靠官僚国家来实现这些目标，利奥波德则坚信阶级自治——并且从18世纪70年代后期开始信奉君主立宪制。然而，在他哥哥的反对下，他终究无法推动仿照美国《独立宣言》撰写的宪法草案。

博洛尼亚：为启蒙服务的蜡质解剖学模型

约瑟夫从佛罗伦萨出发，前往帕尔马、比萨、里窝那以及博洛尼亚进行短途旅行。5 月 9 日，当他进入安娜·莫兰迪位于市中心的工作室时，他震惊得说不出话来。[32] 他从未见过这样的事情。即使是曾在帕多瓦学习、现已成为博洛尼亚科学院成员的布兰比拉也不禁感到惊讶。这位雕塑家的工作室堆满了蜡质解剖模型。这里放着一个肌肉结构清晰可见的骨架，那里又摆着一个布满神经和静脉的躯干。这里可以看到一只精心制作的放大比例的耳朵，耳廓的细节纤毫毕现。那里又有一只超大的眼睛，眼中布满细密的红血丝。还有一个腹腔被打开的女体蜡模，内部器官暴露在外，其中的细节通常只有在解剖尸体时才看得到。

解剖学在启蒙时期经历了空前的繁荣，外科医生对尸体的研究越来越受关注，但这其实是一份类似于屠夫的工作。尸体的恶臭令学生反感和恶心，因此解剖在夏天通常是无法进行的。相比之下，蜡模就像是保存了生命体凝固的瞬间，散发出一种封存的生命之美。当约瑟夫和布兰比拉前往安娜·莫兰迪的工作室拜访时，她已经相当出名了。她和丈夫一起创办了一间工作室，并因制作用于培训助产士的子宫模型赢得了声誉。后来，在她的丈夫去世之后，这位八个孩子的母亲不得不自谋生路。凭借着杰出解剖学家的声誉，她获得了在大学任教的机会，众多外国大学和学院都向她抛出了橄榄枝，甚至连沙皇叶卡捷琳娜大帝都试图邀请她来自己的宫廷工作。然而，教皇本笃十四世希望这位科学家兼艺术家留在意大利，于是为她提供了终身年薪。

“这是一个漫长的工作过程。”安娜·莫兰迪解释道。首先需要制作身体各个部位的黏土模型。制作一个全身的模型大约需要两百块部位模型。接下来需要用熟石膏制作负模，解剖学家和艺术家必须在制作过程中不断地仔细修改和校正，直到它们在所有的细节上都与解剖的尸体样本完全一致。接下来是真正考验技艺的时刻。作为一名蜡模制作师，她必须在石膏模具上涂上肥皂或油以使孔隙闭合。她只使用俄国野生小蜜蜂的蜡，因为这种蜡特别耐冷耐热。[33] 然后，她需要在加热过程中往蜡里加入植物油、猪油、松脂以及各种色素，并逐步将其倒入模具。如果操作得当，冷却后的蜡模很容易就可以从石膏模具中取出。然后是抛光和上色，并插入之前单独制作的血管和肌腱。完成后就可将所有的部分焊接在一起。“最后一步是装上玻璃眼睛。”莫兰迪结束了她的讲解。

皇帝和他的外科医生屏息倾听。为了更好地解释这一切，莫兰迪从架子上取下一个石膏模具，这时一只老鼠突然窜了出来，除此之外没有其他声响。现在这只小动物正坐在工作室的一个角落里啃食蜡屑。

“教皇本笃十四世支持了她的杰出工作。”布兰比拉用德语对皇帝轻声耳语。

“我的教父。”约瑟夫愉快地回应道，同时想起了最近发生的一件事。秘密选举会议刚刚选出了一位新教皇——克雷芒十四世，即来自平民阶层的洛伦佐·甘加内利。他出身卑微，兄弟是个木匠，侄子在旅馆里拉小提琴。照约瑟夫的推测，他会引起罗马贵族的不满，让耶稣会承受相当大的压力。[34]

“陛下，”布兰比拉打断了约瑟夫的思绪，“如果我们也拥有如此完美的自然模型，那将是维也纳的一大收获。”

“如果你知道如何能让它们毫发无损地穿越阿尔卑斯山……”约瑟夫一边回应，一边转身面向安娜·莫兰迪，只见她的脸上掠过一抹兴奋的红晕。同样，在透过工作室的窗户进入室内的光线的照射下，她制作的模型皮肤上多了一份柔和的色彩。

“陛下，这对我来说将是一种莫大的荣誉。”她最后用不确定的声音说道。

约瑟夫和布兰比拉确实再也无法忘记这些蜡模的样子，但又过了十年，皇帝才委托制作了一千多个蜡像——不过是在保罗·马斯卡尼位于佛罗伦萨的工作室——并于六年后运至维也纳。在此之前，皇帝不得不改革整个医学教育，并建立了一所外科医学院，即约瑟夫医学院（Josephinum）。为了安置蜡模，还必须准备好用红木和手工吹制的玻璃做成的展示柜及用缎面丝绸制成的垫子。这些蜡模被拆解成独立的部件并包裹在床垫中，靠骡子驮运穿越阿尔卑斯山，最终安全抵达维也纳。[35]

佛罗伦萨：天花疫苗接种也是新医学的一部分

5 月 21 日，约瑟夫回到佛罗伦萨休整了几天，因为利奥波德正在接种天花疫苗，而他不想让他的兄弟独自面对这种尚未成熟的最新医学手段。在 18 世纪，每年有近五十万人死于天花。病毒通过飞沫和被污染的灰尘传播，而不断发展的城市为其提供了温床："人口越是密集，死亡率就越高，而人群聚集导致的风气败坏是最为重要的一个原因；人们近距离生活在一起，疾病随之产生、传播；城市的人口越密集，瘟疫的致命性就越大。"[36]

但天花不仅是一种城市疾病，从某种意义上说，它也是一种"民主疾病"。由于仆人、家庭教师和情妇的存在，君主和国王也会与普通人接触并受到感染。病毒没有阶级界限。玛丽亚·特蕾西娅在这种可怕的瘟疫中失去了三个孩子，而她自己也在 1767 年受到感染，于是在 1768 年，她让其余的孩子都接种了疫苗。但在当时，天花疫苗接种仍处于试验阶段。在维也纳，一名园丁的儿子在人为干预下感染了危险的病毒，以便为皇室后裔提供活疫苗，也为在伦韦格疫苗接种中心的八十个儿童提供疫苗。该男子因其服务获得了一百古尔登的报酬，这在当时算得上是一笔可观的数目。尽管如此，天花直到 19 世纪才完全失去了致命性。

约瑟夫对亲近的人十分关切，这是他另一个不容忽视的优点。他坐在利奥波德的床边，安抚他的妻子和孩子。"我一直陪着他，到了一点钟。他恳求医生们给他些鸦片酊，最后他们不得不在一杯水中滴了几滴，以安抚他的情绪。我把他所有的秘书和仆人都打发走了，并说服他安心休息。果然，他一点钟就睡着了，一直睡到九点多，中途一次都没有醒来。”[37] 利奥波德就这样熬过了最艰难的时期，而他接种的疫苗将开始发挥保护作用。是的，约瑟夫深爱他的这个弟弟，没有什么能够改变这一点。在利奥波德的床边，他想起了当自己眼睁睁看着心爱的伊莎贝拉离世时，他是多么绝望。他每日每夜都守在她的身边，把浸过醋水的布条盖在她的额头上，在她冷得发抖时为她加上被子。他喂她喝水，把她的头支撑起来，不时悲伤地将额头靠在伊莎贝拉的额头上——不管她病得多么严重，他知道自己不会被传染，因为他在小时候就得过天花。上帝为何如此残忍，要让这段恋情如昙花一般迅速凋零，让他陷入无尽的痛苦之中？伊莎贝拉去世后不久，约瑟夫曾给他的岳父写信：“我已经失去了一切，我亲爱的妻子，我所有温柔的寄托，我唯一的朋友，都已经不在了。”[38]

曼托瓦和米兰：一个文明的现代国家

5 月 28 日，约瑟夫与利奥波德一家进行了最后的告别，因为他必须继续前往曼托瓦和米兰。他本来还想和他的弟弟继续探讨启蒙的原则、现代国家、新的统治观，研究小小的托斯卡纳和伟大的哈布斯堡帝国之间的相似之处及主要差异，毕竟在帝国推行改革显然会更加复杂和艰巨。他专门为利奥波德撰写了一份关于君主国现状的备忘录，以便日后与他详细讨论。他需要一个和自己想法一致，但比顾问、宫廷军官和官员更亲近的人。约瑟夫最担心的是帝国的分裂和落后。因此，在所有的改革思考中，他坚持甚至有时固执地把整体国家的理念放在首位（往往以牺牲各地区的历史文化多样性为代价）。他试图通过这样的方法来对抗可能使他的众多国土分崩离析的差异性。“各方各面都必须服务于同一个目的，并由统一的中央指挥，不给偏好与自私任何机会，所有领土、所有部门、所有人、所有阶层都必须无一例外地通力合作，为实现共同利益的最大化而努力。”[39] 他之前在托斯卡纳、如今在伦巴第的考察证实了他的想法及行动的正确性：与其他领土相比，意大利各地的发展要出色得多。

由哈布斯堡家族旁系统治的托斯卡纳只是在广义上属于奥地利，而伦巴第自《亚琛和约》以来实际上一直是哈布斯堡的领土，因此直接受到维也纳政府的管理，或者更确切地说，受到首相考尼茨侯爵的管理。当约瑟夫踏上伦巴第的土地时，从某种意义上来说他已经回到了家。他在那里写信给他的母亲：“我的工作从这里开始，如果我能做出任何有意义的贡献，我会很高兴地去做，但我想预先提醒您，从我迄今为止所见的一切来看，这里的人充满了恐惧和顾虑，要了解真相将会非常困难。”[40] 考尼茨曾急切地希望按照启蒙的原则改革伦巴第，但维也纳与这里相距甚远，而且从现场了解到的情况与听闻总有差别。这就是约瑟夫来这里旅行考察的原因。

与巴纳特不同，也与君主国的大部分地区不同，伦巴第的发展超乎想象。这里的人口超过一百万，经济和文化繁荣，几乎可以说达到了更高的文明水平。原因之一是该地区人口稠密且城市化程度高。在

18世纪，人口密度是改革最重要的前提条件。因为没有人口就没有经济发展，没有经济发展就没有繁荣，而没有繁荣就没有教育，也没有理性光辉下的科学知识。因此，尽可能多的勤劳且富裕的人口被视作国家政权最坚实的基础。

在曼托瓦，伦巴第全权代表菲尔米安伯爵迎接了法尔肯施泰因伯爵的旅行队。当时是5月29日，正值春季。这座文艺复兴之城的四周环绕着四处湖泊，岸边的树木沐浴在浅绿色中，但他无暇欣赏这一切。[41] 由于时间有限，约瑟夫立即要求菲尔米安伯爵介绍行政事务。

皇帝敏锐地察觉到了可能存在的管理不善之处，将一切都记录了下来，而他在几天内收到的八百多份请愿书也使他更加确信，政府在处理许多事情时没有做到公正公平，苛刻得令人发指。对大地主的粗暴行为提出指控的人不在少数。这是因为所有的一般税收和关税都会被转交给私人业主，也就是那些大地主。这些大地主通过剥削纳税人，尤其是农民，赚取丰厚的利润。他的弟弟利奥波德已经在托斯卡纳废除了这一制度，现在他将尽力确保伦巴第方面也废除这一制度，并将税款移交给国家管理。另外，贸易和商业、艺术和人文能够在哈布斯堡帝国这处进步的地方蓬勃发展，在一定程度上也是因为考尼茨和玛丽亚·特蕾西娅将当地的政治经济学者和改革家精英纳入了国家的管理层，并给予了当地某种自治权。

6月23日，约瑟夫抵达米兰，总督摩德纳公爵正在那里等候着他。从某种意义上说，弗朗切斯科三世是哈布斯堡家族关系网中的一员。约瑟夫的另一个弟弟费迪南德将迎娶他的孙女玛丽亚·贝亚特丽克丝，她是公国的继承人。然而，公爵只是象征性的人物，所以约瑟夫认为与他会面纯属浪费时间。

“亲爱的伯爵，”皇帝不满地对菲尔米安说，“你知道我根本不在乎那些对国家事务没有实际影响的权贵代表。”他在心里想着忍受菲尔米安已经够让人烦心的了（更糟糕的是，他还住在他的家里），但大声地补充道：“可我也想见见他的孙女、我弟弟的新娘。”[42]

相比于祖父，玛丽亚·贝亚特丽克丝确实更讨人喜欢，约瑟夫和她经常在傍晚时分一起沿着城墙散步，或者去看歌剧。

“你太恭维我了，公主！”他们对彼此的好感似乎已经超越了单纯的礼貌。

“哦，不，陛下，我已经很久没有在我单调的生活中感受过这样的快乐了。”玛丽亚·贝亚特丽克丝半开玩笑地说道，调侃中带着几分真诚。

他，约瑟夫，正如他后来在给母亲的信中所说的那样，确实被小公主的聪明才智和良好教养所吸引，但他也很高兴她注定要嫁给费迪南德，因为她既不迷人也不漂亮。他只是很享受和这个令人愉悦的伙伴一起深入了解这座城市的精英社会，毕竟米兰的贵族和名流们是当时意大利启蒙运动的中心。

“坐在包厢里的是维里伯爵。陛下见过他吗？”某次他们一起去听歌剧时，玛丽亚·贝亚特丽克丝问道，并向伯爵点头示意。

“是的，他在市政府工作。”约瑟夫友好地挥了挥手，他们将在演出结束之后会面。他知道这座城市的知识分子都聚集在彼得罗·维里和亚历山德罗·维里兄弟周围。他们在1764—1766年发行了杂志《咖啡馆》(*Il Caffè*)，该杂志很快就成了意大利最重要的文化刊物。当时所有的热门议题都能在这本杂志中找到，其中大部分文章是彼得罗亲自撰写的；他是一位出色的哲学家、经济学家、历史学家和作家。就连刑法改革者切萨雷·贝卡里亚也曾在杂志上发表文章。此外，该刊物与法国启蒙思想家霍尔巴赫、狄德罗、达朗贝尔和伏尔泰保持着密切的联系。

“陛下让我们的圈子变得更加丰富了。”当他们一起离开歌剧院并坐上马车时，彼得罗·维里称赞道。热情好客的维里把所有颇具名望的人都邀请到了晚宴上。

“陛下，您在维也纳普拉特开园式上发表的关于人民的论述，是真的吗？”在没有严格遵守礼节的情况下，一位客人直接向皇帝抛出了这个问题。现在所有人都竖起了耳朵。

“这要看你听说了什么。”

“有些贵族对他们将来必须与百姓一起散步感到不满。据说陛下曾训斥他们，指出如果他们想和自己的同类散步，那就只能去皇家墓穴了。”

“即使这不是真的，也是段编排得不错的故事！”约瑟夫笑着说。的确，他向维也纳人民敞开了普拉特的大门，但机智的维也纳人虚构了这段轶事，并将这句与皇家墓室有关的妙语安排在了他的身上。

然而，在这里，在米兰的启蒙思想家中间，这个故事的意义不止于此，因为在这个圈子里，平等和宽容、公民权利和对规则的理解、人的本质和事物的本质等问题一直都是讨论的焦点。

在米兰，约瑟夫收到了大约五千份请愿书。圣巴托洛梅奥教区教堂的每日弥撒结束之后，也会有许多听说高贵的皇帝到访此地的人来找他。

“尊敬的陛下，我的家庭受到了诅咒。我的三个孩子已经成了诅咒的牺牲品，尽管我们已经做了弥撒并不断地向圣母祈祷。”

“我们的收成被毁了，我们曾去圣欧斯托焦圣殿朝圣，但我们的祈祷没有被听到，哪怕我们在圣骨石棺周围跪地爬行。”[43]

“圣嘉禄已经听到了我们的祈祷，他让我们的孩子从病床上重新站了起来。谢天谢地，小家伙又能下地干活了。”[44]

“他多大了？”约瑟夫问道。

“到了该上学的年纪。”

这是个棘手的问题。普通民众很少有机会接触到学术界的思想和著作，甚至是约瑟夫从他的老师那里学到的东西。从古至今，他们一直都是虔诚、迷信且缺乏教育的。他们考虑的问题永远只是如何通过半魔法、半基督教的方式来安抚圣徒、避免灾难、化解厄运。[45] 正如伊曼努尔·康德在1784年指出的那样，他们思考的问题与摆脱自我招致的不成熟、独立思考和宽容无关。即使谈及对美好生活至关重要的教育问题，人们也常常持怀疑态度。他们宁可把自己的孩子当作劳工，以获取短期的劳动力，也不愿意让他们通过阅读和写作从事层次更高的职业。“世界的祛魅”——宗教宽容也要归功于这种新的思维方式——通常只会在普通民众中引起恐惧和惊慌。[46]

第二天，彼得罗·维里和约瑟夫在市政厅门口再次会面。他们首先探讨了贸易问题，特别是粮食出口面临的关税壁垒问题——约瑟夫强烈主张取消关税壁垒——然后是一般税收问题，接着是工场的状况。伦巴第地区盛产丝绸、亚麻和棉织品。但是，不管这个国家有多么繁荣发达，皇帝留意到这里依然存在大量的乞丐和流浪者。他穷追不舍地问道，政府在收容和教育孤儿方面做了哪些工作。维里随后也非常准确地分析道：“皇帝似乎更关心如何让大多数人幸福，而不是专注于实现少数人的有限繁荣。他所有的演讲都充满了善良、仁慈和对人民家长式的关怀。”[47]然而，在独自统治的岁月里，约瑟夫逐渐削弱了伦巴第的自治权并将管理事宜集中到维也纳，这严重损害了维里对皇帝的好感。

7月中旬，稍晚于原先的计划，皇帝终于离开了米兰。自3月3日以来，他一直在意大利旅行。渐渐地，他离开维也纳、宫廷和政府的时间似乎有些久了。因此，他的马匹、骑手和马车夫以最快的速度带着他经由戈里齐亚回家——这是回家的最短路线，相应的夜间驿站总是会准备好新的马匹以供使用。回到维也纳后，法尔肯施泰因伯爵几乎未做任何停留就踏上了他的下一段旅程。

1769 年

尼斯

开明君主的首次会议

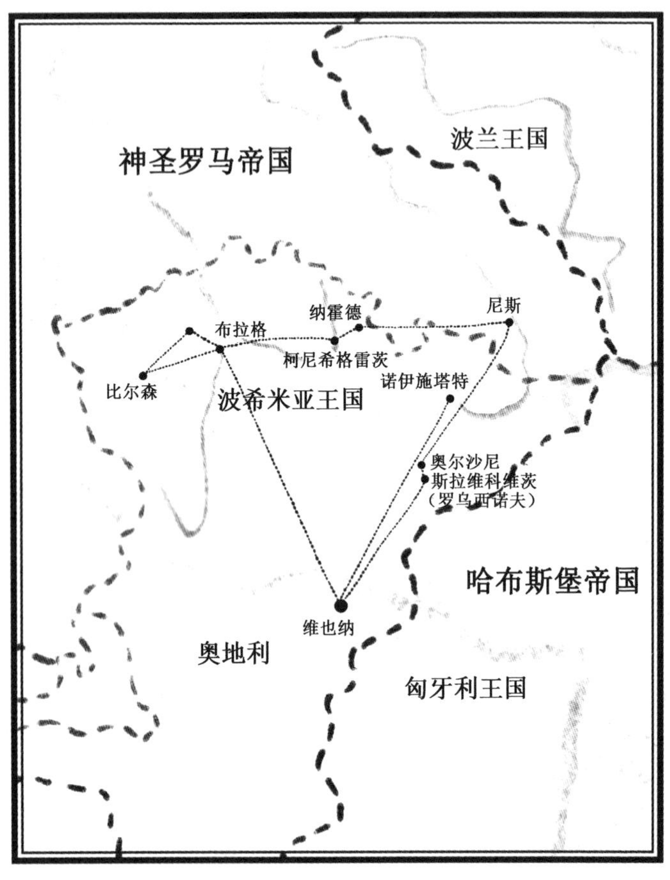

维也纳（Wien）—**奥尔沙尼（Olschan/Olšany）—尼斯（Neisse）**—纳霍德（Nachod）—**柯尼希格雷茨（Königgrätz）**—布拉格（Prag）—科恩豪斯（Kornhaus）—比尔森（Pilsen）—布拉格（Prag）—维也纳（Wien）

第二次会见腓特烈二世的旅行：1770 年，**诺伊施塔特（Neustadt）**

终于！他终于要见到腓特烈了！长久以来，普鲁士国王一直影响着他的思想、他的感情，甚至他的每一根神经，以至于有朝一日与他面对面的愿望几乎变成了一种执念。他经常想象与他会面的场景，他们在炮火弥漫的战场上骑马走向对方，或是随心所欲地畅谈，置身于某个无人的地方，没有随从，能够打扰到他们的只有腓特烈在旷野中飞奔的猎犬，他们不得不起身，沿着没有尽头的杨树林荫道漫步，眺望广袤的村野、肥沃的土地。那片土地时而像普鲁士的土地一样平坦，时而又像波希米亚或摩拉维亚的土地一样多丘。在他的想象中，腓特烈永远年轻，他的面容精致、聪慧，而他的眼睛——就像宫廷画家安托万·佩斯内在1746年为他绘制的肖像画那样——坚定有力、充满渴望，但也透着一丝受伤的神情。约瑟夫对这幅画非常熟悉，特别是那双眼睛让他久久不能忘怀；看着它们，他心里生出一种亲人之间才会有的感情，一种与腓特烈本能的亲近。国王身上似乎有种神奇的吸引力，他不知该如何准确地形容这种感觉。[1]

现在，在1769年的夏天，再过几天时间，他就能将梦想与现实进行比较。他很快就会看到，将腓特烈作为榜样是否正确。那封确定如今要举行会面的信函——三年前的第一次尝试最终遭到了考尼茨和玛丽亚·特蕾西娅的阻止——已经在曼托瓦交到了他的手中。

经过最初的犹豫，首相最终将这次会议视为外交政策的重要手段，并且提前很久就做好了一切准备。玛丽亚·特蕾西娅做出了让步，毕竟从目前的外交形势来看，两位开明统治者的首脑会议迫在眉睫。自从俄国沙皇叶卡捷琳娜大帝于1764年扶持她的前情人斯坦尼斯瓦夫·波尼亚托夫斯基于华沙登上波兰王位，从而将她的影响力扩展到欧洲之后，权力平衡就被打破。在波兰，天主教贵族与受俄国保护的部分东正教及新教民众之间爆发了内战，土耳其人利用这一局面向俄国人宣战，而奥地利和普鲁士无法坐视不管。腓特烈与叶卡捷琳娜结盟，但他本人也不希望看到俄国变得过于强大。因此，他试图将沙皇对领土的渴望从奥斯曼帝国引向波兰。为此，他构思了一个在他看来相当聪明的想法，即把波兰割让给普鲁士、俄国和奥地利三国。现在只需要赢得年轻的皇帝约瑟夫的认同。[2]

公众将作何反应？皇帝和国王之间的会晤从许多方面来看都不同寻常。腓特烈是玛丽亚·特蕾西娅的宿敌，君主们通常在战场上兵戈相见，而不是共享佳肴。在所有主流的礼节中，根本找不到与此相关的规定。他们应当在谁的领土上会面？应当如何安排？皇帝的地位在腓特烈之上，但法尔肯施泰因伯爵又是什么身份？

约瑟夫尚未从意大利之行的劳累中恢复过来，就重新投入维也纳的日常政务之中。他如今已经习惯了在马车上工作。这意味着骑马的信使必须把信件从宫廷送到夜间驿站，将信件交给旅队。约瑟夫外出旅行时总是秉承一切从简的原则，这一次出行也只带了少量人员，甚至比平时更少。这不仅是由于这次外事访问极其紧迫，更是因为约瑟夫将要前往的波希米亚局势紧张——根源在于人口贫困加剧。

与巴纳特之旅一样，他的妹夫萨克森-特申的阿尔贝特和莫里茨·冯·拉齐伯爵加入了他的随行队伍。皇帝很欣赏拉齐，不久前才任命他担任宫廷战争委员会主席一职。长期以来，他们一直在军队改革方面携手合作，尽管年龄相差近十六岁，但他们的想法相似。相比之下，在那些年里，约瑟夫总是会与首相考尼茨产生分歧。此外，生于圣彼得堡的拉齐很可能会与腓特烈相谈甚欢，因为在不久前刚刚结束的七年战争中，他是哈布斯堡军队里最有勇气、最具战略眼光的军官之一，很快就从一个普通的上校升为炮兵将军，几乎登上了军队最顶端的位置。

8 月 18 日，他们像往常一样，一大早便从维也纳出发。约瑟夫计划在一周后抵达西里西亚的尼斯。这个位于奥地利—普鲁士边境的城市在 14 世纪就被并入波希米亚王室的土地，直到 1742 年西里西亚战争期间，奥地利人才将其拱手让给了腓特烈大帝。因此，这是一个具有高度象征意义的地方。

在这次旅途中，约瑟夫在马背上的时间比以往更多。骑马令他感到放松，让他觉得自己掌控着即将发生的事情。他催马加鞭，享受着疾驰、回转、骑士般的操控。就身体素质而言，他认为自己应当比腓特烈更胜一筹，但他感到紧张，就像在接受皇家教育时每三个月要在父母、老师和某些朝臣面前进行考试一样。最重要的是，他的老师克里斯蒂安・奥古斯特・贝克和他已故的指导者约翰・克里斯托夫・冯・巴滕施泰因都是新教信徒，他们不仅向他传授启蒙哲人塞缪尔・冯・普芬道夫的自然法学说，还让他很早就接触到了腓特烈的《反马基雅维利》。伏尔泰曾在 1740 年帮助年轻的腓特烈发表了关于治国之道的哲学思考。一个君主不应该是崇尚强权和不择手段的，而应该是富有人性、正义和理性的——这样的想法怎么可能不触动这位认真求索的年轻储君呢？[3]

约瑟夫开始回想有关腓特烈的所有事情，这将有助于他的会谈，帮助他评估对手，同时更清楚地了解自己的目标。一方面，亲自见到国王是他长久以来的迫切愿望；另一方面，他心中有一长串关于外交政策的问题，需要以最佳的处理方式获得对国家最有利的结果。考尼茨为此写了一份详尽冗长的说明，仿佛约瑟夫对奥地利的立场一无所知。只是他不仅想利用和这位欧洲政坛伟人难得的会面机会同他谈判，更诚心想与他接触，探索他们之间的共同点，如果可能的话，他想了解统治者外表下真正的他。要做到这一点，就必须谈论所有的改革，无论是军队、行政和司法方面的改革，还是贸易和经济事务方面的改革，又或者是农业方面的改革，这些改革比其他任何事情都重要。毕竟，欧洲所有的国家不都面临着同样的困境吗？如果他们不想在未来的风浪中成为幕燕釜鱼，他们不都得启动全面的改革计划吗？和当时许多拥有远见卓识的人物一样，他坚信革命迟早会爆发。[4]

斯拉维科维茨：提升农民的地位

温和的夏季旅日的第一个晚上，夜莺聚集在营地的树上放声歌唱，准备飞往南方。约瑟夫最爱这些鸟。后来，当他向公众开放维也纳的普拉特与奥加登时，他放生了夜莺，并将射杀夜莺定为应受惩罚的罪行。现在他听着它们发出的旋律，思绪飘扬。他一次又一次地问自己：与腓特烈的初次见面将如何进行？他们是否会坐在马背上，穿着制服，带着各自的随行人员见面？毫无疑问，这是最保险的一种选择，因为看起来就像是在战场上的一次相遇。

在18世纪，两位君主会面是十分罕见的。通常情况下，复杂的等级和礼仪问题会使这样的会议难以举行。[5] 这也是约瑟夫再次以另一个身份在这个国家旅行的原因。但他和腓特烈该怎么做？就像两个普通市民一样走向对方？那么，谁应该先伸出手来打招呼？谁先开口讲话？谁又将优雅地保持沉默，以显示他更高的地位？“这些君主们一定要同彼此见面。”玛丽亚·特蕾西娅曾在1766年给索菲的信中谈及上次失败的会面，其中流露出的情绪不免有些幸灾乐祸。“但没有任何仪式，没有任何礼节和准备。因此，他们不知道谁应该先发声或邀请对方，就这样离开了自己的住处前来赴约，却没有见到对方，尽管他们非常渴望见面。关于这件事存在不少政治上的猜测，但我告诉你的才是唯一真实的原因。那句谚语说得确实没错：‘人算不如天算。’”[6]

然而，1766年的那场失败，与其说是天注定，倒不如说是因为玛丽亚·特蕾西娅本人的阻挠。这一次，事情的走向主要掌握在考尼茨手中，但究竟如何才能在不损害这两位欧洲强大统治者声誉的情况下进行会面，甚至连约瑟夫自己都无法准确回答。可惜的是，他没有从范梅滕斯的工作室选派任何宫廷画家随行，以记录这次必将轰动一时的相遇。[7] 离开维也纳时太仓促了，他没能及时想到这一点。现在只能拭目以待。无论如何，全欧洲最重要的报刊之一——《维也纳日报》肯定会报道此事。[8]

第二天，当他们驾车经过斯拉维科维茨村时，队伍中的一名马车夫喊道："嘿，把马拉稳！""车轮！"[9]

马车已经陷进了路边的沙地里，车轴断裂，车轮冲下了斜坡。他们费了好大的劲儿才阻止受惊的马匹挣脱缰绳飞奔出去。

"嗬，嗬，好孩子！"仆人们见状都围过来试图安抚牲口，一个农夫也从附近的田地里赶来帮忙。

约瑟夫从马背上下来。尽管人们总是对这样的事情有所准备，但这次事故还是把他从思绪中拉回了现实。他环顾四周，看到不规则切割的田地，其中一些处于休耕状态，另一些则长满了麦穗，在夏日的风中摇曳。田地之间是郁郁葱葱的草地，一条河流从中蜿蜒而过。柳树矗立在岸边，在风景中勾画出一条银绿色的飘带。德拉哈纳山地的平缓丘陵沿着地平线升起。这就是摩拉维亚侯国！这片肥沃的土地尤其适合发展农业，约瑟夫在农夫走近时心想。接下来便有了最广为人知的一幕——亲近人民的皇帝亲自扶犁耕地。后来，一些人因这件事为约瑟夫竖立纪念碑，其他人则认为这是精心编排的宣传计策。但现在，在这个夏日，只有这一刻才是最重要的——在这一刻，只有亲身实践，只有人与人的相遇。

当约瑟夫打量这个农民时，他向这位尊贵的先生鞠了几个躬。

"那边是你的仆人吗？"皇帝未露身份，询问农民。"是的，阁下，那是我能干的仆人，他叫杨。”农民回答说。

“带我去找他，我想试试那犁。”这个人有些困惑，环顾四周；他不明白这位贵族老爷为什么想做这样的脏活。但由于在场的几位绅士都对他点了点头，他便又鞠了几个躬，带着他的客人来到他那块叫做劳什尼茨之田的耕地。

约瑟夫双手握着犁，划出两道犁沟，而扬·卡托什则用缰绳牵着马。然后，他向那个有些惊愕的仆人表达了感谢，并送给他一枚金币作为告别礼物。与此同时，在农民特恩卡的帮助下，车夫们修好了马车的断轴。他们低声告诉这个善良的人，这位耕地的贵族绅士正是皇帝本人。

“上帝啊，玛丽亚和约瑟夫。”农民喃喃道，然后滔滔不绝地说出一连串难以理解的波希米亚语。他在帮忙修理时表现得谨慎且熟练，现在却站在那里困惑地盯着从田间回来的皇帝。他本来想扑倒跪在地上，但已经猜到自己身份暴露的约瑟夫阻止了他做出这个顺从的姿态。

“非常感谢！”皇帝心情愉快地向他的臣民道谢。这超出了安德烈·特恩卡在他最疯狂的梦想中所能想象的一切。他不知道自己是该笑，还是该哭，是该扑倒在尘土中，还是该和皇帝拥抱着告别。但是，当他看到年轻君主那卸下防备的友好面容时，他鼓起了所有的勇气，再次鞠躬，握住了约瑟夫伸出的手。然后，他先是带着这个令人难以置信的消息跑到了他的仆人那里，之后又带着他的马和犁回到了妻子身边。这是一个值得庆祝的日子，而不是耕作的日子。他开心得简直要飞起来。有哪一个无足轻重的小人物曾经历过如此奇妙、如此伟大甚至称得上是宏伟的事情？只有他，来自斯拉维科维茨村的农民特恩卡。他要和妻子精心打扮一番，穿上最美丽的衣服，去传播皇帝犁地的消息，并向所有想看那犁的人展示皇帝恩赐的证据——他要像对待遗迹珍宝一般将它小心翼翼地保存在一个得体的地方——诚然，需要收取少量费用，但不会很高，每个人都会乐意支付。

“你们受谁管辖？”皇帝又回到了颠簸的马车上，透过窗户向外问道。等他在拉齐身边坐稳后，马车开始加速，很快就追上了那个农民，他正带着他的仆人、马和犁朝家的方向走去。

“陛下，我们是伟大的列支敦士登侯爵的农奴。”特恩卡回答道。

约瑟夫最后一次向农夫挥手，然后转身面对他的旅伴拉齐。“人口普查也会算上这个农民，我想的没错吧？”

“和他的领主一样！”拉齐插话说。

“这就对了。人口普查是不分等级、宗教或种族的。”

关于新一轮人口普查的争论已经持续了好几年。国务委员会对各项细节进行了整整一年的讨论，最后终于在 1770 年 3 月 10 日通过了《关于居民和牲畜的一般性描述及除意大利和比利时各地、蒂罗尔、匈牙利以外的哈布斯堡土地上所有房屋的编号》这一文件。[10] 这次人口普查将为建立全新的军事征募体系奠定基础，尽管考尼茨从未停止对这种制度的抨击。拉齐和皇帝的支持者被斥为“战争派”，他们希望效仿普鲁士的模式，以区划为单位登记所有适合服兵役的男性。用这种方式招募的士兵将接受基本训练，其余的时间将以“休假”的名义继续在农田和工场工作，等到年度演习的时候才会再度归队。如此一来，国家一方面可以组建一支组织严密的军队，另一方面又不会失去急需的劳动力。考尼茨认为这一制度是不人道的，因为这将导致社会军事化并破坏哈布斯堡帝国的特殊性，哈布斯堡的军队迄今为止主要是遵循阶级传统来组建的。

然而，考尼茨口中的旧制度也不人道，而且效率低下。额外配备陆战新兵的旧式军队在七年战争中惨遭失败。杂乱无章、缺乏训练、装备简陋的农民们——地方领主们显然不会将他们最优秀的臣民派往战场，而是试图借此机会摆脱流浪汉和普通罪犯——难以匹敌专业的普鲁士部队。毕竟在士兵国王腓特烈·威廉一世统治时期，常备军就已经开始在战场上发挥重要的作用。此外，征召的部队始终无法满足需求。七年战争期间，平均二十万人的军队规模只能通过额外的强制征兵来实现，这场残酷的人口狩猎是自三十年战争以来人们最深刻、最恐惧的记忆。约瑟夫在他的备忘录《如果你想要和平，就必须为战争做好准备》(*Si vis pacem, para bellum*)中对此详细解释道，与考尼茨的标准论点相反，军队的规模不是由国家的财政状况决定的，而是由外部威胁的程度决定的。[11] 他主张让农民和士兵彼此磨合，士兵们将住在正常的城市或村舍里，并利用一年中大部分的休假时间参与正常的工作生活。因此，军队精神将融入社会，并确保更出色的表现和纪律，“士兵”会成为“市民”，而“农民”会成为“士兵”。“我们想让国家知道它在危急情况下拥有多少英勇而勤劳的双手，它们既能保护国家，又能耕种土地。”约瑟夫对他奋斗的目标总结道。[12]

一次名副其实的人口和住房普查是实行新的征兵制度及其他许多改革必不可少的基础。毕竟，旧的制度依靠地主计算奴仆、依靠牧人清点羊群，既不准确也容易滋生腐败。每个人都试图使纸面上的人口数量减少，这不是为了少收税，而是为了少交税。此外，在发生战争时，地主可以通过这种方式在自己的庄园中保留更多的农奴。但这样的时代已经结束了。拉齐曾向国务委员会建议，派军队去清点臣民；士兵们没有既得利益，但受过合理的教育，辅以文员和办事员，最终会提供有效的数字。这是一场革命！启蒙的原则将直接得到落实，这不仅是因为经验主义、统计和数字被启蒙思想家尊为金牛犊并视为创造奇迹的工具，还因为法律面前人人平等的理念终会实现——没有任何一户家庭、一座城堡、一名奴仆或是一位君主应当被排除在外。

“所有房屋的墙壁上都会被标记上黑色的数字，如 N1、N2、N3 等等。”拉齐难以掩饰内心的自豪，他显然相信他的计划会大获成功。[13]

“这将是对传统主义者、等级制度、例行公事的懒散作风的一次有力抨击。”约瑟夫赞许地回应道。

这次革命性的人口普查——今天我们可能会用具有颠覆性来形容它——最终将成为一系列改革的起点。如果没有人口普查和始于 1763 年的国家制图调查[14]，那么有效的行政管理和统一国家的建立也就无从谈起。

奥尔沙尼：关于战争的回忆

约瑟夫一行人在奥尔沙尼逗留了四天，奥尔沙尼是位于德拉哈纳山地的一个小村庄，属于列支敦士登的波索希茨统治区。那里有一个野战营地，在七年战争期间曾是军队的重要驻地，但现在只为少数士兵提供住宿。约瑟夫在这里有种宾至如归的感觉。他从小就喜欢与军事有关的一切，玛丽亚·特蕾西娅在他们共同执政之初，也就是陆军元帅利奥波德·冯·道恩伯爵突然去世后，便将所有的军事事务移交到了他的手中。她当时写信给她的好友席尔瓦·塔鲁卡伯爵说："他将比我花更多时间与它［军队］打交道，和它共处。所以他可以自主选择任何他想要的将领。如果他向我寻求意见，我能想到的只有拉齐。"[15] 在这一问题上，约瑟夫和母亲罕见地达成了一致。拉齐因此成为宫廷战争委员会主席，同时是所有军事事务的最高级别官员。

约瑟夫对军队的热爱不难理解。一方面，相较于其他政治部门，他在这一领域的发展更加自由。不过，正如他的弟弟利奥波德曾经愤怒地指出的那样，他将军队视为国家唯一重要的东西，这对他的全面改革来说有失均衡。另一方面，军队在 18 世纪后期具有绝对重要的意义。

1741 年，当约瑟夫呱呱坠地时，奥地利正处于战争状态。腓特烈二世在他和玛丽亚·特蕾西娅登基后不久，于 1740 年冬季违反所有惯例入侵西里西亚，发动了战争，这是近代早期历史上最令人震惊的举动之一。[16] 当约瑟夫在六岁拥有自己的军团时，已经扩大为奥地利王位继承战争的欧洲对决仍未结束，西里西亚仍在普鲁士人手中。经过八年的和平之后，这片战事连连的富饶土地在席卷欧洲和世界的七年战争中依然未被收复。腓特烈也是七年战争的发动者，虽然他并非唯一的始作俑者，但他仍然是玛丽亚·特蕾西娅的死敌。

约瑟夫已经不再是个孩子了。在1756年七年战争开始时，他已成长为一个十五岁的热血少年，喜欢在参谋部的地图上重演各种战斗场景，认真听取有关战事走向的每一条情报，对各个战场都了如指掌。他的见识令外国使节惊叹不已。地理是他最喜欢的科目之一，而地图是他的热情所在。1763年，当这场战争结束时，他已成为一个精力充沛的青年。那一年，《胡贝图斯堡和约》(*Frieden von Hubertusburg*) 将奥地利、普鲁士和萨克森的边界恢复到了战前的状态，然而在几年的战争中，奥地利的伤亡人数达到了五十万，普鲁士的伤亡情况则更加惨重。和约签订一年后，约瑟夫被选为罗马人民的国王，并在一年后以神圣罗马帝国皇帝的身份和他母亲共同承担政府责任。无论是在漫长的战争时期还是短暂的和平时期，腓特烈大帝对约瑟夫来说都是独一无二的存在，他是杰出的军事领袖，是欧洲最开明的君主，是“哲人王”。尽管他对奥地利实施了一系列侵略行径，但他已经成为约瑟夫约束自身行为的榜样、准绳和镜子。在18世纪，战争中的敌对并不一定意味着不尊重对手。

尼斯：以拥抱打破礼节的惯例

8 月 24 日午夜时分，法尔肯施泰因伯爵的马车驶入了尼斯小镇。一行人在镇上的第一家旅馆住下。第二天清晨，双方举行了盛大的会面。“我直接来到了国王的住所，”约瑟夫后来在给他母亲的信中兴奋地写道，“那里有许多官员。他走下楼梯，我上前拥抱了他，还有海因里希亲王和普鲁士王储。”[17] 会面就这样完成了，他们走近彼此，简单地拥抱了一下，毫不复杂，就像对待亲人般互相问好。没有繁复的礼节！没有麻烦的纠结！就像两个普通人一样！

“皇帝陛下，我的兄弟，你是直接从罗马过来的吗？”腓特烈开口问道。[18]

“我是从米兰过来的，罗马的旅行已经是很久之前的事情了。”约瑟夫纠正说。

“真是令人羡慕！罗马！古典之城！罗马的将军们，马可·奥勒留……”腓特烈瞬间变得兴奋起来。才刚刚见面几分钟，腓特烈就已经闪耀着光芒，他能言善辩，温文尔雅，知识渊博。他是真正的“哲人王”。

约瑟夫立即为他折服。他终于找到了一个聊得来的谈话伙伴，能够包容他的好奇心、他的急躁和他对知识的不断渴求。腓特烈当时已经五十七岁，比约瑟夫的母亲还要年长五岁。尽管他们之间有着较大的年龄差距，但腓特烈似乎比约瑟夫更有活力。“我向他询问各种事情。”约瑟夫向玛丽亚·特蕾西娅承认，他们每天的交谈时间至少有十六个小时。[19]

腓特烈对约瑟夫起初带有偏见，这主要是由于普鲁士大使波德维尔斯伯爵的影响。在 18 世纪 40 年代末，波德维尔斯伯爵撰写了一份关于时年六岁的储君的详细报告，毫不客气地将约瑟夫描述成一个固执而迟钝的人。例如，他宁愿被关起来也不愿意请求原谅。他几乎没有学习的欲望。即使教授他最重要的事情，也是一项极其艰难的工作。

但孩子总有长大的一天，腓特烈心想，他面对的是一个机警、求知欲旺盛且充满魅力的帝王。波德维尔斯曾因为约瑟夫的父母过于慈爱，便断定在这样的环境成长起来的他无法成为一个伟大的统治者。[20] 但只有那些认为腓特烈的成长经历是成功教育典范的人，才会持有这样的观点。腓特烈接受的教育与当时王子的教育标准完全相反，他从未像约瑟夫那样拥有过快乐的童年和青年。腓特烈的父亲，那位士兵国王，经常殴打他的儿子，但对腓特烈来说更严重的是，他的父亲一再在公开场合贬低、羞辱自己的继承人，并试图抹杀他的个性。据说，这种个性源于他母亲的溺爱。

腓特烈最终能成为一个意志坚强但铁石心肠的国王并不是这种残酷的教育方式的结果，相反，他需要克服更多的困难（波德维尔斯明显搞错了其中的逻辑关系）。自从他与汉斯·赫尔曼·冯·卡特逃跑失败并被关押进屈斯特林要塞（他甚至目睹了朋友被处决）后，他就决定扮演听话的儿子的角色。他没有再给父亲留下任何可以指摘他的话柄：他很早就在莱茵斯贝格结婚，即使这只是一段表面上的婚姻。

他过着知识分子式的生活，与伏尔泰通信，写下《反马基雅维利》，将这位当时最有名的启蒙哲学家招揽至他的身边。后来，士兵国王去世了，腓特烈随之获得了新生，他开始展露才能，充分利用他在充满冲突的学生生涯中积累的知识，成为他那个时代最重要的君主之一。

两位君主精心策划的会面场景很快就传遍了世界的每一个角落。他们一同登上主教宫殿（腓特烈的住所）的楼梯，然后，腓特烈邀请他的客人到宫殿的一间沙龙内私下交谈。“他首先向我保证了他真诚而坚定的交流意愿，之后他坐下来与我交谈，在此期间我逐点说明了我的意见。”[21]

首先，奥地利将不再对西里西亚提出任何要求。不难想象，提到这一点时，腓特烈一直满意地保持沉默。

其次，维也纳对俄国在波兰的主导地位感到担忧。腓特烈对此态度含糊，毕竟他与叶卡捷琳娜大帝在 1764 年缔结了联盟，不久就要续约，这是他外交政策的核心支柱。不过，维也纳的担忧也让他心有戚戚，这正是他想和小皇帝谈判的原因。

最后，作为皇帝及他母亲的共同执政者，他最关心的是维护和平。谁会不满地对此表示拒绝呢？两国都还在舔舐七年战争留下的伤口。与此同时，腓特烈试图以完美的和平主义者的形象示人；同年 11 月，他在给伏尔泰的信中感叹：“我只想让欧洲保持和平，让每个人都心满意足。”[22]

约瑟夫没有提到巴伐利亚的继承问题和可能会收复贝尔格莱德的

问题。[23] 他无法忘记一年前去往与奥斯曼帝国交界的巴纳特时，他从多瑙河畔眺望到的城市景色。谁知道呢，也许有一天能有机会将土耳其人完全赶出欧洲。那巴伐利亚的问题又该如何解决？这个难题将在未来的许多年里一直缠绕着他，甚至成为他外交政策的真正核心。当时谈及此事仍然为时过早。

在初次会晤结束之后，双方偕各自的随从一同享用午餐。整个宴会持续了近三个小时，其间国王品尝了他为天主教皇帝准备的断食餐，因为那天恰好是周五。他有些恶作剧地说，他想知道该如何通过胃来获得更大的救赎。

“我的朋友，你这是在亵渎神灵……”约瑟夫假装愤慨地说，而腓特烈则有些嘲弄地抽了抽嘴角，吩咐仆人给他端来填馅阉鸡。

“霍赫基希，我亲爱的拉齐，”腓特烈随后说道，他转身离开约瑟夫，走向宫廷战争委员会主席[24]，“你是该次战役背后的战略头脑，我的消息对吗？”[25]

“尊敬的国王陛下。”拉齐试图轻描淡写地谈论奥地利的胜利。但这是事实！是拉齐制定了霍赫基希战役的作战策略。这场战役发生于1758年10月14日，由道恩元帅担任最高指挥。

霍赫基希战役是奥地利人在七年战争中赢得的第二次胜利。腓特烈不顾一切警告，将他的营地直接建在奥地利人的营地和格尔利茨补给库之间，冒险靠近敌人。令他出乎意料的是，被轻蔑地称为“大肚子阁下”的道恩竟敢对他和他的部队发动突袭。此外，腓特烈的营地抓获了一名被奥地利人策反的间谍，证实这次攻击早有预谋。[26]然而，拉齐早已带着主力趁着夜色和大雾先行撤退，以便在黎明时分以星形阵型攻击腓特烈的部队，并将其一网打尽。

“真正的错误，亲爱的朋友，”腓特烈继续说，“是你们未曾想过要彻底结束与我的交战。”他平静而坚定地补充道：“你们本可以毁掉我。”

拉齐深知，在霍赫基希战役之后，特别是在库纳斯多夫的胜利之后，他们错失了绝佳的机会。但他礼貌地对此表示否认。他说，国王仍然是远近闻名的最伟大的将军，正如让普鲁士遭受毁灭性打击的库纳斯多夫之败表明的那样，国王能够在很短的时间内挽救局势。

腓特烈陷入了沉默，任思绪游离。毕竟，库纳斯多夫曾是他遭遇的一次重大挫折。当时他面对惨痛的失败，绝望地喊道：一切都结束了。永别了。但最终，在他所谓的“勃兰登堡奇迹”发生——实际上是因为奥地利人未能下定决心追击他——俄国随即退出战争后，他确实英勇作战，收复了领土，并确立了自己在欧洲强者联盟中不容小觑的地位。现在，在他那张由于战争的艰辛而早已衰老的脸上，浮现出了一丝难以察觉的微笑。

“犹豫不是我的风格。我的盾牌是坚定不移。”[27]

“陛下，你在《反马基雅维利》中为先发制人的战争进行了辩护，实际上，如果它符合人民的利益，你甚至愿意将其称为一种义务，”皇帝现在提高了声音，“但就西里西亚而言，一场先发制人的战争真的是合理的吗？”

“啊，我的《反马基雅维利》!”国王轻蔑地感叹道，“我写作是为了学习知识并获得乐趣，这对我来说已经足够了。是其他人将它发表出来的。”

“伏尔泰！”[28]

“我亲爱的兄弟，你最好还是读读我的勃兰登堡史吧。”

腓特烈称他为“兄弟”，以强调两个主权王侯之间的平等地位，或者只是在等级上有细微差别；毕竟，尽管他们友好地放弃了礼节和仪式，但腓特烈不得不承认，皇帝即使年轻，地位也在国王之上。

“历史不就是王侯的学校吗？”国王不等对方回答就总结道。在一生的大部分时间里，他一直在记录关于他的国家和他的统治的各种历史，并编纂了几本书。事实将证明，他的历史著述要比他的哲学作品更为重要。[29]

“通过审判死者，历史也审判了生者。历史将耻辱加诸过去的重要人物，向现世之人传授美德。”[30]

每个人都在认真地听着。腓特烈对历史的深刻兴趣非同寻常，而历史是约瑟夫除了地理之外最喜欢的科目，他无疑对腓特烈的观点深表赞同。他们再次找到了一些共同点。

“我的兄弟，你继承了一个庞大而古老的国家，”午餐结束时国王说，“甚至连那里的昆虫都享受过多卷研究报告的殊荣，但我的土地不曾有过这样的待遇。所以我首先必须在历史上确定普鲁士王国的存在。”[31]

开明思想碰撞出精彩的火花

在这次充满智慧和坦诚的“旅行”结束后，腓特烈陪同皇帝回到了他留宿的那间古老旅馆，只是为了再次同他坐下来。他们继续长谈了三个小时。他似乎对这位年轻、细心的君主充满了信任。“他告诉我，”约瑟夫在给玛丽亚·特蕾西娅的一份长篇报告中写道，“他如何努力使那些因战争而失去人口的地区重新获得生机，如何努力使贸易蓬勃发展，如何在西里西亚建立一个良好发展的社会，并从自己的积蓄中拿出一笔钱来，帮助贵族们偿还在上次战争中欠下的债务。为落实这些安排，他还亲自到各地巡视。”

他们自然而然地谈到了改革，这是约瑟夫最喜欢的话题。皇帝想知道，在国王看来，哪项改革对一个开明的君主来说是最重要的。

“这很难说。”腓特烈深思熟虑地说道。司法改革对他来说非常重要，因此他在上任之初就废除了酷刑。普鲁士国王在童年时期遭受过的虐待与酷刑有许多共同之处，因此他非常清楚，酷刑作为确定真相的手段是多么残忍，而且往往没有效果。“宁可宣判二十个有罪的人无罪，也不要牺牲一个无辜的人”，这是他进行司法改革时奉为圭臬的原则。

“废除审查制度……宽容……你对这些都很熟悉，陛下。我还能向你提出什么建议？”国王试图表现得尽量谦虚。

约瑟夫没有放弃，腓特烈的改革对他来说太重要了，解决时代问题迫在眉睫。最重要的是学校改革、农业和农民解放这三大项。腓特烈建造了无数学校，尤其是在农村地区，让人民有机会学习阅读和写作，从而更好地服务国家。此外，当然还有农业方面的改革。

“马铃薯……”约瑟夫再次尝试引导话题。

腓特烈摇了摇头。“如此明智的措施竟还需要一遍遍地证明其必要性！”

事实上，普鲁士国王早在1746年就颁布了第一个马铃薯法令，但当时种植这种作物的人寥寥无几，尽管它现在被证实的确有消除饥荒的潜力。七年战争结束后，当局不得不再次颁布法令，而腓特烈还曾亲自走遍全国，推广他的这一想法。

“那你对农奴制有何看法？”约瑟夫接着问道。

将农民从农奴制、强制劳动和暴政的艰难命运中解放出来是开明政治的另一个主题，甚至可能是最重要的一个主题。在传统的封建领主制下，农民需要在一定程度上依赖于地主，这种组织形式如今已经变得越来越不合时宜。世界正慢慢转向可以自由获得雇佣劳动的资本主义市场经济时代。但在欧洲，甚至在哈布斯堡帝国，农民对地主的依附程度不尽相同。例如，在阿尔卑斯山谷，大多数农民是自由的，而在波希米亚、匈牙利或普鲁士，贵族地主却成功地迫使农民接受所谓的二次农奴制。

“伏尔泰不是已经说过，”约瑟夫补充道，“在一个幸福的国家里，贵族是为国家服务的吗？”[32]

就农奴制而言，约瑟夫的核心改革理念是剥夺土地贵族的权力，因为他坚信，只有获得自由的农民才会成为称职的臣民，只有那些耕种自己田地的人才会对更高的产量感兴趣。主流的重农主义者也持有这种观点，他们认为农业是所有财富中最重要的甚至是唯一的根基。

“陛下读过伏尔泰。”腓特烈试图将话题从农奴制转移到别处。他对这个问题考虑了很多。让土地贵族屈服于国王的中央权力是一个划时代的进程，他的祖父为这一目标奋斗了很久。但与之相反，他现在必须加强贵族的力量，因为与奥地利人不同，他的军官几乎全部来自贵族阶层。此外，普鲁士容克因战争而穷困潦倒，许多人不得不卖掉他们的地产。因此，尽管腓特烈拥有开明的理念，但他对贵族的欣赏和对他们特殊地位——支撑国家的社会团体——的尊重，已经成为其统治最重要的特征。

“废除农奴制是极其危险的做法。我已经试过了。”他补充道，言谈中有所保留。

“这不会让我感到害怕，毕竟贵族的权力必须被遏制，我把这看作我最重要的任务之一。”约瑟夫解释说。

腓特烈若有所思地点点头，沉默了许久。原则上，他也是农奴制的积极反对者，但在七年战争之后的波美拉尼亚，他确实体会到了废除这些持续上百年的控制会带来多么大的恶果。从那时起，他就确信废除农奴制将动摇整个社会体系的根基。

“不能违背精英统治。”腓特烈严肃地总结道，仿佛他已经看到了未来，看到了将终结他们两位开明统治者时代的巨大动荡。“如果我只是一个哲人而不是国王，事情看起来就会不一样。”[33]

“同样也不能违背人民的意愿进行统治。”约瑟夫回应说。

在他们不同的立场中，不难感受到代沟的存在。最终，历史证明两人都是正确的。在约瑟夫的统治时期，既会出现民众反对统治精英的起义，也会出现精英反对皇帝的叛乱。

诺伊施塔特：仅一年后的再会面

在返回维也纳的途中，约瑟夫来到波希米亚的柯尼希格雷茨视察部队的演习，并趁此机会再次回顾了与腓特烈会面的所有细节。他们之间的关系越来越紧密了。他们就英法问题达成了一项中立条约，这意味着如果这两个大国再次开战，就像七年战争中那样，他们将不会干预。他们还谈到了俄国的危险性和沙皇的野心，并且大致交换了他们对波兰的不同看法。此外，他们起誓将维持基本的和平。这确实是不错的谈判结果。在给玛丽亚·特蕾西娅的信中，约瑟夫回忆起腓特烈最后为他举行的阅兵仪式。“七点钟，我骑马去找国王。他已经出发了。我跟着他，他先带我们去看骑兵，然后去部署步兵。”[34] 约瑟夫看着腓特烈的军队，难掩心中的羡慕。他的军队是如此井然有序、编制整齐、纪律严明！

清晨，命令响彻柯尼希格雷茨附近的草地。攻击！万马蹄声，骑兵的光荣之声！士兵们鲜艳的军装！军团的旗帜在风中飘扬！在和平时期，演习是令人振奋的事情，约瑟夫心想。

尽管他对军事事务很感兴趣，但他没参加过真正的战斗，从未听过那种传遍战场的哨声和鼓声在实际的进攻前响起，这些声音是为了让士兵忘掉内心的恐惧。当轻骑兵挥剑向前冲锋时，他们表现得毫无畏惧。但最令人震撼的还是那种需要极大意志、勇气和牺牲精神的肉搏战。所有这些都是拉齐在他们相识时告诉他的。那时正值七年战争，他还是个孩子。当时，拉齐还报告说，双方的普通士兵经常逃跑，有时只有通过严厉的鞭刑才能稳固军心。对这些士兵来说，投入一场与他们无关的战斗是没有意义的。众所周知，腓特烈在处理不情愿的逃跑士兵时从不手软。幸好他们现在已经达成和平共识，不必再去思考这些恐怖的事情了。

“我相信他想维持和平，但不是出于对和平的热爱，而是因为他已经认清发动战争不再对他有利，”约瑟夫向玛丽亚·特蕾西娅说明，并一再肯定，“这个人是个天才。他口才很好，每句话都暗藏玄机。”[35]

腓特烈似乎也很喜欢约瑟夫，他称赞皇帝精神饱满、讨人喜欢、令人愉悦，并认可了他对军事的出色理解。不过，他在给一位大臣的私密信件中写道，这位年轻的皇帝已经被野心吞噬，当他独揽大权时，欧洲必将陷入一片火海。[36]约瑟夫的妹夫、萨克森-特申的阿尔贝特也出席了在尼斯举行的会议，他对这两个“爱好和平”的强权政治家做出了最恰当的评价：“在多次拥抱并对友谊做出保证之后，他们对彼此说：‘我们很可能仍然会抓起对方的衣领。’”[37]

尽管如此，腓特烈对开明的哈布斯堡君主的好感又维持了一段时间；他们计划再次见面，以维系他们暂时建立的友谊纽带，毕竟世界并未停滞不前。新的俄土战争、悬而未决的波兰问题，所有这些都是欧洲权力政治面临的挑战和威胁。因此，腓特烈在1770年8月到访摩拉维亚小镇诺伊施塔特之前致信伏尔泰："我将启程前往西里西亚与皇帝会面，他邀请我到他的摩拉维亚营地去，不是为了像以前一样打败我，而是为了使我们成为彼此的好邻居。这位君王是和蔼可亲的，是真正值得深交的。他欣赏您的作品，并大量阅读它们；他一点也不迷信。整个德意志很久都没有出现过像他这样的皇帝了。"[38]

"整个德意志很久都没有出现过像他这样的皇帝了！"这些话都出自玛丽亚·特蕾西娅最强劲的对手，没错，她的宿敌！

经过几天的紧张谈判，特别是考尼茨与国王之间的谈判（真是自负，结果并不比前一年皇帝亲自与国王"搏斗"时好多少！），演习如一年前一样在柯尼希格雷茨进行。这一次，按照回访的要求，奥地利军队试图用他们训练有素的阵型、闪亮的武器、整齐的制服、优雅的攻击动作，让国王牢记这一场独特的"战争芭蕾"。而腓特烈为了表示对奥地利人的特别尊重，甚至与他的随从一起穿着白色的奥地利制服出现。他礼貌地赞扬了眼前的一切，也许他的赞扬中也有几分真诚。他还说匈牙利的手榴弹兵"很像战神之子"。[39]

但是，在演习的第二天，一场地狱般的风暴席卷了营地。暴风雨摧毁了帐篷，掀翻了马厩、稻草甚至是厨房的水壶。摩拉瓦河上的桥倒塌了，小路变成了泥路。天气的破坏力如此之大，演习不得不终止，湿透的贵族们被送到了诺伊施塔特。腓特烈大帝的处境相当糟糕，他没有准备足够的衣物来应对这种恶劣天气，因此不得不在厨房的火堆前裹着斗篷度过几个小时，以免使自己的健康受到损害。[40]之后他便带着随行人员返回了无忧宫。

8月中旬通常是天气多变的时候，但如此恶劣的情况并不多见。于是便有了各种各样的谣言！在布拉格，有传言说面包的价格几个月来一直在飙升，粮食储存不足，已经有人饿死了。自去年夏天以来，皇帝便不断收到令人担忧的报告，现在他和随行人员正试图了解更多情况，特别是关于农民的情况，他们似乎对极端天气感到紧张。对他们来说，这不是饥荒是否会来临的问题，而是何时会来临的问题。[41]

“天气在捉弄我们，陛下。”从诺伊施塔特到布拉格的路上，一位接受询问的农民抱怨道。这算得上是极端气候了：1769年多雨寒冷的夏季延误了收割，导致田里的粮食过度成熟。秋天的葡萄酿出的酒变得酸涩，令人难以下咽。那年冬季的天气也很不稳定，频繁的雨天让空气变得过于潮湿。1770年2月，田地和草地仍然淹没在雨水中，因此冬季播下的大部分种子都烂在了田里。之前通常寒冷的月份在1770年变得过于温暖，那一年的霜冻来得太晚。4月底，布拉格下起了雪。短暂的好天气至少保证了谷物播种，但干旱中断了一切。随后降下的大雨摧毁了许多庄稼。7月，摩拉维亚便发生了洪灾，后来由于暴风雨的影响，摩拉瓦河于8月5日在诺伊施塔特附近决堤，让奥地利人的演习真正泡了汤。[42]这些都是不祥、可怕的预兆！

如果关于饥荒的传言成真了呢？如果这个秋天和冬天仍然如此潮

湿，那该怎么办？只有地主和教士才有以备不时之需的物资，饥荒会无情地席卷这个国家及其人民。他们中的大多数人都是如此，白手起家，过着仅能满足温饱的生活，日复一日地为自己的生存而奋斗，却总是受到最严酷的打击。

啊，约瑟夫叹了口气，从马车里望向窗外的自然景色。多么美丽的国家！起伏的山丘，蜿蜒的河流，岸边有杨柳和白杨。几座小村庄散落在草地上，马儿拉着车沿着村道前行，农民们铺开被暴风雨打湿的干草，希望不再受到雨水的捉弄。

天降的厄运似乎还不够多！约瑟夫的思绪从对农民的担忧游移到了个人的命运上。就在 1 月 23 日，他的女儿玛丽亚・特蕾西娅因肺炎去世了。医生们没能救活她，他召集的那些人中没有一个人能挽留女儿的生命。教士、对上天的祈求、代祷、祈祝，甚至连他天使般女儿的祖母的祈祷都无法阻止肺炎的恶化。他在女儿生命的最后时刻亲自照顾她。她拒绝接受其他人的照顾，只允许她的父亲喂她吃药，喂她喝点东西。因此，约瑟夫整整三周都守在她的床边，除了处理政府事务外无时无刻不陪伴着她。他在绝望中写道："我已经不再是一个父亲了，这令我难以接受。尽管我已经放弃抵抗，但我无法阻止自己每时每刻都在祈祷和恳求：请上帝把我的女儿还给我吧，把她还给我吧。我听得到她的声音，看得到她就在我面前……"[43]

现在连心爱的女儿也被死神夺走了，他彻底成了孤家寡人。他再也不会在旅行结束回到家后匆匆上楼来到女儿的房间，恳求海尔泽勒侯爵夫人让他到玛丽亚・特蕾西娅的床边看看，不论时间有多晚。他把妹妹玛丽亚·伊丽莎白的傅母从荷兰带回了维也纳，因为他认为她是为数不多的有能力的家庭教师之一，他的女儿缺少父亲的陪伴，需要特别的照顾。他再也不会在侯爵夫人的简短报告中了解到他不在时女儿过得怎样，学习了哪些新知识，以及他的小天使是否感到快乐和满足。

他的心是如何敞开的？所有的渴望、所有的等待、所有的挑战和所有因旅行而产生的辛劳都在与小女儿的团聚中被抛到了脑后。与她在一起的时光是轻松的、快乐的，充满了纯粹的喜悦。她越来越像她的母亲，令她的父亲感受到了加倍的幸福。通过她，他仿佛又能接近已故的妻子。他无时无刻不在感激他们之间珍贵的相处时光，欣赏她玩玩偶的样子，称赞她的书写。有时他会从帝国遥远的地方买些当地的孩子们喜爱的玩具送给她。她想学习骑马，他便把她放到他的膝盖上。这种游戏经常让她的侍女们面露窘迫的神情，因为他没有让她像个淑女一样保持侧坐，而是像个士兵一样。每当侯爵夫人看到这一幕，都会急忙跑过来摇着头制止这种行为。可小家伙却总是欢呼雀跃，叫喊着："再来一次，再来一次，亲爱的爸爸。"当她不再被允许玩骑马游戏时，她会详细地询问他骑马经过的森林到底是什么样的，他是否见过女巫和仙女，一切是否都非常危险。

"不，我的天使，从来都不……从来都不危险，"他总是这样温柔地抚慰她，"你的父亲永远都会回到你的身边，永远。"

而现在呢？他即将踏上回家的路，但家已不在。痛苦的日子就要到来。

1771年

波希米亚和摩拉维亚

饥荒和农奴制

维也纳（Wien）—布尔诺（Brünn）—库诺维采（Kunowitz）—奥洛穆茨（Olmütz）—特罗保（Troppau）**—施滕贝格（Sternberg）—布尔诺（Brünn）—伊格劳（Iglau）—恰斯拉夫（Czaslau）—帕尔杜比采（Pardubitz）**—柯尼希格雷茨（Königgrätz）**—特鲁特诺夫（Trautenau）—弗尔赫拉比（Hohenelbe）**—伊莱姆尼采（Starkenbach）—塞米利（Semile）—希尔施贝格（Hirschberg）**—利托梅日采（Leitmeritz）**—霍穆托夫（Comotau）**—扎泰茨（Saaz）**—拉科夫尼克（Rakonitz）—兹比罗赫（Zbirow）—比尔森（Pilsen）—克拉托维（Klattau）**—皮塞克（Pisek）—布拉格（Prag）**—布德韦斯（Budweis）—林茨（Linz）—施泰尔（Steyr）—圣珀尔滕（St. Pölten）—维也纳（Wien）

“波希米亚濒临灭亡。饥荒正席卷整个国家，并将在这个冬天变得更加严重……没有人知道该怎么做……阴谋诡计使一切都停滞不前，人民不得不因此忍饥挨饿。这里的局势相当严峻。我已经三十岁了，对祖国充满了爱和行动的意志，但我不仅要目睹这一切，而且不幸的是，我甚至被认定为同谋，尽管我是无辜的。”[1] 约瑟夫在深夜里绝望地给他的弟弟利奥波德写信。那一天是 1771 年 9 月 19 日。他无法入睡。波希米亚的饥荒已经严重到了难以附加的地步。俗称肠热的斑疹伤寒在布拉格肆虐猖獗，饿死的流浪者的尸体铺满了王国的乡间小路。

“我必须去波希米亚看看。”约瑟夫的心中闪过这样的念头。他从椅子上猛地跳了起来。他不安地在房间里来回踱步，难以抑制地为王国里正在上演的灾难性局势感到忧虑。他不能再安心地坐在维也纳的霍夫堡宫里，眼睁睁地看着办公室和宫廷部门低效运作，对官员们的不作为和阴谋诡计视若无睹，无动于衷地听着他们的借口。

没有什么能够阻止他，甚至是那位陛下，即使他母亲这次的担忧是正确的。现在前往波希米亚很危险，甚至可能危及生命。毕竟，他是皇帝！如果他出了什么事，该怎么办？但是……他既不害怕疾病也不害怕骚乱。他将像往常一样微服出行，尽可能地低调，尽可能地简单，尽可能地迅速，这一次，不会有人对他不遵守礼仪的行为表示不满，毕竟局势已经相当混乱。尽管他将掩盖真实的身份，但人们还是会认出他。不过这也是一件好事。他想以身作则，他想告诉他的帝国中那些需要帮助的人，他作为皇帝和共同执政者，对他们的处境绝不是漠不关心的。任何表明真实身份的人都能向他递交请愿书，他会亲自到他们简陋的小屋里看望他们，并安慰垂死的人。这是他唯一的选择。

“去，快去把布兰比拉叫醒，让他立即到霍夫堡来。”他唤来侍从，对他吩咐道。在这次旅行中，外科医生比其他随从更加重要。

侍从点点头，随即离开。他得找个宫廷马车夫，驱车前往医生家。这在半夜里可不是件容易的事，但他是个尽职尽责的仆人，乐于为他的主人服务，不管这位主人的想法多么异乎寻常——他的异想天开不是一次两次。

约瑟夫稍微冷静了一些。在等待私人医生的时间里，他重新坐到了办公桌前。他再次翻阅了一些报告，试图了解情况。借助地图，他开始研究可行的旅行路线。

正如波希米亚官员弗朗茨·卡尔·克雷塞尔·冯·古尔滕贝格男爵在他的一份报告中讲述的那样，皇帝一行人在10月1日时可能就已经到达布尔诺，之后他们向北朝着条件十分恶劣的地方前进。然后，队伍开始南下，他们在这段旅程中重点考察了伊格劳，因为可怕的消息不断从那里传出。接下来，他们还得前往比尔森和王国的西南部，最后前往布拉格。每到一处，他们都会向当地的地方官员和财产监理询问情况，若有必要，他们还会询问地主的看法，但最重要的是，他们会认真听取遇到的每一个普通农民的意见。他们将在布拉格停留几天，据说当地的人正像苍蝇一样死去，而那里正是所有行政事务的汇集之处。

“亲爱的哈茨菲尔特伯爵！”几天后，约瑟夫向波希米亚–奥地利宫廷总理府的新负责人发送了一份紧急信函。卡尔·弗里德里希·哈茨菲尔特刚刚接替鲁道夫·霍泰克，成为波希米亚王国和奥地利世袭领地行政首长。八十岁高龄的布拉格堡伯、波希米亚总督菲利普·科洛弗拉特也因为行动迟缓和效率低下被免职，其职位由卡尔·埃贡·菲尔斯滕贝格接任。所有这些人，无论是被罢免的官员还是新任命的官员，都属于高级贵族。作为封建领主，他们仍然像在国中之国一样行使着自己的权力。在波希米亚，尤其是在匈牙利，他们的强大权力甚至严重地阻碍了君主的行动。这是约瑟夫二世一生对贵族持保留态度的一个重要原因。但是，就行政管理而言，其他任何阶级都无法取代旧贵族。尽管有越来越多的公民进入国家机关，但唯有贵族们是接受过良好教育的人，是能够胜任这类职务的人。矛盾的是，正是在波希米亚的高级贵族中，在君主制体系最富有的阶层中，出现了许多支持约瑟夫及其改革的人，卡尔·埃贡·菲尔斯滕贝格就是其中的一员，他将在这次大饥荒危机中成为皇帝的重要支持者。

“由于我打算后天离开这里前往摩拉维亚和波希米亚，”约瑟夫继续在给哈茨菲尔特的信函中写道，“我希望你首先，告诉我所有地区的驿站及地方官员的名单。其次，这两个国家每年的特别税（一般指所有税费的总和）、债务税、牲畜附加费、肉食税以及饮料税是多少？最后，算算有多少居民，每个居民都拥有多少财产？”此外，哈茨菲尔特还需要将所有因饥荒爆发而下达的命令的副本寄给约瑟夫，同时让波希米亚行政办公室、“世袭领地管理当局尽快通知各地方官员，请他们准备好向我报告已经出现的、更重要的是未来可能会出现的紧急状态的所有相关信息及应对措施”。[2]

当约瑟夫紧锣密鼓地为旅行做着最后的准备时，他想起了在诺伊施塔特与腓特烈二世会面后的感受，当时布拉格的暴风雨刚刚结束，饥荒来临的最初迹象已经显现。但直到一年后的现在，他才开始意识到，这可能会成为君主国面临的最大危机。[3]

“很抱歉不能为尊贵的大人提供更好的服务，”面包师用他那响亮的波希米亚腔德语说道，然后他从架子上取下一个面包递给约瑟夫，“20.5 洛特！[a] 没有面粉了。”面包师有些不好意思。他继续解释说，一个面包通常有二十一洛特，所以这是减量版。

约瑟夫希望有人能带他去面包店，这样他就可以按照市面价格买一个面包，然后寄给他在维也纳的母亲。布拉格形势堪忧，粮价连日上涨，几乎没有多余的面粉。没有比面包更具象征意义的警示信号了。

“三个十字币，您最卑微的仆人，如果有的话，请给我三个十字币。如果还能买到面粉的话，我得花比平时高四倍的价钱。”[4]

“没关系。”约瑟夫边说边向他的副官摆了摆手，副官便把钱递给了面包师。然后他们同彼此道别。当时，他们正在布拉格小城的坎帕岛上，那里有工艺品商店和古玩店，契拉托夫卡河上还有磨坊。他们

a—“洛特”（Lot）是一种重量单位，一“洛特”大约相当于 17.5 克。

从那里登上了通往查理大桥的阶梯。如果他们驾车驶过右边的桥，就会进入犹太人聚居区。在 1744 年被玛丽亚·特蕾西娅驱逐后不久，犹太人又重新返回此地，使这片聚居区逐渐恢复了生机。这片区域和邻近的老城区的生活更加艰难、更加贫穷，也更加危险。而在布拉格小城，一切都秩序井然，小商店和手工艺作坊与波希米亚贵族的宫殿相邻。那些在三十年战争中站在皇帝一边而不是站在战败的新教徒一边的贵族，都因忠诚得到了奖赏，并在随后的几年里建造了极其宏伟的巴洛克式宫殿。洛布科维茨、诺斯蒂茨、瓦尔德施泰因、列支敦士登等家族居住在布拉格城堡之下，而舍恩伯恩、施瓦岑贝格和切尔宁家族则分别居住在这个世界上最大城堡群的上方、旁边和后方。[5] 直到玛丽亚·特蕾西娅统治时期，这座城堡才被改造成富丽堂皇的巴洛克风格。这里向来是行政中心的所在地和城堡总督的居住地。

十字面包是人民福祉的象征。每个十字面包都会被烘焙师或农妇们划上十字祝福。相比于 19 世纪和 20 世纪，“赐给我们今日的日用粮”在 18 世纪有着更为不同的意义，它不仅反映了威胁人类生存的饥饿恐惧，也反映了人类对谷物的巨大依赖。像 1771—1772 年波希米亚那样的饥荒灾难发生之后，人们才逐渐改变了自己的饮食习惯。他们开始种植马铃薯，而不仅仅是将其作为动物的饲料，他们改进了耕作方法，并建立了完善的储存体系。然而，饥荒反复出现的根本原因并不在于需要改革的农业，而在于大多数人口的极度贫困。

下层阶级不得不把几乎所有的收入都花费在食物上。如果谷物和面包的价格翻倍，无论是由于作物歉收还是高利贷（两者之间存在因果关系），很快就会影响到靠手工业维生的群体。最先挨饿的是日工、季节工和小手工业者，如泥瓦工、木匠、挖井工，然后是那些耕地不够自给自足的农民（几乎所有的农民都是这样）。随之而来的极端贫困不断蔓延，不断地席卷越来越多的村镇，最终无数人只能靠乞讨勉强维持生计。流浪者和最贫穷的人会最先死去，然后是儿童，之后就会爆发饥荒和农民起义——这在近代社会结构中反复出现。贫穷是革命的导火索。

早在1767年，奥属西里西亚就曾爆发过起义。当时，玛丽亚·特蕾西娅派遣了一个调查委员会前往该地区，发现了管理中存在的问题。迫使农奴为地主劳动的徭役是令农民不满的最重要的原因。“由于徭役服务的分配相当随意，农民实际上过着奴隶般的生活。他们变得叛逆或懒散，在委托给他们的土地上工作得很糟糕”，委员会如此做出判断，报告最终于1769年6月在国务会议上宣读。报告接着说：“他们从小就被迫服徭役……不守规矩的农民会被绑到铁架上并被迫坐在一个公羊头上，打磨锋利的羊角会深深地刺进他们的肉里……上工迟到的农奴，即使只是晚到了半小时，也会被打得半死。许多人逃往普鲁士，以摆脱这种恐怖的统治。”[6] 国务委员埃吉德·瓦伦丁·冯·博里埃曾宣称，波希米亚和西里西亚农奴的命运甚至比匈牙利农奴的命运还要悲惨，匈牙利农奴的痛苦是众所周知的。现在，波希米亚的物价已经翻了三倍，甚至是四倍！因此，社会危机再次因饥饿而愈演愈烈只是时间问题。

布尔诺：苦涩的贫穷和惊人的财富

1771 年 10 月 1 日，旅行小队已抵达摩拉维亚首府布尔诺。每个小时都有人来汇报情况，每天晚上约瑟夫都会认真地向秘书口述他在视察周边地区时听到的和经历的事情。约瑟夫曾在首相之子恩斯特·考尼茨位于那不勒斯的宅邸留宿，如今考尼茨被调任至摩拉维亚担任总督。现在，在穿越波希米亚的旅程中，约瑟夫开始欣赏这位伯爵的热情、活力和毫无官僚主义的理念。他也将成为皇帝最重要的支持者和知己。

“10 月 3 日，库诺维采。”按照约瑟夫的旅行日志记载，在方济各会的弥撒之后，他们去了当地的军事医院，那里有一百多名病人。“其中一些人患有腐败热”，这一术语在当时被用来指称所有类型的发烧。之后，他们从列支敦士登和萨尔姆庄园的管家那里听说了作物歉收的事。洪水泛滥导致草料短缺，因此“牲畜的损失”也非常严重。农民们只收获了水果和玉米。这些领地的官员们担心今年冬天和来年春天会更加难熬。[7]

“不，不要对我隐瞒任何事情。”皇帝在列支敦士登家族的领地布热茨拉夫与一些农民交谈时说。他们称赞领主允许他们在他的森林里收集橡子来烤面包。

“并不是所有地方的老爷都这么慷慨。”其中一个农民犹豫了一会儿后怯生生地说。但他不想告发任何人。正如约瑟夫感受到的那样，说出真相或表达意见需要很大的勇气。

收集橡子！农奴们获得的额外好处不在于可以收集橡子，而在于他们被允许保留这些橡子。通常情况下，他们必须把橡子交上去，就像上交蘑菇一样。作为回报，他们被允许饮用领地的水并进入森林，在那里，他们必须为领主寻找蘑菇、橡子和其他东西。[8]一切都属于领主，也包括他们自己和他们的后代。

当时的列支敦士登侯爵是君主国中最富有和最强大的领主之一。自三十年战争结束以来，列支敦士登家族与迪特里希施泰因家族（他们之间当然有亲属关系）在摩拉维亚拥有几乎一半的土地。到18世纪末，列支敦士登家族的财产比以往任何时候都要多。他们拥有约十八万公顷的土地、几十座城堡和城镇、近七百个村庄和超过五十万名臣民。[9]如果臣民们不是以自由公民和城市手工业者的身份生活，他们就是农奴，在法律上称为世袭臣民。这听起来比俄国的情况好一些，因为俄国的农奴会被随意买卖。在波希米亚、西里西亚或匈牙利王国，他们仍然与土地绑定在一起。未经居住地领主的允许，他们几乎不能做任何事情，更不用说搬家、结婚或从事其他职业。从领主的角度来看，这是很有意义的做法，因此农奴与土地的依附关系自中世纪以来已经发展成一种与庄园和贵族财富增长密切相关的社会制度。否则，无论是在广阔的庄园还是在维也纳的宫廷，那些仍须履行众多政治职责和义务的贵族们该如何耕种他们的田地？

列支敦士登的约瑟夫·文策尔侯爵也是一位显赫的人物。作为将军，他为火炮的创新做出了长远的贡献，作为在柏林和巴黎的外交官，他取得了更大的功绩，并打造了四辆符合法国最新潮流的昂贵马车。他之所以拥有如此地位，不仅因为他是奥地利最重要的贵族之一，还因为他是几乎拥有无限主权的神圣罗马帝国的侯爵。因此，玛丽亚·特蕾西娅曾在 1760 年授予他一项殊荣，委派他使用他的金色马车将约瑟夫的妻子波旁-帕尔马公主伊莎贝拉送到维也纳参加婚礼。然而，那辆装饰着华丽绘画的马车太过珍贵，它起初被裹在床垫里运到了帕尔马并在那里被重新组装起来，以符合礼节的方式入城，然后马车再次被拆卸，直到快进入维也纳时才和新娘一起上路。[10] 众所周知，所有这一切——奢侈的生活、军事义务和各种责任——都需要耗费钱财，而且是巨额的资金。一个人能够支配的财富越多，他的权力就越大，地位就越重要。因此，拥有尽可能多产的大型庄园就成了一件合乎逻辑的事。社会制度就是这样，农奴永远处在最底层。侯爵年事已高，他的侄子即将继承他的遗产、世袭臣民和政治职位，尽管他永远无法企及他伯父的高度。

伊格劳：成群的乞丐

“陛下最忠实的仆人！”维尔纳男爵的声音如此激动，不禁让人怀疑这位伊格劳的地方官员是不是想隐瞒什么事情。但情况恰恰相反。维尔纳只是松了一口气，因为他于 2 月提交的报告犀利而真诚，显然受到了维也纳国务委员会的好评。

因为现在皇帝来到了他的身边，来到了位于克莱纳伊格尔河和伊格尔河交汇处的小镇，这里正好处于摩拉维亚和波希米亚的边界。

那是 1771 年 10 月 8 日，一个充满希望的日子，尽管中世纪的房屋和城墙在大饥荒的阴影下显得更加压抑和破败。“到处都缺少种子。即使是领主也已经耗尽了物资，”维尔纳神情凝重地继续说道，“而臣民们为了能够交税，不得不动用他们的财产。”

“亲爱的维尔纳先生，我已经详细研究了你的报告。”约瑟夫礼貌地回答。[11]

维尔纳的报告是仅有的一声求救。不仅在农村，连在伊格劳这样的城镇，情况都令人绝望。十洛特面包的价格是三个十字币（比约瑟夫在布拉格买的面包贵了一倍）。男爵曾提到过，这座城市已经一贫如洗。他无法出门，因为每次出门都会有六到十个哭喊着的人举着双手乞求施舍。维尔纳在给考尼茨伯爵的解释中附上了十九个面包与十二份来自官员和市长的报告，考尼茨将这些报告送到了维也纳的宫廷办事处。

“寄到维也纳的面包令人惊讶。面包的个头真是越来越小了！”约瑟夫说。

“而这场灾难，”维尔纳平静地叹了口气补充道，“还会持续很长时间。”

两人心里都很清楚，造成这种悲惨局面的原因有很多。与普鲁士的上一场战争、高额的一般税收和关税、亚麻纺织工场的倒闭以及最近的歉收，无一不是这场灾难的导火索。但普遍的贫困也有一定的影响，教育匮乏和徭役制度给农民带来了恶果。但究竟应该从哪里开始改革？这个问题一直困扰着约瑟夫，直到他在 1790 年去世。他想法坚定，而且越来越激进，他想要建立一种基于一般土地税的平等征税制度，以解放农民并剥夺领主的权力。在他那个时代，没有人会走那么远，最终也只有少数人愿意跟随他。

但让我们先回到最开始，因为厘清其中的关联非常重要——波希米亚的饥荒是一场非常典型的灾难。

皇帝在所有地方都看到了同样的画面：歉收、牲畜损失、洪水。臣民们不得不赊账购买价格过高的粮食，尽管地主们知道农民永远无法偿还欠款。面包变得越来越小，越来越贵。市场上只剩下一些干瘪的货物仍在出售。到处都是吃不饱的人，无论是在农村还是城市。斑疹伤寒、中毒、腐败热的病例频频出现。死亡率急剧上升。

约瑟夫当晚向他的秘书口述："经济官员告诉我，整个山区和科拉尔托领地的物资都极度匮乏，所以人们食用蔷薇果做的面包，而这对他们的健康有害。"正如人们告诉他的那样，这种食物会引起痉挛。还有一些人的状况更糟糕，他们在绝望之中不得不吃草，或者把草泡在少许牛奶里喝下去。皇帝得知，许多人已因此丧命。"在施滕贝格和山区的农庄里，物价上涨得更厉害，一麦测[a]粮食实际上需要五弗罗林（古尔登）才能买到……地里还有很多依然发绿的燕麦；田里只种着很少的冬季作物，它们的生长状况同样很糟糕。"[12]

---

a— 麦测是旧时的谷物计量单位，在 3.4 升至八十升之间。

帕尔杜比采：过度的徭役和其他压迫

皇帝和他的同伴们来到了帕尔杜比采附近的小村庄科托希茨。从远处，他们就看到了主广场上挤满了人。尽管10月的天气寒冷潮湿，但那些人穿得破破烂烂，有些人甚至裸露着上身。他们派了两名军官先去查看情况，毕竟骚乱时有发生。但这两名骑兵很快就回来了，并且解除了警报：这些人不是叛乱分子，而是整个村子的人，他们聚在一起盼望着皇帝到来，希望能向他诉说自己的难处。

在约瑟夫下马后，村民们向皇帝深深地鞠了一躬。“一场风暴，陛下，一场巨大的致命风暴！我们对此无能为力。我们无法播种大麦。”村里的铁匠一边说，一边揉了揉自己的头发。[13] 接着他如实地补充道，甚至连领主也受到了沉重的打击，无法帮助村子。“我们几乎没有任何可以吃的东西了。”他勇敢地总结了他的报告，这时几个孩子开始在母亲的怀里哭泣。

布兰比拉从马车上取下他的医药箱，开始在空地上为儿童和老人治疗。他有一些治疗胃病的草药酊剂及治疗受伤和溃疡的药膏。他迅速帮一名农夫包扎了胳膊，他在服拉车徭役（使用牛车或马车的强制劳动）的时候因满满一车的木头扭伤了自己。医生接着又为另一个人治疗了烧伤，伤口中的坏疽已经开始蔓延。但是，他在饥饿的孩子们面前却无能为力；他在小勺子上滴了一点糖浆[14]，可这终究也只能缓解一时。然而，御用外科医生亲自照顾平民的行为给予了人们莫大的抚慰。

“徭役的情况如何？”皇帝留意到布兰比拉向农奴询问了他生病的原因，于是问道。[15]

7月，约瑟夫终于收到了关于人口普查进展的政治说明，他在其中读到的几乎是清一色的控诉，控诉农奴制度将无偿劳役强加在了农民身上。无偿劳役阻碍了农民的发展，使他们无法耕种自己的田地，无法顺利养活自己的孩子。

村民们用饱经磨难而变得空洞、沮丧的眼神看着皇帝。几个弯腰驼背、身材矮小的老人流下了泪水，另一些人则不知所措地在原地踏着小碎步。几只不知在何处的山羊咩咩地叫着，还有许多孩子在哭泣。起风了，村民们赤裸的手臂上汗毛直立，因为他们没有足够的衣服御寒。直到太阳从地平线上消失之后，心怀顾虑的人才敢敞开心扉讲述自己的故事。有太多令人揪心的事情了。他们不得不让年幼的孩子去工作，因为他们过于贫穷，无法雇用仆人来减轻负担。若是他们自己的好马在服徭役时死了（连这里的马也总是“在两岁前就被套上马具进行超负荷的拉车工作”[16]），领主也只会用一匹犁马补偿他们。此外，他们还要将最好的马匹留给领主打猎，并且忍受野兽对农作物造成的损害。到了农忙的季节，他们通常每天要在地主的田地里工作十二个小时以上，自己田地里的谷物则因为无人照料而倒伏发芽或被恶劣天气摧毁。

最后，在约瑟夫的注视下，官员们向科托希茨的农奴发放了现金。他还能做什么？这至少能暂时缓解村民们的当务之急，至少是一种微小的善举，而且这也是他离开维也纳时在口袋里装满现金的原因。要找到问题的根源毕竟还需要时间，很多时间。

在旅行队前往科托希茨的途经地恰斯拉夫，有一些自由的农民，这在波希米亚已经很少见了。虽然他们也饱受饥荒之苦，但他们似乎更健康、更自豪、更快乐。尽管他们很贫穷，但他们穿戴整齐，而且他们的田地也像上奥地利和蒂罗尔的一样，耕种得很好。他们住在整洁的小屋里，正在努力储存物资以备不时之需。这就是农民该有的样子，勤劳、热爱祖国、生产富有成效，约瑟夫如此反思道。恰斯拉夫的农民与科托希茨那些被虐待的农民完全不同。对他们来说，无论如何都不值得去做一项事后会被剥夺劳动成果的工作。

村民们满怀感激地同他们告别，当皇帝和他的随从离开时，他们再次深深地鞠躬。在国家的最高领袖面前将自己所有的痛苦、所有的压抑倾诉出来，这让他们弯曲的背脊变得笔直了一些，让他们疲惫的双眼突然有了一丝生气。一股自由的气息吹遍了整个村庄，人们对这位年轻、富有魅力的统治者也有了更多的期待。

早在 1738 年，约瑟夫的外祖父查理六世就颁布过一项所谓的徭役法令，希望将农民的无偿强制劳役限制在可容忍的范围之内——这意味着农民每周需要承担三天的徭役。但法令毫无作用，因为它既没有规定制裁措施，也没有增加新的法律规定。就像之前的徭役法令一样，这项新的法令也只是在徒劳地提醒领主要心怀良知并履行身为基督徒的责任。这样的情况会一直持续下去，除非通过具有事实效力的法律程序将管理臣民的所有权力集中到中央。然而，这意味着与君主制体系中最强大、最重要的势力抗衡，包括世俗和教会领主、修道院、教会慈善机构以及古老辉煌的贵族。约瑟夫二世在波希米亚之旅中的见闻已经充分地证明，这将是一项艰巨的任务。许多贵族家族比哈布斯堡家族更古老而且更富有，他们是国家的支柱。[17]

在 18 世纪的欧洲，约有 80% 的人（哈布斯堡帝国的比例为 85%）生活在土地上，并靠土地谋生，只是土地的所有权往往不在他们自己手中。[18] 在德意志的上奥地利、施蒂利亚和卡林西亚等世袭土地上，存在着一种温和的农奴制，即所谓的“温和臣属制”，蒂罗尔的农民甚至在领地议会中拥有自己的代表；而在东部地区的波希米亚及匈牙利和加利西亚，则盛行着一种严苛的农奴制，法国启蒙哲人、理论家孟德斯鸠视之为古代奴隶制的延续。越往东，城市越少，农奴的生活就越没有选择。例如，在俄国，人们必须旅行数周才能到达最近的城镇——几乎没人能够摆脱农奴身份。匈牙利和加利西亚的地理情况类似。

但农奴制不是单边的。领主对其臣民也有责任，要严格地遵从中世纪的“以忠诚和服从换取保护”的原则。这意味着他们必须支持贫穷和有需要的臣民，照顾孤儿和病人，支付求医问药的费用，并允许农民从他们的森林中免费获取木材。在某种程度上，封建经济是建立在互惠互利的基础上的，然而在 18 世纪，这种互惠互利已经越来越不利于臣民。宫廷的奢华和战争耗费了大量金钱，新近才开始缴税的领主们不得不从他们的臣民那里收取更多的钱。因此，农民受到的压迫、剥削和专制对待与日俱增。一般来说每周有三个徭役日，但五到七个徭役日也是完全正常的。徭役分为牵引或拉车徭役与脚手徭役，前者意味着农奴必须提供驮畜，即牛和马，为主人驾驭它们，后者则指简单的体力劳动。不只如此，农奴还有无数的契约义务，如磨坊义务（这意味着农奴只能在领主指定的磨坊里磨粮食）或酒窖义务（这要求农奴只能喝领主的作坊里的啤酒）。此外，还有一项强制性的仆役规定：农奴的孩子必须在庄园里做一段时间的奴仆。粮食垄断权也属于领主，这意味着农奴只能向领主出售粮食并在那里购买种子。

当然，18 世纪也有一些关心农民的贵族，这些人后来走到了约瑟夫社会改革的最前沿。然而，其他人则与庄园管理者和地方官员（这些人极其专横，最令人恐惧）一起利用这一制度来压迫弱者。因此，像腓特烈二世和约瑟夫二世这样的开明统治者寄予厚望的农民解放会经历异常复杂的过程，成为一场持续一百五十多年的关乎权力和物质利益的艰苦斗争，也就不足为奇了。

弗尔赫拉比：边境上的生活

10 月 12 日，皇帝一行抵达特鲁特诺夫，这是一个位于波希米亚北部克尔科诺谢山区的小镇，住着两千多户居民。旅行队体验了每周一次的街头市集，之后约瑟夫参加了圣弥撒。第二天，他们继续前往附近的弗尔赫拉比领地，该地区归切尔宁-莫尔津伯爵所有。他们沿小路穿过一片十分崎岖但非常美丽的低山景观，其中海拔最高的是位于伯爵领地内的斯涅日卡山。道路蜿蜒穿过山丘和森林，路面状况不佳，大雨时无法通行。一路上只能看到几片仍然覆盖着绿色燕麦的田地，几乎没有收获的希望。

“根据神职人员和当局的报告，在上马尔绍夫和弗尔赫拉比，许多乞丐死于饥饿。”[19] 在整个王国内，这里的边境山区最为贫困。一方面，山区很容易受到天气影响，另一方面，因饥荒而采取的贸易限制对边境地区明显不利。

约瑟夫和他的随行人员视察了几座村庄；皇帝在乡下微服出行的消息很快就传开了，所以当约瑟夫的马车刚到一个村庄的村口时，街道上就围满了乞丐，“这些可怜的人衣衫褴褛、脸色苍白、筋疲力尽、憔悴不堪，伸出双手乞讨”。[20]

在弗尔赫拉比，切尔宁-莫尔津伯爵的林务官、主教和所有教士都聚集在一起，回答皇帝的问题。他们证实已有许多人死于饥饿或各种疾病。

“我们担心明年的情况会更糟糕。”一位林业官员忧虑地说道。主教绝望地表示同意：“所有的物资都已消耗殆尽。”

“整个领地的田里都颗粒无收，”伯爵的庄园管理者解释道，“没有任何东西可以分发，而陛下在田地里看到的那些燕麦，很快就会被霜冻毁掉。”

第二天，皇帝和他的手下驱车前往克尔科诺谢山区的深处。风景如画的伊莱姆尼采城堡曾经属于三十年战争中伟大的元帅阿尔布雷希特·冯·华伦斯坦。约瑟夫再次与当地官员会谈。伊莱姆尼采的法官也出现了，他平时在山区从事搬运工作。

“最大的问题是出口禁令。”他说。对此，所有人都点头同意。“如果我们没有克雷塞尔男爵，会有更多的人挨饿。”

皇帝明白大家的意思。在他结束与腓特烈大帝的会谈回到维也纳后，政府立即对波希米亚颁布了粮食出口禁令，并在不久后将这一政策推广到了整个君主国。由于邻近的巴伐利亚和萨克森也因天气状况而歉收，政府希望阻止土地所有者和商人向国外出售粮食，避免推高国内的粮食价格。然而，出口禁令很难执行，因为跨境贸易利润丰厚。即使已经出现过判处走私者死刑的案例，也无法起到任何作用。因此，1771 年 2 月，由弗朗茨·克雷塞尔男爵领导的拥有广泛权力的委员会被派往波希米亚。克雷塞尔不久前被任命为波希米亚-奥地利宫廷总理府大臣，负责搜查所有庄园的谷仓和储藏室，没收非法保留的粮食。他把没收的食物分发给有需要的人，并惩罚高利贷和走私的责任者。但是男爵看到的越多，他就越相信，人民的困境与其说是没有粮食，不如说是根本没钱。“只要农民手中有钱，就可以获得物资。”[21]

弗尔赫拉比的领主切尔宁-莫尔津伯爵持有相同的看法，他希望属民能够自力更生。为了缓解人们的困境，他在克尔科诺谢山区以每立方米四个十字币的价格将一大片森林的木材转让给了他们。将木材经斯涅日卡山运到西里西亚后，农民们理论上能够以每三立方米一古尔登加十五个十字币的价格出售这些木材，从而获得可观的利润。然而，由于存在一些误解，他们未能获得出口许可证，木材被搁置在原地。仅靠统治者的施舍并不能为人口众多的该地区解决困境。

当弗朗茨·克雷塞尔男爵来到弗尔赫拉比并得知此事后，他决定以自己的名义允许出口。农民们兴高采烈地开始从事利润丰厚的木材生意，而克雷塞尔也向维也纳的两位陛下递交了报告，并乞求他们宽恕自己先斩后奏的鲁莽行为："无论出于何种动机……我若行为僭越，惩罚将是不可避免的。但我通过这一必将受罚的行为接近了君主慷慨的心灵和丰富的思想，我依然乞求最高的恩典和最仁慈的宽恕。"[22]信使带着这封信飞速赶往维也纳，玛丽亚·特蕾西娅随后于 3 月 27 日颁发了出口许可证，并表示对克雷赛尔"极为满意"。

利托梅日采：如此富饶而又如此衰败

10 月 15 日，帝国旅行队抵达利托梅日采。这里与克尔科诺谢山区的差别真大啊！利托梅日采的土地更加肥沃，景色更加秀丽。此地自古以来盛产葡萄酒。由于紧邻易北河，利托梅日采的贸易活跃而多样。自粮食出口禁令实施以来，当地人一直向邻近的萨克森出口木材。他们还经营来自贝格施泰因周边地区的玻璃和镜子、来自上莱帕和洛伊滕的研磨器皿及来自舍恩林德的漂白纱。这里的帆布（亚麻布）远销丹麦、瑞典、西班牙、葡萄牙和奥斯曼帝国。商人们经常离开家人，到遥远的国家居住四五年之久。但贸易受到了饥荒的影响，易北河的洪水也造成了额外的损失，不过总的来说，与克尔科诺谢山区相比，波希米亚这一带的居民的生活要好得多。[23]

这片波希米亚王室的土地在当时已经成为哈布斯堡帝国最富裕

和最繁荣的地区之一。这里的贸易十分活跃，北部分布着矿区，波希米亚盆地已显现出前工业化的发展迹象。住在这里的领主通常拥有十倍于德意志世袭贵族的财产；只有匈牙利的大人物和加利西亚的大领主能与之匹敌。由于三十年战争的破坏，波希米亚的经济发展在 17 世纪陷入了前所未有的衰退，但在 18 世纪便逐渐恢复，甚至在玛丽亚·特蕾西娅和约瑟夫二世时期为君主国贡献了 40% 的税收。[24]

在约瑟夫继续穿越波希米亚南部小镇皮塞克的旅途中，他亲身感受到了贸易对波希米亚财富的重要性（及对抵御饥荒的重要性）。他在那里遇到了一位名叫冯·博克的商业顾问，他声称贸易均衡有利于国内与邻国的发展，并向皇帝详细地阐释了贸易均衡的所有好处。他赞扬了波希米亚制造业取得的成功，并主张今后应通过的里雅斯特而不是汉堡运送货物。但他指出，饥荒也对贸易和手工业造成了影响。据他所知，已经有部分玻璃工匠移居至匈牙利，甚至是奥斯曼帝国。织布工和纺纱工虽然勤劳，但他们如今能够获得的利润减少了，因为人们在极度贫苦的压力下只得给破了洞的衣服打上补丁，一直穿到无法再补。但是这片地区的城镇很富裕，其财富可以用来支持贸易和手工业。

皇帝若有所思地点点头，然后才开口发表意见。在听了那么多的哀诉、目睹了那么多的苦难之后，他不相信仅靠繁荣的贸易就能阻止这场灾难的发生。如果饥荒持续下去，如果织布机停止转动，当前的困境将无法遏制地陷入恶性循环。[25]

扎泰茨：瓦利斯伯爵的野蛮行径

“自从扎泰茨发生火灾后，这里就没有多少建筑了。镇上的居民抱怨赋税太高。”[26] 据旅行日志记载，史蒂芬·冯·瓦利斯伯爵的属民们尤其不满，因为他们每周要承担五天的拉车徭役。十四天中有十三天，他们都会因伯爵的命令被藤条鞭打五十至七十下，甚至连老人也无法幸免。

“这是真的吗？”皇帝询问前来请愿的小型代表团，他们都是伯爵的属民。

他们只是点点头，仿佛在极度的绝望中失了声。约瑟夫大惊失色，把负责的行政长官召来，令其将“瓦利斯事件”移交给调查委员会。他听说过很多关于农奴制的糟糕消息，对领地官员的专横亦早有耳闻，但从来没有遇到过如此残酷的事情。然后他想起了关于扎泰茨人口普查的报告，其中这样描述山区人民的贫困生活：“这些村庄的房子散发着恶臭，让人无法靠近。疾病必然会由此而生，特别是在冬天，因为家家户户安装的都是较小的窗户，只能勉强打开一条缝或是根本无法打开。还有一些被称为‘棚屋’的归政府所有的房子。那里住着许多打谷工人和临时工。这种住所不仅非常肮脏，而且由于缺少木材，房间里从未生起炉火。因此，这些房子非常潮湿；这让住在里面的孩子出现了诸如皮疹和溃疡的健康问题。”[27] 现在还有瓦利斯伯爵的残酷统治！

无论约瑟夫走到哪里，抱怨无处不在。皇帝认真地记下了一切，但不满情绪似乎无穷无尽，以至于他不知该如何从收集到的所有信息、所有数据、所有个人命运中制定出明智的政策和全面的改革措施。他向维也纳方面和布拉格的卡尔·埃贡·菲尔斯滕贝格派出信使，成立调查委员会，并强调必须追究相关人士的责任。当他认为自己已经基本解决了某个问题时，就会出现新的灾难。约瑟夫拥有无穷的行动力，他的毅力、他的精益求精以及他对行政部门施加的所有压力再次证明他是多么认真不懈地想要减轻人民的生活困难。他知道在那几个月里，在维也纳的母亲一直都站在他的身边，他们的共同执政从未配合得如此出色，他们也从未如此和谐地携手共进，从未像现在这样团结一致。[28]“每当我想到波希米亚，想到摩拉维亚，就如同回忆起一场灾难，”女君主在给索菲的信中写道，“皇帝目前正在那里旅行，没有把我对流行病的担忧当回事，但他对那里普遍存在的贫困状况忧心忡忡，而且基本上找不到任何有效的解决办法。”[29]

布拉格：临终者的避难所

“我终于在无人知晓的情况下到达了布拉格，接待我的只有菲尔斯滕贝格侯爵和维德将军，我给他们安排了一些事情，并特别指派菲尔斯滕贝格侯爵在明天下午五点与四至五位委员见面，他可以自行选择让哪些委员前来面见我，以共同制定措施。”[30]10 月 24 日，约瑟夫一行抵达布拉格。皇帝已经看到了这么多，感受了这么多，收集了这么多对局势的分析，他现在终于要把所有的一切整理进一幅简明的画面，并制定出一系列可以立即实施的举措。在波希米亚的局势改善之前，他不会休息。

第二天，他就开始向秘书们口述他伟大的旅行报告，命令他们将波希米亚的饥荒和王国中普遍存在的不满情绪记录下来。一连好几个白天和夜晚，他都一心扑在这项工作上，其间只被几次城市观光、一些必要的接见和在布拉格城堡花园的短暂散步打断过。

“陛下，您的官员们、大臣们以及委员们，会把所有的错误归咎于宫廷办公处，而宫廷办公处最后又会把所有的错误归咎于国务委员会。”约瑟夫对现存的管理弊端和行政部门缺乏责任感的状况如此总结道。“该机构（国务委员会）会为自己辩解，在这种胡搅蛮缠的混乱局面中，受到伤害的只有农民和诚实的公民，他们无法从任何阴谋中获利，相反还会受到越来越多的压迫和折磨。混乱的管理使得国家需要更多的资源和收入。领主为了奢侈的生活，为了保全花钱买来的好处，将通过压榨和欺侮劳动者（而非引进工业）来尽量增加收入。”一页又一页的笔记写满了约瑟夫对局势的严肃看法，末了，他勾勒出一幅他认为必要的改革蓝图，作为对玛丽亚·特蕾西娅最后的呼吁。“愿上帝保佑，让我能用更令人愉悦的语言来描述这一切，但妄想又有何用处？陛下想知道真相，这便是我对真相的分析。”[31]

然而，严重的贫困需要可以立即执行的措施。到1772年夏天，将有二十五万人（即人口的10%）因饥荒丧命！对于所有死去的人来说，改革来得太晚了，对于所有正在挨饿的人来说，他们的需求很简单，那就是大规模的粮食供应。这也是约瑟夫返回维也纳后要做的第一件事情。

11 月 9 日，在弥撒和惯常的会见后，皇帝前往新的济贫院慰问。那里有近五百人，包括男人、女人和儿童，他们中不少人生了病，痛苦不堪。“那里的环境非常糟糕，”皇帝指出，“没有生病的人和病人住在一起，彼此紧挨着躺在少量的稻草上，连像样的被褥都没有……至少有必要将几百个身体状况较好的人转移到另一个地方，才能使这座房子成为名副其实的医院。”[32] 与皇帝一同前往济贫院的布兰比拉密切关注着他的主人。他还从未见过这样的人、这样的统治者。他从一张床走到另一张床，直面最悲惨的场景，既不畏惧恶臭也不害怕瘟疫。

私人医生已经提前清除了一些最严重的管理弊病。当他第一次来到这个悲惨的地方时，他发现男人、女人和孩子都因疾病和饥饿而筋疲力尽，他们或是在死亡线上挣扎，或是已经得到解脱，狼狈地躺在地上。[33] 他尽可能地把他们分开，将那些疑似患有斑疹伤寒的人安置在专门为他们准备的房间里，毕竟这种疾病是有传染性的。此外，布兰比拉还需要一批军用病床和药品，皇帝随即为他提供了两千古尔登。布拉格大主教也拨出了四千古尔登，以便让医生前往病人家中看望那些身体虚弱无法去新医院的人。每天晚上，皇帝的外科医生都不得不更换衣服，因为他在给人看病时沾染的臭味无法清除。

现在，皇帝也来到了这里。“诸位，你们认为，”多年后布兰比拉为约瑟夫二世写下悼词，“我是否成功地说服了我们的君主远离这个肮脏的地方？答案是否定的，他想亲身感受这里。”[34]

“陛下，我已经命人通风和熏蒸，”布兰比拉带着绝望的表情解释道，“但恳请陛下原谅我，这地方仍然臭得可怕，是伤口和疾病的气味。”

“不要紧，我不是来参加舞会的。带我去垂死的人所在的房间吧。”

在皇帝的同行者中，没有一个人敢进入这些病房，只有约瑟夫没有被吓倒，他走过一张又一张病床，安慰那些可怜的人。[35]

维也纳：只有大规模的援助措施才能起到作用

11 月 17 日，约瑟夫回到了维也纳。十五天前，国务委员会已经批准了皇帝提前寄回的报告中所提的建议。11 月 19 日，仅仅休息了两天之后，约瑟夫就召集了特别委员会，讨论建立“粮食机构”的问题。他解释说，政府将不得不在匈牙利购买波希米亚一年所需的全部粮食，把它们运送到波希米亚，然后再进行分配——这将让国家花费四百万古尔登。1772 年可能仍然需要采取相同的收购措施。波希米亚的情况实在是太过悲惨了。

1772 年春天，约瑟夫再次自掏腰包向波希米亚送去数百万古尔登，波希米亚总督卡尔·埃贡·菲尔斯滕贝格也将这样做。皇帝处理贫困的方式一定给他留下了深刻的印象。[36] 此外，还有大量资金被送往波希米亚，用于治疗该地区的无数病患，玛丽亚·特蕾西娅毫不犹豫地批准了一切，甚至亲自贡献了一个应对各种疾病的救治处方。

最后，在 1772 年秋天，最糟糕的时期终于结束了。救济物资在人们最贫困的时候起到了作用，新的收成颇为丰硕，粮仓又慢慢地被填满了。

当约瑟夫从波希米亚和摩拉维亚的饥荒地区归来时，宫廷顾问卡尔·冯·青岑多夫——对君主最为严苛的官员之一——曾感叹道："皇帝陛下回来了。他是第一个妥善履行职责的君主。"[37] 十三年后，在约瑟夫的独立统治时期，青岑多夫将作为宫廷审计府的长官，担任徭役废除委员会的主席。波希米亚之行已经让约瑟夫意识到，结束农奴制将是一项十分艰巨的任务。

1773年

特兰西瓦尼亚和加利西亚

越来越陌生，越来越艰难

维也纳（Wien）—**布达（Ofen）**—**佩斯（Pest）**—塞格德（Szegedin）—阿拉德（Arad）—蒂米什瓦拉（Temesvar）—**阿尔巴尤利亚（Karlsburg/Weißenburg）**—**格罗斯波尔德（Großpold）**—**锡比乌（Hermannstadt）**—布拉索夫（Kronstadt）—**凯兹迪瓦沙尔海伊（Kézdivásárhely）**—科洛兹堡（Klausenburg）—锡比乌（Hermannstadt）—穆卡切沃（Munkács）—科希策（Kaschau）—**莱斯科（Lisko/Lesko）**—**雅罗斯瓦夫（Jaroslau/Jarosław）**—**利沃夫（Lemberg）**—斯坦尼斯劳（Stanislau）—**斯尼亚滕（Snyatyn）**—**扎列希基（Zaleszczyki）**—**布罗迪（Brody）**—**扎莫希奇（Zamość）**—**维利奇卡（Wieliczka）**—**奥斯特里茨（Austerlitz）**—施塔默斯多夫（Stammersdorf）—维也纳（Wien）

这是一场掠夺。显然，这违反了国际政治的所有规则，即使在 18 世纪也有不少人这样认为。例如，英国知识分子、作家霍勒斯·沃波尔甚至在当时就指出，分割波兰的策划者是“有史以来最厚颜无耻的强盗团体”。[1] 这样的做法创下了先例，并在后来被广泛效仿。而这一外交问题要归咎于约瑟夫二世，而非他的母亲。

1772 年 8 月 5 日，俄国、普鲁士和奥地利三个大国的代表在圣彼得堡签署了瓜分波兰的政治协议。仅仅三周后，玛丽亚·特蕾西娅就收到了由圣彼得堡的特快专递信使送来的协议，她只能流着泪签署了这份强加给她的文件。她给儿子费迪南德写信说：“这次针对波兰的可怕瓜分将折损我十年的寿命。”因为惧怕被拖入俄国和普鲁士之间的战争，因为无力面对无处不在的饥荒和各地居高不下的死亡率，才让他们走出了这不幸的一步。“你会看到，整件事情将结出怎样的恶果。”[2]

然而，瓜分波兰使奥地利直接获得了大量的领土。加利西亚和小波兰南部地区的并入，意味着在哈布斯堡家族现有的土地版图中，增加了一片比波希米亚王国更辽阔、更富有的领土。这难道不是一种成功？孟德斯鸠不是曾经说过，君主制的精神是战争，领土扩张是其目的吗？而通过协议分割一片领土甚至不需要战争。诚然，所有参与其中的人都不得不承认，这个时代本就已足够好战，除了维也纳那位信仰和平主义的执政女君主之外，没有人反对战争。也许从某种意义上来说，这么做是值得的。

现在，九个月后，载着约瑟夫的马车正隆隆地穿过匈牙利平原。他一如既往地以伯爵的身份微服出行，既无奢华的排场，也无凸显身份的繁文缛节。他正在去特兰西瓦尼亚的途中，他的母亲和国家机器的核心部分此时可能都不知道，他之后还将前往加利西亚。毕竟，他想亲自视察新吞并的领土，看看吞并能否在未来的某一天带来回报。再过几个小时，天就要亮了，而旅行队也将抵达布达。但现在仍然是夜晚，一个有着暴风雨和明亮月光的寒冷夜晚。[3]

皇帝无法安然入睡。他应当感到良心不安吗？他知道这个世界的看法。他在那一年的年底还向英国特使斯托蒙特勋爵解释瓜分波兰的行为，并希望他相信，他，约瑟夫，他的行为既不可耻，也没有违背任何原则，而只是出于绝对的必要。[4]但真的是这样吗？他是否被迫接受了这种所谓的必要性？腓特烈大帝和沙皇是这次瓜分行动真正的始作俑者——但他自己也是具有巨大影响力的一方，又怎么能置身事外呢？

瓜分波兰就如同“分享蛋糕”(Partager le gateau)，随后在同一个世纪中，还出现了两次相似的瓜分——“分享蛋糕”已经成为一种流行的外交游戏。这种游戏是18世纪最复杂的一类权力政治角逐，因此需要对此作进一步的解释：自从俄国沙皇叶卡捷琳娜二世在1764年将她的前情人斯坦尼斯瓦夫·波尼亚托夫斯基扶上波兰王位以来，欧洲的权力平衡就被打破。在此之前，波兰贵族共和国的内政疲软无力，该国宁愿在堑壕战中自相残杀，也不愿在大国的共同参与下扮演好自己的角色。叶卡捷琳娜站在新教和东正教一边，而波尼亚托夫斯基毫不念及叶卡捷琳娜的宠爱，选择支持俄国的对手——天主教贵族，并依靠奥地利和法国的帮助。当沙皇的军队进入华沙时，遭到了波兰小贵族组成的巴尔联盟的公开抵抗，而这又导致了波兰东部白俄和鲁塞尼亚（乌克兰）的农民起义。众所周知，当与波兰南部接壤的奥斯曼帝国趁机于 1768 年向俄国宣战时，地缘政治局势真正发展到了剑拔弩张的地步。

腓特烈二世当然也是权力政治角逐中的一员，并一如既往地在胜利者联盟中发挥作用。他确实因共同的利益与叶卡捷琳娜结成了联盟，但他逐渐开始害怕这位来自圣彼得堡的新朋友日益显著的力量。因此，1769 年他与约瑟夫二世在尼斯进行了著名的会晤，尽管哈布斯堡家族从始至终都是他的宿敌。即使他在接近约瑟夫时表现得非常友好，也不能掩盖这一点。事实上，他们在外交政策问题上并没有达成任何新的共识。当时，“俄国”这个词不时地出现——在这些时刻，他们就像狩猎中的狼一样，观察着对方。仅此而已。

1770 年在波希米亚诺伊施塔特举行的第二次会议上，双方在外交政策上又一次出现了分歧。考尼茨主导了谈判（约瑟夫有受挫之感），但也无济于事。考尼茨“一再声明”（ceterum censeo）——奥地利应站在奥斯曼帝国一边反对俄国，但玛丽亚·特蕾西娅和约瑟夫都没有为这场豪赌做好准备。随后，在会议结束前不久，君士坦丁堡的凯马卡姆的信使带着一封信来到诺伊施塔特，信中大维齐尔——由统治者任命的政府首脑，因此是国家的第二号人物，凯马卡姆则是大维齐尔的代表——请求普鲁士和奥地利在对俄战争中进行调解。这有望成为一门有利可图的生意，也有助于推动瓜分波兰的秘密计划顺利进行。

约瑟夫以君主国军事最高指挥官的身份，占领了波兰齐普塞尔的一些地区，而腓特烈则以莫斯科暴发的瘟疫为契机，占领了波兰西部，并靠封锁线将其与俄国的势力范围隔开。他还派他的弟弟海因里希前往圣彼得堡探查情况。海因里希很快就惊讶地发现，叶卡捷琳娜根本不反对瓜分计划，她只是笑了笑。陆军院副院长切尔内绍夫伯爵向亲王提问：他们每个人从波兰分走一块土地对大家来说难道不是最佳的方案？[5] 如此一来，一场掠夺行动便拉开了序幕，即便要达成一份所有人都同意签订的条约还需要将近两年的时间。波兰三分之一的人口和四分之一的领土在这场权力的肮脏交易中更换了统治者和国家。

玛丽亚·特蕾西娅既不想被卷入战争，也不想瓜分波兰。约瑟夫一次又一次地回想起与母亲的争论。难道“陛下”忘记了，早在1740年她登上王位时，君主国的软弱就导致了奥地利王位继承战争，而哈布斯堡帝国之所以能够避免垮台，是因为匈牙利人将具有战斗力的军队送到了她的身边，并贡献了可观的战争资金？直到最后一刻，这位年轻的女君主才得以挽回她的权力。

在初升暖阳的光线中，在半梦半醒之间，约瑟夫得出结论：软弱，根本得不到任何回报。

布达：车厢里的会见

“嗬，嗬！”约瑟夫听到了车夫的叫喊声。他显然是在勒住马匹，让它们停下来。

已经到了吗？约瑟夫一边揉着惺忪的睡眼一边心想道。车外传来一片嘈杂的声音。有些人在讲匈牙利语，有些人说着德语，中间夹杂着零碎的法语和近代早期拉丁语。他和旅队所到之处，尽是一片吵吵嚷嚷的景象。他做了一个噩梦。他梦到他的马车队伍在加利西亚广袤的土地上陷入了泥泞。他梦到在他们补给不足时，四处寻不着半个人影。他梦到他和诺斯蒂茨伯爵骑着马飞奔去寻求帮助，却越发深入森林和难以穿越的沼泽，直到马匹在泥潭里死去，而他们自己也被茂密的灌木丛划得血肉模糊，不得不步行前进。他们发现自己所处的世界越来越密不透风，越来越陌生。很快，他们就失去了所有目标，彷徨于一个他们不再记得的任务中。

约瑟夫深吸了一口气，他内心的景象似乎令他感到不安。然而，事实与梦境往往相反，他心想道，试图在夜色褪去时摆脱梦魇的最后一丝残余。

咚咚，约瑟夫的侍从敲了敲车门，将其打开。两名匈牙利行政人员站在他面前，浑身颤抖，等待着获准进入车厢的指令。由于空间狭小，他们在马车里恭敬地行礼时撞到了一起，而马车再次启动时的颠簸，又让两位官员跌跌撞撞地摔到了皇帝对面的坐垫上。约瑟夫不得不转过身去，以免他的笑声引起他们的不快——这样的场面对他来说并不陌生。这种会面形式本就是由他创造的，而且已经实践过多次。他要求行政官员来他的马车中面见他，这样就不必再到他们的办公室和他们见面，节省了时间。今天坐在马车里的是匈牙利埃斯泰尔戈姆和科莫恩的长官。

这两个人现在要和他一起前往布达；他要抽出整整一个小时来处理他们的事情。应该足够了，皇帝有些不确定地想。匈牙利事务一直是块烫手山芋，也是建立现代统一国家的最大障碍。然而，匈牙利王国的面积大致相当于其他世袭土地的总和，因此，尽管贸易和商业落后于其他地区，但是这个国家对君主国来说至关重要。

“农民没有足够的种子。”一名官员诉苦道，而另一名官员点头表示同意。

“但是，”他们向他保证，“我们会跟进这件事，所以大部分的作物最终都会顺利播种。”[6] 两人都显得很是骄傲，约瑟夫试图读懂他们的表情。他们想告诉他什么？他无法信任这两个人。他们与权贵勾结在一起。这些匈牙利高级贵族对特权的迷恋远超帝国中的其他精英。可今天上午就提出试探性的问题还太早了，无论如何，诉苦声都会持续一整天。毕竟，下午在佩斯还要与各等级代表在宴席上会面。

“单是物价飞涨……”埃斯泰尔戈姆的官员又开始叫苦连天。“埃斯泰尔戈姆”源于下层阶级使用的匈牙利语，在德语中被称为“格兰”（Gran）。这里是匈牙利大主教的驻地。该地是匈牙利最古老的行政区之一，几个世纪以来一直是匈牙利统治者的所在地。这是一座骄傲的城市，1543 年被苏莱曼大帝征服，直到 1699 年《卡洛维茨和约》（*Frieden von Karlowitz*）签订，才与匈牙利中部其他地区一起被归入哈布斯堡的统治范围。奥斯曼帝国攻占这座城市之后，普雷斯堡成为埃斯泰尔戈姆大主教的驻地和匈牙利王国的首都。保存在那里的圣斯蒂芬王冠——公元 1000 年，匈牙利的第一位基督教国王圣斯蒂芬加冕——代表着匈牙利人的主权和民族自豪。可以说，它是匈牙利等级制度的核心，也是其贵族无限权力的核心。任何将王冠戴在头上的人都需要向匈牙利的金玺诏书宣誓，这是自13世纪以来维系匈牙利贵族及国家权力的金科玉律。

当两名官员将盖有行政区印章的长篇报告交给皇帝时——用拉丁文写成，拉丁文是这里及特兰西瓦尼亚的官方语言——接见也已接近尾声。马车到达布达后，官员们告别离开。

约瑟夫开始翻阅他们的报告。如果他最终能独自执政，那么他会在他的土地上推行统一的官方语言，但最重要的是，他要废除这该死的拉丁语。他不悦地想，以一种只有学者才会使用而在现实生活中毫无用处的语言来管理一个国家，简直荒谬至极。[7]他接着往下读。反正都是些蹩脚的拉丁文，不是圣托马斯·阿奎那的语言。他对拉丁语的掌握程度不亚于德语、法语、意大利语或捷克语（但是，众所周知，他不会说匈牙利语、罗马尼亚语这些下层阶级的语言）。取消拉丁语真正的原因远非如此。和以往一样，这有关他的最终目标，即国家的统一。在这种特殊情况下，这样做也是为了结束贵族的特权，因为农民、技工甚至手工业者都不懂这种语言。当约瑟夫正在为全面的语言改革制定计划时，马车已经从布达驶过大桥来到佩斯。他在当地的“白狼旅馆”住下，享用了一顿简单的午餐，口述了几页旅行报告，然后接见了宴会的贵宾——王国精英的代表们，“还和他们探讨了各种法律问题”。[8]

在继承战争中落败的玛丽亚·特蕾西娅于1741年召开了匈牙利议会，并在普雷斯堡加冕为匈牙利国王——注意，是国王，因为匈牙利的法令中没有规定女王的存在。玛丽亚·特蕾西娅和匈牙利庄园主进行了五个月的痛苦谈判之后——或者换句话说：九十次会议之后——她才获得了一支由十万名士兵组成的军队。然而，作为回报，她向各庄园主承诺了他们要求的几乎所有特权。这一戏剧性的场景很快就被伏尔泰写成了一段美化的神话。“当她在普雷斯堡召集了王国的贵族后，她抱着尚在襁褓中的长子出现在他们面前，用拉丁语同他们交谈……”[9]

“被我的朋友抛弃，被我最亲近的亲人攻击，”约瑟夫朗诵道，“除了你们的忠诚、你们的勇气和我自身的坚定，我并无其他依凭之物。”皇帝笑了出来。他能熟练背诵伏尔泰关于路易十五的作品中的段落。

他和侍臣弗里德里希·莫里茨·冯·诺斯蒂茨来到户外放松，与大人物们的会面漫长而艰辛。

约瑟夫继续说：“就这样，她深深地打动了宫廷侍卫，他们拔出军刀，高呼着‘让我们为国王玛丽亚·特蕾西娅而死！’。”真是一出好戏！[10]

诺斯蒂茨点点头。他也知道这本书。“伏尔泰是位真正的大师。”他说。

两人都意识到，国王陛下和王位继承人的最初虚构形象很快就在臣民心中根深蒂固。没过多久，便无人记得这位笔耕不辍的狡猾作家和启蒙哲人只是用玛丽亚·特蕾西娅臂弯中的小约瑟夫制造了这样的噱头。毕竟，伏尔泰知道什么是好的戏剧作品及如何吸引他的观众。

当约瑟夫还是个孩子时，他对匈牙利人充满敬意，误以为他们是童话故事中骑着华丽骏马的勇猛英雄。他经常穿着匈牙利服装出现在宫廷里，他的宫廷导师鲍贾尼侯爵为他讲述了圣斯蒂芬的故事，激动人心、充满悬念。但是，当他开始了解政治和君主国的内部运作——他的老师约翰·克里斯托夫·冯·巴滕施泰因为储君撰写了十四卷历史教育书籍，而克里斯蒂安·奥古斯特·贝克则负责培养约瑟夫在法律和宪法问题上的批判性思维——他便清楚匈牙利人的特殊地位给整个国家带来了哪些问题。甚至连他的母亲都知道这一点，只是她必须感谢匈牙利人。在波折的加冕之后，她只召开了两次议会会议，1764年的最后一次以公然的争执收尾。在那之后，匈牙利人也没有顺从他母亲的任何改革。贵族仍然免税，这不仅是不公正的，对国家的经济发展也是不利的。农奴的生存状况甚至比在波希米亚还要悲惨。新的征兵制度也没能在匈牙利推行开来，因为贵族拒绝人口普查——贵族们认为，他们同牲畜、农奴一起被清点是有失身份的。

约瑟夫对诺斯蒂茨说："权贵们的权力有失体统。"如果有一天他能独自执政，他将改变一切。他会不惜一切代价实施一次人口普查，因为没有事实就没有有意义的改革。然后他将在匈牙利陆续推广所有的革新措施。

“你一定听说了匈牙利的起义和骚乱，” 1766 年玛丽亚 · 特蕾西娅致信她的朋友索菲（那时约瑟夫与她共同执政刚满一年），“这都是折磨穷人的权贵们残暴施政的后果。你不会相信，但已故的大主教、鲍贾尼侯爵和艾什泰哈齐家族都十分擅长压迫人民。” [11] 尽管约瑟夫试图对匈牙利人友善——他经常在这个王国的各地旅行并定期举行演习——但他对匈牙利不可改变的状况的耐心将在他的统治过程中逐渐消耗殆尽。玛丽亚 · 特蕾西娅去世后，他不仅把他们迄今为止拒绝的所有改革强加给他们，还拒绝出现在普雷斯堡的加冕仪式上。这位“戴帽子的国王”（这是他在独自执政时期得到的称呼）在 1784 年甚至将圣史蒂芬王冠从普雷斯堡转移到了维也纳。这是史无前例的挑衅之举，对匈牙利人来说无异于一场掠夺。

王冠是一件神圣的物品，匈牙利贵族将其视为连接等级制的国家与国王的“婚戒”，但只有他们才配保管这枚戒指。对他们来说，盟国的维也纳只是一个外国的首都。1784 年 4 月 15 日，当封闭的马车载着装有王冠的沉重铁盒离开加冕城普雷斯堡时，人们惊恐万分。他们穿着丧服守在宫殿前哀悼，仅仅几年后，就在约瑟夫去世前不久，他们的愤怒就会在声势浩荡的起义中爆发，最终皇帝不得不撤回他的改革。

“总有一天，” 约瑟夫疲惫地告诉诺斯蒂茨伯爵，“我会采取强硬的行动。”

之后他们便上床睡觉了，时间尚早，但还有一整天艰巨的旅行在等着他们。马车将在凌晨四点离开佩斯。

格罗斯波尔德：被放逐至世界尽头

约瑟夫的旅行队匆匆忙忙向南行驶，他们穿过巴纳特，然后向东穿过罗马尼亚西部的喀尔巴阡山脉。这一次，除了诺斯蒂茨，他的队伍中只有两名侍从，即约瑟夫·冯·希斯科维茨伯爵和卡尔·克莱门斯·佩莱格里尼将军。从维也纳出发仅两周后，他们就到达了特兰西瓦尼亚的边境。考虑到约瑟夫还在蒂米什瓦拉进行了一系列的接见，这次的旅行速度相当快。但他们不得不抓紧时间赶路，因为东边的特兰西瓦尼亚与维也纳之间的距离就如同西边的法国与维也纳之间的距离一样遥远，这注定是一场漫长的旅途。在南部，公国与奥斯曼帝国接壤，在奥斯曼帝国统治匈牙利期间，它一直是奥斯曼帝国的附庸。在《卡洛维茨和约》签署之后，匈牙利要求获得历史上属于自己王国的土地，但维也纳方面没有同意——在匈牙利提出的要求中，这是查理六世和玛丽亚·特蕾西娅未曾允诺的少数事项之一。从那时起，特兰西瓦尼亚公国就一直由维也纳方面的特兰西瓦尼亚宫廷总理府直接管理。

约瑟夫在5月21日的旅行日志中说道："我们穿越关口进入特兰西瓦尼亚，这里的道路可供马匹和车辆通行。"[12] 皇帝现在已经来到了达契亚王国的历史区域，他立刻参观了达契亚古都萨尔米泽杰图萨，旁边还有一座见证特兰西瓦尼亚古代历史的罗马堡垒。图拉真皇帝在公元100年左右征服了达契亚，并宣布其为罗马的达契亚行省。

几个世纪以来，喀尔巴阡山脉一直以其金银财宝享有盛名，令无数人垂涎不已。在 18 世纪，该国最大的金矿位于小矿村瑙贾吉，这是一片约瑟夫和他的旅伴们只能骑马到达的荒芜地区。矿长自豪地告诉皇帝，他会将八分之一的收益直接送往维也纳的女君主那里，约瑟夫显然对这样的许诺十分满意。

在接下来的三天里，旅行队一路穿过喀尔巴阡山脉西南部的山地，约瑟夫有时甚至会在马鞍上待十五个小时。他们途经检疫站，参观了孩子们学习德语的学校，听到了农民对过度苛刻的徭役的怨言，最后抵达了特兰西瓦尼亚的前首府阿尔巴尤利亚。由于 17 世纪下半叶哈布斯堡的军队战胜了奥斯曼帝国，这片土地被割让给奥地利。欧根亲王命令奥地利人重建了被摧毁的堡垒，并以约瑟夫外祖父的名字将其命名为查理堡。与此同时，他们将公国的行政中心迁至锡比乌。

“堡垒的内室是主教的住所，”皇帝的旅行日志细致地记录道，“在大教堂中，可以看到王公的墓穴……”[13] 堡垒上还有一个铸币厂和一座三一修道院。“全国唯一的一座。”阿尔巴尤利亚住着德意志人、匈牙利人、瓦拉几亚人和在该公国其他地方找不到容身之处的三十五个犹太家庭。

实际上，瓦拉几亚人和犹太人在城镇里都不太受欢迎。虽然瓦拉几亚人占人口的大多数，但作为匈牙利地主的农奴，他们不享有任何权利。而犹太人在特兰西瓦尼亚也不像在加利西亚那样享有特殊优待，因此在 18 世纪末之前，这里只有少数犹太商人。自中世纪以来，德意志定居者以农民和工匠的身份不断迁移到特兰西瓦尼亚。作为特兰西瓦尼亚的撒克逊人，他们在这里享有的特权比东欧其他地区的德意志定居者要多。这些特殊权利适用于他们最初定居的所谓王室领地，并在随后几个世纪的文件中反复得到确认。因此，锡比乌、布拉索夫、科洛兹堡或舍斯堡等城市在“民族大学”的自主管理下发展出了自己的文化——“民族大学”这个罕见的名称指的是特兰西瓦尼亚的撒克逊民族，而不是通常意义上的大学。

特兰西瓦尼亚没有出现过反宗教改革，盛行宗教自由，因此在查理六世和玛丽亚·特蕾西娅的统治时期，来自奥地利的新教徒被驱逐到了这个位于哈布斯堡帝国最东边的遥远角落。再加上中世纪作为边民在该国东部定居的匈牙利民族——塞凯伊人，特兰西瓦尼亚就有了一种独特的人口结构，社会成分就更加复杂了。

5 月 28 日，在到达锡比乌前不久，皇帝在格罗斯波尔德和克莱因波尔德会见了第一批“移居者”，这是对被驱逐者的委婉称呼。这些来自格罗斯波尔德和克莱因波尔德的人是上奥地利和克恩滕的新教徒，他们于 1753 年被重新安置在这里。尽管政府在再天主教化的过程中做出了种种努力，但他们依然顽固地保持着异端信仰，甚至继续秘密地开展异端活动。这些隐秘的新教徒一直是虔诚的天主教徒玛丽亚·特蕾西娅的眼中钉。尽管她已经意识到要在波希米亚和匈牙利根除新教绝无可能，但她并没有放弃全部希望。她认为至少在德意志的世袭土地上，真正的天主教信仰完全可以建立起来。但上奥地利、施蒂利亚、克恩滕和萨尔茨卡默古特之间的阿尔卑斯山谷是与世隔绝且难以进入的地区，那里的许多人保留了他们的路德圣经，并坚定保持新教信仰。出乎意料的是，不少人精通神学，有些人甚至可以阅读和写作，宗教改革的信念已经成为他们心中重要的原则。正如玛丽亚·特蕾西娅所说，并不是无知导致了背道，因此根据她的逻辑，要解决这一难题只有重新安置这一条出路，这意味着将“肮脏、无法治愈的病羊与健康的羊群”分开。[14] 仅在18世纪50年代，就有三千名隐匿的新教徒被驱逐到匈牙利和特兰西瓦尼亚，其中包括皇帝在旅途中访问的格罗斯波尔德和克莱因波尔德的民众。

“陛下最忠实的仆人……”村长用柔和、忧郁的卡林西亚德语向他问好，而聚集在一起的农民则匍匐在地上，试图亲吻约瑟夫的手。

“别这样，站起来说话！”年轻的君主无须再说第二遍，滔滔不绝的话语就像山洪暴发一样从人们口中涌出，他们如同侥幸登上陆地的海难幸存者一般报告自己的命运，那卑微的生活充满了太多冒险和恐惧，以至于他们自己也感到惊讶。移居者在离开家乡时，无法与他们的大家族告别，也无法得到交通费用的补偿。一切都发生得太突然、太无情了。不少人在前往君主国东南方向的长途跋涉中丧生，一旦他们到达目的地，等待他们的将是定居者和边防卫队的艰苦命运。被驱逐到特兰西瓦尼亚的人中约有一半死亡或失踪，只有少数人成功地在异国他乡建立起了新的生活。[15]

“我们的钱，陛下！您的母亲答应过我们，可我们已经等了很多年。”格罗斯波尔德的居民们异口同声地抱怨道。这涉及他们在克恩滕和上奥地利留下的资产。当局许诺会给予补偿，但在他们被迫移居到此地的这些年里，他们什么都没有得到。

皇帝点点头，令人将情况记录下来。他与每个人交谈，赞美这里秀丽的风景和精心建造的房屋，给予人们安慰。那里的人有着浓烈的思乡之情，除了回到家乡之外别无他求。[16]

皇帝对这些令人震惊的事情已有心理准备。一年来，宫廷一直在关注施塔德勒的新教徒，这是玛丽亚·特蕾西娅打算驱逐出境的最后几批叛教者之一。1772 年 4 月，上施蒂利亚施塔德勒的一个代表团来到维也纳，他们想通过一位名叫约瑟夫·马托拉的宫廷新教中间人获得最高级别的宗教活动许可。结果，施塔德勒的居民受到了严格的调查。有关报告已于 1773 年 3 月——也就是约瑟夫启程前往特兰西瓦尼亚和加利西亚之前——提交给了宫廷总理府。尽管约瑟夫刚从特兰西瓦尼亚和加利西亚旅行回来就毫不掩饰地批评移居制度，但仍有一百六十二人在经历了再教育、传教和惩罚之后于 1774 年 4 月被驱逐出境。

现在，他不仅了解到这些人的命运，而且就像那个时代的启蒙思想家一样，他更加坚信良知是不会屈服于任何强迫的。早在 1765 年共同执政之初，他就在一份备忘录中记录了他对此的想法。他指出，任何强迫性的教化都是毫无价值的。从那个时候起，宽容的理念就深深地印在了他的心中。国家不应该深究臣民的灵魂，而应该把这个问题留给上帝。国家要做的，是为臣民的才能和商业头脑提供发挥空间。[17]

他在保护施塔德勒人的斗争中失败，但他会在 1774 年 11 月 7 日命令宫廷总理府停止“移植”（驱逐出境的另一个说法）。他与母亲之间的争吵是不可避免的，并将一直持续到她去世。1775 年，他们在书信中向彼此开战，因为波希米亚的农民起义不仅是持续的经济困境的表现，还会引发极具破坏力量的宗教问题——波希米亚和摩拉维亚的新教徒威胁要移民到普鲁士。[18] 这场争端在 1775 年圣诞节前夕达到高潮。当时，玛丽亚・特蕾西娅在信中指责约瑟夫，如果他在世袭土地上也要实行宗教自由，那就表示他对上帝和教会漠不关心。她向上帝祈祷，希望清除他脑海中与天主教统治者身份不相符的亵渎神明的想法，同时铲除他心中的其他危险计划，比如废除封建权利、实现新闻自由等。[19]

约瑟夫随后提出了退位。像往常一样，这只会导致更多信件涌入，直到他彻底缴械投降。1776 年，女君主未经他的同意最后一次将新教徒驱逐到特兰西瓦尼亚，1777 年，当摩拉维亚爆发新教起义时，她以严厉的手段进行镇压。“您又采取了一项我不赞成的有害措施，因为我知道这必然会引起新的动荡。”他在给母亲的信中不解地写道。[20] 然而，宗教宽容的理念终究不是激进思想家的固执想法，而是那个时代的诫命，约瑟夫正是该理念的倡导者。因此，约瑟夫从 1781 年起为所有新教徒颁布的各种宗教宽容政策、在 1782 年为犹太人颁发的各种宗教宽容政策，将引发一场巨大的文化变革。

锡比乌：只有瓦拉几亚人没有任何权利

5 月 28 日，他们抵达锡比乌，约瑟夫想在那里停留几日，初步了解一下当地的情况。那里的学校免费向新教学生、天主教学生提供平等的教育，赢得了他的赞誉。为天主教老人、新教老人服务的医院与这座城市的孤儿院同样获得了他的认可。特兰西瓦尼亚充满包容性的生活给皇帝留下了深刻的印象。

“早上我读书至九点，然后去了这里的教区教堂，见到了耶稣会士，做了礼拜……但音乐很糟糕。”[21] 之后，约瑟夫回到他的住处，接见军事官员和特兰西瓦尼亚公国的行政官员。晚上，约瑟夫破例接受了社交邀请，参加了拜特伦侯爵举办的聚会。达官贵人们总是聚集在那里享受赌博的乐趣。喷了香水的假发和过时的款式，招摇的装扮和扮演世界公民的刻意举止，让一切都显得格外不自然，即使食物丰盛，酒水精致。毕竟侯爵并不缺钱。

匈牙利豪门拜特伦是特兰西瓦尼亚历史最悠久的一个贵族家族，其最著名的代表人物加博尔·拜特伦于 17 世纪成为特兰西瓦尼亚侯爵，并在三十年战争中作为新教徒对抗哈布斯堡帝国，征服了整个上匈牙利。

单是为了更好地了解这个国家的结构，约瑟夫就不能拒绝这样的晚宴邀请。可他在八点半的时候就回到了他的住处，贵族宅邸里的社交活动令他心力交瘁。关于打猎和漂亮女儿的谈话总是在重复同样的内容，而那些在场的人一个个自命不凡，令他非常恼火。无论他在哪个属国做客，情况都是如此。他更愿意花时间和他的秘书谈一谈他不久前才见过的官员们。

“拿上纸和墨水，时间还不晚，而且我对刚才发生的事情印象还很深。”他在房间里找到这位好心人后说道。

“陛下最忠实的仆人，我马上，马上就来。”

然后他们便开始了记录。约瑟夫观察细致，思维犀利，拥有黑色幽默感。很少有人能不被他看穿。例如，他在谈到地方长官哈勒伯爵时说：“他那样的男人，若不是娶了格劳绍尔科维奇伯爵那美丽得体的女儿，永远都不会拥有现在这样的重要地位，并为人所知。”泰莱基伯爵是所有“新事物的死敌”，而科尔尼什伯爵是天主教徒，尽管他“富有才华、非常正直”，只有法卡斯·班菲是一个“了解商业并懂得如何经营的人，且对自己有着严格的要求”。[22]

特兰西瓦尼亚的高层官员大多来自匈牙利贵族家庭，他们几乎无一例外是大地主。城市资产阶级多为特兰西瓦尼亚的撒克逊人，尽管他们中的一部分已经成为贵族。加上塞凯伊人，这三个民族构成了公国的三个阶层。只有瓦拉几亚人没有任何权利，正如皇帝后来在八十页的《特兰西瓦尼亚行记》中强调的那样，他们无疑是当地最古老、最庞大的农村人口，受到包括匈牙利人和撒克逊人在内的其他阶层的折磨，他们的命运甚至比波希米亚的农奴还要悲惨。

6月3日，皇帝到访锡比乌外的弗雷克庄园，与总督萨穆埃尔·冯·布鲁肯陶尔会面。

“民怨载道啊，亲爱的布鲁肯陶尔。”简单的问候过后，约瑟夫立即对这里的主人感叹道。这是一个明媚的夏日，男爵对陛下的来访欣喜若狂，在他那座地中海式宏伟庄园的开放花园大厅里摆上了满满一桌宴席。

18 世纪 50 年代初，布鲁肯陶尔曾以撒克逊民族专员的身份来到玛丽亚·特蕾西娅的宫廷，因此当约瑟夫还是个孩子的时候，布鲁肯陶尔就见过他。布鲁肯陶尔的父亲是莱施基尔希的一名法官，成功跻身贵族行列。尽管信奉新教、性格坦率且思想进步，还是一名共济会成员，但布鲁肯陶尔却在天主教统治者的手下取得了事业上的成功。1765 年，他接管了维也纳特兰西瓦尼亚宫廷总理府，如今他定期往返于锡比乌和他最近在弗雷克建成的洛可可式府邸。

“您对此有何看法，陛下。”布鲁肯陶尔毫不掩饰他对约瑟夫的欢迎，这位高官因为他的改革主义倾向受到国内所有人的憎恨，匈牙利贵族、撒克逊城镇居民、天主教主教和将军们都对他心存不满。

“那位陛下不是已经说过，在特兰西瓦尼亚，人们需要的是暴君和鞭子，而非权杖吗？”[23] 言毕，布鲁肯陶尔从口袋里掏出官员的报告，将其递给皇帝。约瑟夫快速浏览了几页：“每个臣民每周必须为他的领主服四天的脚手徭役，剩下的三天则需要用自己的牲畜提供服务……”另一名官员写道：“农奴是地主的奴隶。他没有任何资源，必须尊重主人的意愿，按照主人希望的时间、方式，在主人希望的地点提供其所需的服务……如果我不报告这件事情，我会良心不安，这个国家比其他地方更需要实行土地登记制度（登记领地所有权和农奴应提供的服务），还应当在这里设立一名或多名专员，对此我希望优先从撒克逊地区选拔专员。”[24]

约瑟夫摇了摇头。“我亲爱的布鲁肯陶尔，你有何打算？”

“若不废除农奴制，不会有太大改变，”特兰西瓦尼亚的最高官员耸了耸肩，轻轻地拍了拍比他年轻得多的皇帝的手臂，用父亲般的口吻补充道，“我知道陛下拥有成就伟大事业的自信。毕竟我在陛下还是个孩童的时候就认识您了。”

凯兹迪瓦沙尔海伊：做出决定

皇帝的视察之旅继续进行——旅队经布拉索夫（那里甚至还有土耳其人居住）一路向东，然后沿着东喀尔巴阡山脉形成的边界一直向北走。一路上总有请愿者等待着皇帝，就像在之前的旅行中一样，法尔肯施泰因伯爵实际上是皇帝的消息这一次也如同野火一般蔓延开来。于是各年龄段的人从四面八方蜂拥而至，其中有男人，也有手里牵着小孩子的女人。他们跪倒在统治者面前，焦急地将请愿书递给他，在他们看来，他就像一个神奇的救世主，能够帮助他们摆脱困境。“站起来。”他用德语和罗马尼亚语交替着对他们喊道，然后将他们珍贵的信件拿在手中，在翻译的帮助下与每个人交流了几句后，把信件装入了邮袋。[25]

就像在巴纳特或波希米亚一样，一个代表着希望的独特形象在最贫苦之人的脑海中烙下了印记，它将不断在他们心中燃起火花，让他们更加确信，教育自己的孩子勤勉工作并不是一种徒劳，总有一天他们会有更好的发展。6 月 10 日，玛丽亚·特蕾西娅给她在米兰的儿子费迪南德写信说：“人民为他疯狂；他们从未见过如此亲和且惹人喜爱的皇帝；但最让他们吃惊的是，他竟然是个不举办任何宴会的节俭之人；这对他们来说简直难以置信。”[26]

从约瑟夫的旅行日志中可以得知，通往摩尔多瓦公国的边界布满高山，道路崎岖。在这里，山路贸易由亚美尼亚人主导，边境村庄里则主要居住着塞凯伊人。皇帝大部分时间都坐在马鞍上，不知疲倦地探索着这个地区。他对所有事情都感到好奇！俄国商人的毛皮生意如火如荼。百无聊赖的边防军人正在执勤。东正教教堂的美丽令他惊叹。肥沃的土地上种植着谷物和亚麻，饲养着牲畜和蜜蜂。后来，约瑟夫在科洛兹堡写信给他的朋友莫里茨·拉齐，说他正在像赫拉克勒斯一样完成任务。“我学习、观察、获得新的知识并写下笔记……我永远不会后悔为自我教育和收集有用信息而付出努力和时间，即使未来是不确定的，即使我在这个过程中错过了这世上所谓的快乐。”[27]

6 月 12 日，皇帝振作起来；他一直在想该如何向母亲解释自己决定将加利西亚加入视察之旅。现在，在凯兹迪瓦沙尔海伊这个有着漂亮的军官住所的大集镇上，他在见到每周由维也纳派出的信使之后终于拿起了笔。

他说：“陛下，我最亲爱的母亲。”他开始写道，无论离开她和所有舒适的生活对他来说有多么艰难，他都无法抑制前往加利西亚的愿望，他相信他可以通过视察为她和国家做出真正的贡献。如果他放弃访问营地（匈牙利正在举行军事演习），他将完全为了国家的福祉而牺牲自己的利益，直接穿过马尔毛罗什到达加利西亚东南部的波库蒂亚，并视察这些新的土地。陛下知道怎样做能为她的工作带来好处；作为皇帝的他对此再清楚不过。如果这么做没有任何必要，他当然更愿意前往营地，特别是回到维也纳。他在信的结尾补充说，他会等待她的命令。[28]

然而，当她的回信——信使只用了八天就将信件送到了美泉宫——在6月底到达他的手中时，他已经为前往这个对他来说完全陌生的地方做好了一切安排。如果他总是必须等待她的决定，共同执政者的身份又有什么意义？他向利沃夫派出了信使，并在给玛丽亚·特蕾西娅写信的当天向宫廷战争委员会主席拉齐将军下达一封手谕，命他安排从维也纳出发的物资路线和加利西亚的夜间站点。“如下所示，我将经卡绍、维罗瓦等地抵达加利西亚。所附的清单列出了我在每个夜间驿站所需的食品和马匹，以便继续前进……哈迪克将军应该只会在利沃夫等着我，不论如何我都会到那里去。”[29]所以这件事早已决定了。

当皇帝在长途往返中经凯兹迪瓦沙尔海伊回到锡比乌时，那封为世人知晓的回信传到了他的手中。“我平静的好心情不会持续太久……我无法通过你的眼睛看到这场可怕的旅程，就像我无法看到让你如此疲惫的其他旅程一样；这些旅程让你美好的生命变得更加充实，却剥夺了我所剩无几的时间，让它们充满苦涩。你最好能帮我把你走过的、由我们照料的地方管理得更加井井有条。”[30]

这封信激怒了约瑟夫。难道他在这里没有做任何有用的事？难道他安排这些旅行，完全是出于他个人的喜好？他一次又一次地通过邮政马车跟进国务委员会的所有重要决定，提出自己的看法，并通过信使将它们送到维也纳，难道这一切在她眼中都不值一提？他不需要被她安上莫须有的罪名。他翻看了那么多、收集了那么多的请愿书——单是这一次就有一万五千份。他和那么多的行政官员交谈过，无论对方是骨鲠之臣还是狡诈奸臣。他正在撰写长达八十页的特兰西瓦尼亚报告，并准备将其送到维也纳。“尽管你很敏锐、勤勉，但你不可能在这两三个月的旅程中观察到一切，并得出正确的结论。”[31] 为什么她会心生妒忌？难道他所有的观察，所有的数据和事实，所有经他在场确认过的弊病都是不存在的吗？如果那些负责做出改变的人没有当场获得准确的信息，又该如何制定恰当的计划？“俄国女皇和普鲁士国王都没有去过那里。”没错，但他再过几天就会出现在那里，他会亲自到利沃夫去，而这将是一个无与伦比的优势！万幸的是，他的母亲曾咨询过考尼茨的意见，而他同意皇帝前往加利西亚的计划。“我附上了他的信。”[32]

“感谢上帝！”约瑟夫将他握紧的拳头狠狠地砸向书桌。现在他只需要尽快完成这份报告。他觉得自己像个囚犯，他在接下来写给拉齐的信中说，五天以来，他一直坐在自己简陋的房间里一字不漏地口述、书写、阅读他分发给所有官员的调查问卷，而他身边仍然围满了想要递交请愿书的瓦拉几亚农民。[33]“我亲耳听闻并亲眼看到不公正的情况——实际上为穷人伸张正义的可能性根本不存在……政府的目标应该是确保所有忠诚的臣民在法律面前享有平等的权利和机会，无论其种族与宗教信仰如何。”[34]

事实上，特兰西瓦尼亚农民的命运在未来的几年中不会有任何改变。但他们心中的希望之火没有熄灭。这团火焰越烧越旺，直到在法国大革命前夕的 1784 年点燃了那场最大规模的农民起义。人称霍雷亚的前农奴瓦西里·乌尔苏·尼古拉与两名战友一起发动了起义，他们错误地声称农民应该在约瑟夫二世的默许下武装自己，拿起武器反抗匈牙利地主。在不到三周的时间里，起义蔓延到数个地区，只有特兰西瓦尼亚撒克逊人和塞凯伊人的领土得以幸免。城堡被烧毁，田地遭到破坏，贵族们被迫将土地分给了农民。最后，在 1784 年 11 月 17 日，皇帝终于允许特兰西瓦尼亚总督萨穆埃尔·冯·布鲁肯陶尔采取军事行动，最终平息了叛乱。大约有一千人在这场叛乱中丧命，其中包括一百五十名贵族。数十个村庄和一百多个庄园遭到摧毁。三名主谋被判处死刑，其他人的处罚相对较轻。农民的愤怒在很短的时间内演变为熊熊怒火，这一事件在整个欧洲引起了轰动和恐慌。约瑟夫立即成立了一个专门委员会来调查起义的原因，官员们一致认为，地主的严苛和农民的绝望处境是暴乱的根源。因此，1785 年 8 月 22 日，特兰西瓦尼亚废除了农奴制，罗马尼亚的农民获得了行动自由，国家出资在此建立了学校，并允许设立东正教神学院。约瑟夫的反对者，特别是匈牙利地主，认为皇帝本人应对起义负责，因为他在1773 年和 1783 年两次穿越特兰西瓦尼亚时，给农民带来了不切实际的变革希望。

加利西亚：无比艰巨的任务

终于到了加利西亚！在卡绍，约瑟夫和他的随行人员受到了将军劳东的欢迎。这位将军是哈布斯堡帝国最杰出的军事将领之一，他曾在七年战争中与拉齐和道恩并肩作战，并于 1789 年在与土耳其人的战争中，以七十二岁的高龄攻克了贝尔格莱德。7 月 27 日，他们骑马穿过维罗瓦的山地，越过边界。“我们必须时不时地穿过在山谷中流淌的奥斯洛瓦河，这条路线十分难走，特别是在发生洪水时。”他们还需要渡过利什科附近的桑河，尽管这里的河水很深。[35]

这趟旅程注定比以往的旅程更加艰辛，道路的状况似乎更糟，皇帝不得不更频繁地换乘马匹，因为方圆几公里内几乎没有可以通车的道路。加利西亚的住宿条件也更加简陋，他不得不经常在空荡荡的城堡和犹太人的旅馆之间做出选择。比之以往，他们更无法确定眼前的饭食是否会让他们生病。

约瑟夫在给五位侯爵夫人的信中说，他不得不雇一个仆人来驱赶苍蝇。[36] 在他深爱的女儿玛丽亚·特蕾西娅去世后的几年里，这位经常感到孤独的君主已经把这些维也纳上流社会的精英当成了家人。住在霍夫堡的时候，他每周至少有一个晚上会去参加女士们的沙龙。约瑟夫到来后，她们便会放下手中的惠斯特纸牌，与他和被允许进入沙龙的另外两位男士——宫廷战争委员会主席拉齐伯爵及侍从长罗森贝格伯爵——攀谈起来（侯爵夫人们的丈夫自然是不受欢迎的）。被他们称为“真正贵族”的皇帝始终是人群中的焦点，而克拉里侯爵夫人作为这群人中最年长的一个，扮演着“秘书”的角色，相当于聚会的组织者。至于金斯基侯爵夫人、列支敦士登侯爵夫人和考尼茨侯爵[a]夫人——最后一位在那不勒斯和布尔诺与约瑟夫见过——则牢牢维系着这个圈子。那位列支敦士登侯爵夫人，就是考尼茨侯爵的妻子莱奥波尔迪娜的妹妹埃莱奥诺雷，已经走进了皇帝的内心。她是他继伊莎贝拉之后的挚爱。

当埃莱奥雷诺在十五岁那年第一次来到维也纳宫廷时，约瑟夫便与她相识了。两年前的一场宫廷舞会上，他们的关系更近了一步。在那之后，他便频频向她示好，他时常前往奥加滕散步，只为增加与她见面的机会。他可以自然而然地邀请她坐上自己的马车，和她一同度过一小段旅程。她不仅样貌出众，而且受过良好的教育，才思敏捷。她在讨论中经常提出与他意见相左的观点，这点令他欣赏。她对宫廷生活习惯的不适，让他觉得他们似乎是同类人。不仅如此，她那精致动人的五官和举手投足之间透露出的优雅气质，与他的伊莎贝拉竟如此相似，这一切都让他情不自禁地完全倾心于她。

---

a— 恩斯特·考尼茨于 1794 年升为侯爵，约瑟夫二世在世时尚为伯爵。

穿着波兰服装的贵族和他们打扮成法国人模样的妻子正在利什科列队迎接他。他该如何将精力放在这些人身上呢？突然间，一阵强烈的思念刺痛了他。为什么他最终失去了埃莱奥诺雷？

“我跟你们说……”皇帝用拉丁语开始了他简短的演讲，因为贵族们对这种语言最为熟悉，能更好地理解他们的新统治者，而且这是加利西亚和波兰的办公室及行政部门通用的语言。[37] 然后，他以应有的友善态度向他们解释说，作为他们的新统治者，他将竭尽全力为国家和人民的利益采取行动。与此同时，他的思绪又回到了埃莱奥诺雷身上。他是不是给了她太多的压力？一年前的那个夏天，在多恩巴赫的莫里茨·拉齐府邸里，在贝尔维第花园中盛开的玫瑰花下，当他们一起散步时，他向她表露了自己的真心，这是不是有些操之过急？他曾对她说：“我把你当作我的妻子。我对你有这样的感觉，人们不会爱上自己的妻子，但与你有关的一切都能牵动我的心。”[38]

哦，这太笨拙了，他当然是陷入了恋爱之中，甚至已经无可救药地爱上了埃莱奥诺雷。可她却不自觉地退缩了，说她对他给予的尊重和信任感到受宠若惊，但她不明白他的感情背后的含义。

这是一种相当委婉的拒绝，一种利用皇帝的暧昧之词以避免直接回应他的感情的拒绝。约瑟夫没有想到的是，埃莱奥诺雷在与爱尔兰将军奥唐奈的那段婚外情中已经因为丈夫的嫉妒而承受了极大的压力，所以她后来学会了如何“控制自己的感情……我不能继续生活在这种不安和恐惧中”，她曾在写给姐姐的信中提及这件事。[39] 人若是一旦学会了控制自己，就不会再冒任何风险，让走上正轨的生活再次陷入混乱。于是，一段本可能发生的伟大爱情变成了终生的友谊。他们仍然对彼此忠心耿耿，定期会面，互通书信——时而紧密，时而疏离——他经常随性地和她分享一些日常见闻，谈论令他感动的一切，她与他分享的则多是条理清晰的观点，而且往往与他的意见相左。

利什科的贵族们以热烈掌声回应了约瑟夫的演讲，并为他准备了一顿简朴的饭菜。下午，他参观了面粉库和烤房，然后去镇上闲逛了一阵。在他把疲惫的脑袋靠在硬邦邦的床上之前，他在旅行日志中留下了以下内容："值得注意的是，光是这一个小镇就有……这么多的犹太人，小镇所有者奥苏林斯基伯爵的视察员向我们保证，地主不会从犹太人那里拿走一个古尔登……还有两三个人甚至不顾路途遥远，驱车赶往莱比锡和布雷斯劳参加贸易展览会，并带回了各种丝绸制品。"[40]

7 月 29 日，皇帝一行人抵达雅罗斯瓦夫。这是一个坐落在桑河岸边的城镇，规模较大，但皇帝注意到这里的环境非常肮脏。镇上的"房子都是木制建筑……屋顶都是用木瓦建造的，有很大的火灾隐患"。[41]

显然，人们没有从历史中吸取任何教训，因为早在 1625 年，一场大火就摧毁了城中的大部分地区，三百人葬身火海，这个贸易中心积累的巨额财富几乎毁于一旦。

到达此地之后，约瑟夫立即接见了当地官员，并计划在下午参观一座设在犹太人住所内的医院。但在那之前，他们还拜访了该镇的所有者恰尔托雷斯基侯爵，并在他的城堡中享用了午餐。[42] 宴会维持了18世纪上层社会常见的礼貌气氛，但一切显得拘谨，甚至可以说是冷淡。一位年长的伯爵夫人不停地奉承皇帝，但十分刻意，皇帝在那晚的旅行日志中饶有兴致地说明了她的意图。她“明显是一个富有心计的女人，她想打探各种各样的事情，最后却完全落空了”。[43] 侯爵则扮演了一个有所保留的观察者。

与波托茨基、卢博米尔斯基、波尼亚托夫斯基、扎莫伊斯基和其他几个显赫的姓氏一样，恰尔托雷斯基属于波兰的高级贵族。1763年，亚当・卡齐米日・恰尔托雷斯基侯爵曾被视作波兰王位的有力竞争者，但他最终未能赢过备受沙皇青睐的斯坦尼斯瓦夫・波尼亚托夫斯基。侯爵的大部分财产如今都在奥属加利西亚，因此他将适应新的环境，进入奥地利工作，担任陆军元帅，获得“殿下”的称号，在奥地利获得声名显赫的地位。奥地利的接管导致波兰贵族阶层彻底重组。侯爵很清楚这一点，但他在那些最富有和最具影响力的大人物之列，永远不会成为输家，只会成为赢家。

“您比我年轻……但请记住，波兰是不同的。”侯爵警告他的新统治者，就好像约瑟夫不过是一个在波兰贵族共和国议会中和他拥有相似权力的大人物，而不是神圣罗马帝国的皇帝。他们按照波兰高级贵族的习惯，说着最优雅的法语，维持着法国人的生活方式。恰尔托雷斯基夫妇不再以落后的凡尔赛宫为导向，而更多关注法国启蒙运动的精神——当然，他们秉持的现代态度以不损害他们的特权和不影响他们的生活为前提。他们刚刚从巴黎回来，毫无疑问，他们在那里遇到了家喻户晓的学者。

“伏尔泰仰慕陛下。”卡齐米日的妻子伊莎贝拉很快补充道，她想以伏尔泰对皇帝的钦佩——这是众所周知的——来调和多次停顿的谈话。约瑟夫对她点点头。多么令人赏心悦目的佳人啊，让他想起了埃莱奥诺雷和他的伊莎贝拉。永远是同一类型的女人，高高的额头，微颤的鼻翼，坚毅的嘴角。

“谢谢，侯爵夫人。”约瑟夫用波兰语熟练地回答。波兰语中的“侯爵夫人”很简单，就像这种斯拉夫语言中的许多词汇一样，与约瑟夫精通的捷克语十分相似。

我们必须考虑到，加利西亚——这个历史名称被哈布斯堡帝国重新采用——由于波兰的分裂而失去了政府。奥地利人面临着一片广阔却混乱的领土，它不再有正常运作的政府、权威、普遍有效的法律，因为它不再是波兰的一部分，而波兰已经缩减到以前的核心领土。正如奥地利人很快就气恼地发现的那样，在这个对“管理”的概念一无所知的社会中，全能的贵族是国家唯一的决定性因素。

除了权贵之外，还有数不胜数的小贵族家族，更确切地说是贵族联盟，即“什拉赫塔”[a]，其中绝大多数人来自中世纪的武士阶层：他们没有头衔，穷得像教堂里的老鼠一样。他们中最贫穷的人甚至主动受雇于被他们尊为侯爵和伯爵的领主“兄弟”。只有在选举国王或参与议会会议时，他们才被允许穿上贵族的衣装，扛起军刀，行使与权

---

a— 什拉赫塔又译成施拉赤塔，是广义的波兰贵族称谓。

贵们相同的投票权，或者行使他们的“自由否决权”——在这一点上，贵族共和国的弱点尽显无遗。有了这一否决权，仅仅一名贵族成员就可以推翻议会决策及政府决定。

自中世纪以来，波兰的贵族就被免除了税收，这尤其使得高级贵族财力大增、日趋富硕。只有他们和教会拥有土地、村庄、城镇——所谓的私有城镇。农民完全没有任何权利，城市中贫穷的基督教市民处于社会边缘。然后就是犹太人，在波兰定居的犹太人比其他地方要多，因为除荷兰共和国之外，波兰对犹太人的宽容程度超过了欧洲其他基督教国家。

伏尔泰！当约瑟夫在下午进行公开接见时，这位法国启蒙哲人的名字和侯爵夫人的声音仍然在他的心中回荡。官员们、商人们纷纷出现，一位名叫利奇的工场主因其改进织造工艺的想法而受到关注。那种完全置身异国、远离熟知的一切的感觉让约瑟夫充满了好奇却又不知所措。只有贵族世界的超地域联系、不言而喻的优雅、渗透骨髓的习性对他来说是熟悉的。但伏尔泰这个名字在维也纳的宫廷里是不允许被公开提及的！这一切是如何结合在一起的？

利沃夫：革旧图新

“亲爱的佩尔根伯爵，您在上诉法庭之外还没有做出成绩，对吗？”在抵达利沃夫并在镇上的药剂师家中住下后不久，约瑟夫烦躁地问道。皇帝在那里接见了被任命为加利西亚总督的约翰·安东·冯·佩尔根伯爵。这位未来的警政大臣（他不仅要负责维也纳的公共安全，还要负责审查和监视）在接管加利西亚后立即被首相考尼茨派往该地区调查实际情况，进行土地测量和人口普查。皇帝和首相在商议分治计划时曾携手合作，但他们现在却陷入了争执。考尼茨希望，至少在两年的过渡期内，新占领地区的行政事务仍由他的国家总理府负责。毕竟，他同时还管理着伦巴第和奥属尼德兰这两个地区，而约瑟夫为了整个国家的利益及他计划中的行政改革，希望将这些事务交给专门设立的加利西亚宫廷总理府负责。佩尔根无辜地被卷入了一场本不属于他的权力斗争，而约瑟夫仓促地认定总督对一切没有办妥的事情——或者暂时还没有办妥的事情——负有责任，只因为他受到了考尼茨的指派。

“还请陛下谅解，事情之所以进展缓慢，是因为这需要谨慎的行事态度，而且所涉及的对象众多，实在是难以估量。”佩尔根继续为自己辩护。[44]

约瑟夫轻蔑地点点头。“是的，没错，但为什么这么慢？”

皇帝希望对波兰进行彻底的改造，他打算将波兰重新划分为五至七个行政区，实行新的税收、海关制度，重组盐业系统——维利奇卡丰富的盐矿是考尼茨和他争论了这么久的主要原因之一——并大幅削减贵族的特权，这些特权简直令他抓狂。简而言之，他想改变一切，尽快付诸行动。

“此外，我希望看到波兰人尽快脱掉他们的民族服装。这种康图什长袍……是这么叫没错吧？这样的衣服可容纳不下新的民族精神。”

波兰贵族的传统男装是一种几乎及地的长袍，通常带有开衩的袖子。长袍的系带很特别，它并非普通的腰带，而是一条长达四米、宽近半米的绶带，采用奢华的刺绣丝绸制成，冬天还需要搭配大衣和皮帽穿戴。最重要的是，这种男装看起来具有浓郁的东方色彩，仿佛来自古老的童话故事。

佩尔根试图保持冷静。涉及日常生活的改革最易受到关注，而且会被视作一种挑衅，只能使已经有所保留的民众更加反对哈布斯堡。

“如果陛下在全国大巡游结束之后仍然这样认为，我将递交辞呈。”

佩尔根满头大汗，脸涨得通红，他感到自己受到了不公正的指控。然而，他和皇帝都想达成同一件事：使这片新纳入的土地成为他们自己的土地，并将它打造成君主国中闪闪发光的宝石。但是，年长得多的佩尔根认为，皇帝应该先前往布罗迪，那片落后土地的真实情况会令他改观。

一天后，每周从维也纳派出的信使抵达利沃夫，约瑟夫计划在第二天把完成的文件和给母亲的信一同寄回。但镇上的权贵们还聚在药剂师的家中，皇帝得先应付好这些人。他与佩尔根和哈迪克将军进行了进一步的会谈，后者不久后将接替不幸的佩尔根担任加利西亚总督。之后，皇帝接见了天主教大主教和亚美尼亚教会大主教以及部分当地官员。如果说这片土地上仍有一个势力过于强大的群体，那就是高级神职人员，约瑟夫很快意识到了这一点。所有属于天主教教派的主教和神职人员基本上都是裹着教袍的贵族，既不奉行禁欲主义，也无心潜精研思。

皇帝随后阅读了来自维也纳的信件，并前往哈迪克将军设下的晚宴，在那里见到了利沃夫的贵族夫人和她们的绅士丈夫。他“之后还去了诺斯蒂茨伯爵那里，然后回到住处”，以便尽快开始给母亲写信。“最亲爱的母亲。信使为我送来了您的信，对此我向您表示最诚挚的感谢。”他松了口气，玛丽亚·特蕾西娅的信口吻温和，他现在真的不需要更多的争论了。他只希望她，他的母亲和共同执政者，能够默默地理解他打算做的一切。他在信中说，这里还有无数的工作在等着他。他补充道，除了乱成一团的公共事务之外，到处都能感受到拉帮结派的可怕气氛。不过，他没能完成任务，他写信时几乎全程闭着眼睛，脑袋好几次差点栽在信纸上。他不得不上床睡觉。他会在第二天一早写完这封信，他还想告诉她，人民穷困潦倒的生活多么令他沮丧。“农民的生活十分悲惨，除了还保有人类的样貌之外，他们没有任何为人的尊严，只有赤裸的生命。小资产阶级也很贫穷……但是，贵族夫人就像是刚刚从巴黎回来，她们讲法语，穿着最时新的衣服，拥有女演员般的气质，脸上涂满了脂粉。”[45]

在出发前的最后两天，约瑟夫在利沃夫视察了一番。这座城镇很小，只有两座大门，即克拉考尔门和霍利策门。城中的人行道由大石头铺成，已经完全破碎。皇帝命人带自己去查看骑兵的马匹。尽管配备了双倍的饲料供应，但这些马匹都瘦骨嶙峋。他看到城镇中有许多修道院，这令他更加确信宗教人士积累了大量的财富，因为这些建筑非常宏伟，有些还处在扩建中。他在莫申斯卡伯爵夫人家中度过了一晚，那里总是聚集着利沃夫的一个社交圈。“其中一位女士与礼拜堂的唱诗班班主帕斯夸合作完成了几首二重唱，相当平庸；之后我回到住处，口述了我的见闻，然后上床睡觉。”[46]

最后，在约瑟夫于 8 月 6 日启程巡视之前，他交给佩尔根一份写有一百五十四个事项、四十八个军事管理问题的清单。

“在我回来之前，我希望所有事项都能得到妥善的处理，亲爱的伯爵。哦，对了，也别忘了行政区划和服装的事。”[47]

兹布鲁奇河：流淌在遥远东方的边界

约瑟夫很快就意识到他冤枉了佩尔根（即使他不会改变罢免他的决定）。正如佩尔根所说，“事物的多样性”如今竟令他感到不知所措。单是从人种构成上来说，就有如此多的民族生活在这片新征服的土地上！这里有波兰人、鲁塞尼亚人、德意志人、亚美尼亚人、犹太人、摩尔多瓦人、匈牙利人、吉卜赛人、利波万人，等等。在哈布斯堡帝国其他的土地上，没有类似的情况。宗教也是如此！这里有信仰罗马天主教的波兰人，有信仰希腊天主教的鲁塞尼亚人，还有一些新教徒，但最重要的是犹太人，他们是这里的第三大宗教团体，甚至排在新教徒之前。犹太人和亚美尼亚人在贸易中占主导地位——这并不奇怪——亚美尼亚商人专门经营来自阿拉伯的马、来自东方的地毯和珍珠。随着加利西亚二十万犹太人的到来，一个庞大的族群将进入君主国，玛丽亚·特蕾西娅对他们只有“恐惧和厌恶”。[48] 约瑟夫幸灾乐祸地想象着母亲在读到他的报告时会露出怎样的表情。

此外，约瑟夫还要在他的往返行程中穿越各种不同的地理景观。首先，他和同伴们需要驱车南下至斯坦尼斯劳，然后前往历史悠久的波库蒂亚地区的斯尼亚滕，在那里，他们将近距离接触喀尔巴阡山脉和胡楚尔山民。然后，他们将沿着尚未最终确定的奥—俄边界向东北行驶，波多利亚平坦而肥沃的土地从那里一直延伸到敖德萨。最后，旅行队将于 8 月 17 日抵达布罗迪，并在那里停留两天，接着以更快的速度在更加平坦的道路上向北行驶，经扎莫希奇穿过波兰的平原，到达维利奇卡和克拉科夫（这座城市直到 1795 年第三次瓜分波兰时才被并入奥地利）。根据计划，旅行队将于 9 月 13 日回到维也纳。

什么都逃不过约瑟夫敏锐的双眼，然而这一次要掌握地区的全貌似乎比以往困难得多。离开利沃夫后，他立即遇到了与但泽有业务往来的犹太商人。“他们一直抱怨说，他们不能再做同样的（贸易）了，因为他们必须支付三份关税而不是一份。”[49] 在这三份费用中，一份被交给了皇帝，一份被交给了华沙的波兰国王，而等商人们到了但泽，还得再向普鲁士国王缴纳一份费用。斯坦尼斯瓦夫·波尼亚托夫斯基因分治而失去了三分之一的国土和一半以上的人口，但他仍然实行了广泛、激进的改革，这些改革措施在随后几年里引发了波兰权贵的反抗，并最终导致了 1793 年的第二次瓜分波兰行动。波兰的领土和人口再次减半。

“最崇高、最宽宏大量的陛下，分治损害了贸易！”商人的脸上浮现出忧虑的神情，可以看出他一生都在努力克服重重障碍来追求他艰巨的事业。代表团中较年轻的人虔诚地鞠躬，试图读懂君王的表情。他们还不知道约瑟夫是什么样的统治者，但他们已经学会了保持警惕。最后，他们向皇帝提交了请愿书，希望他能有所作为，否则他们将失去生计。

8 月 9 日，旅行队到达斯尼亚滕，这是一个位于普鲁特河左岸的风景如画的历史名城。普鲁特河在这里向南分流，在大约一千公里后接近黑海的地方汇入多瑙河。皇帝在他的旅行日志中说道：“这个地方风景秀丽，土壤也相当肥沃，但今年的收成（田地的耕种）从各方面来看都不是很理想。”他已经爱上了这片新的土地。[50] 不，他向他的旅行伙伴解释说，收服这片土地的意义不在于为整个君主国提供尽可能多的资源，而是要把它打造成一个骄傲的王国。要做到这一点，需要保持适度的征税，继续发展贸易，并使贵族们宣誓效忠哈布斯堡家族。佩尔根已经提出所有这些建议，但现实总是如此，只有亲眼看到一切，才能正确了解情况。这也是约瑟夫开启这次艰苦旅行的原因。

普鲁特河上有几个防疫站点，皇帝第二天就参观了这些地方。这些站点旨在确保瘟疫不会从奥斯曼帝国统治下的摩尔多瓦公国传入。然而，包括犹太商人和基督教商人在内的所有人都要求皇帝取消检疫，因为摩尔多瓦的每个人都很健康，进口货物的冗长程序只会让贸易变得更加困难。在河边，皇帝注意到住在茅草屋里的农民守卫着边界。他的旅行日志写道：“这种工作非常辛苦，特别是人们必须以服徭役的名义承担这些（守卫）职责，他们不会获得任何报酬，甚至连一片面包都拿不到。”[51]

8 月 11 日，旅行队在抵达扎列希基前乘坐驳船渡过德涅斯特河，前往属于波尼亚托夫斯基侯爵家族的城镇。斯坦尼斯瓦夫国王的父亲在 1750 年左右将西里西亚的织布工人吸引到他的镇上，他们很快就在扎列希基建立了第一个福音派路德宗的教区。根据约瑟夫旅行日志的记录，这片区域面积较大，环境很干净。

“陛下最亲切的仆人向您问好，请允许我谈谈……”某个叫做莱切尔的军官用带有斯拉夫口音的德语开始说道。他为波尼亚托夫斯基家族管理着这个地方，并得到了波兰国王的信任。在参观城镇时，军官说，身处遥远华沙的国王处境艰难。

约瑟夫点了点头，这是众所周知的事情。斯坦尼斯瓦夫·波尼亚托夫斯基在各个贵族派别和大国之间几乎没有回旋的余地，他的权力基础从一开始就不稳固，如今已经摇摇欲坠。莱切尔把皇帝带到了西里西亚织布工人的工作间。到处都可以听到“咔嗒、咔嗒、咔嗒”的踏板声，梭子的吟唱声在工棚里穿梭。工人们神情专注，动作熟练。这是工业革命的前奏：人类劳动的机械化将带来职业结构的根本性转变。

虽然扎列希基曾遭到土耳其人的大肆掠夺，并因战争和瘟疫而饱受创伤，但这里与普鲁士的布匹贸易却很繁荣。某次散步时，织布工作间的负责人请求皇帝允许扎列希基与摩尔多瓦公国开展贸易。

“我会看看能做些什么。”约瑟夫回答道。皇帝对织布工非常满意，因此他心中萌生了招募更多新教徒来帮助这个欠发达地区的想法；在他看来，这些人勤勉且认真。这就是未来几年会发生的事情。1781 年发布的约瑟夫定居许可令把近一万五千名德意志商人、工匠和农民带到加利西亚，他们将成为殖民者，获得房屋、马厩和牲畜，并在十年内享受免税待遇。在政策的扶持下，他们将顺利地在加利西亚建立新的生活。

8 月 14 日，皇帝和他的随行人员沿着兹布鲁奇河的陡峭河岸骑行。依照分治条约，波多尔泽河是分治的边界，但旅行队在苦苦一番寻找之后依然一无所获；这条河似乎根本不存在。因此，皇帝命人沿着现有的兹布鲁奇河从北至南完美地标出了一条边界，这让驻扎在加利西亚的俄国士兵感到不悦，甚至是恼怒。“在兹布鲁奇河的一座桥上，我们架起的一面鹰旗被俄国骑兵队长拿走并扔到了地上，我立即命人将其放回原处，并派出我们的一名卫兵前去看守，随后俄国人便撤退了。”[52] 约瑟夫在边界问题上坚持自己的观点；毕竟，兹布鲁奇河的左岸是一片充满希望的肥沃土地，考虑到当前混乱的局势，掌控这片土地并不难。

布罗迪：仅有的犹太人社区

8 月 17 日，旅行小队抵达加利西亚东北部的布罗迪，这是一个以犹太人为主的城镇。从这里开始，长途贸易由犹太人主导。当旅行队到达时，镇子里仍驻守着俄国军队，因此皇帝只好传令告知他们，如果他们不撤退并阻止他进入“他的”[53]城镇，他将在最坏的情况下使用武力。然后，当地的炮兵再次鸣放礼炮，在约瑟夫落脚处前方的广场上为他举行了一场盛大的欢迎仪式——这令他非常不悦。然而，本该对此负责的将军将责任推到了少校身上，而少校又将责任归咎于将军。每个人都只会讲俄语，因此皇帝很快就不得不放弃追问真相。

约瑟夫在第一次穿过城镇时参观了当地的犹太教堂。自 1584 年起采用《马格德堡城市法》的布罗迪在 16 世纪和 17 世纪由于犹太商人和亚美尼亚商人的涌入，成了西欧货物及俄国、奥斯曼帝国原料的重要转运中心。《马格德堡城市法》结合了商人的习惯法、领主给予的特权和城市的自治条例。它们保证了公民的自由权、生命权与人身权，以及受管制的从事经济活动的权利。后来，在 18 世纪初，富有的波托茨基家族买下了这个小镇，从那时起开始为他们的“犹太门客”提供庇护。虽然犹太人是自由公民，但他们总是受到基督徒邻人的敌视，即使在加利西亚也是如此。

然而，像波托茨基这样的贵族保护犹太人并不是出于善心，而是为了丰厚的回报。犹太人作为大地主的租户很受贵族们的欢迎——有时整个犹太村拿出所有的财产才能凑够租赁费——因为他们勤俭持家，而且是很好的压榨对象。加利西亚的犹太人拥有其他地方的犹太人没有的优势。然而，他们大多非常贫穷，因为他们必须缴纳高昂的人头税和犹太洁食费。那些无法缴纳人头税的人——不论他们的年龄和身体状况如何——会被当作“犹太乞丐”驱逐出境。正如人们过去常说的那样，那些人被“抹去了存在”。

犹太社区的小房子在犹太教堂旁边一字排开，每户都有人经营生意。约瑟夫看到了裁缝、面包师、绳索制造商和毛皮商。在一条小巷里，铁匠们正在制作马鞍，而从更远处传来切割工敲打刀片的清晰声响。几位老妇人，即那些不得不自力更生以赚取微薄收入的寡妇们，向代表团递上了盐和亚麻布。一个流浪的书商用他故乡的意第绪方言吆喝着他要出售的文学作品，衣衫褴褛的孩子们在肮脏的街道上嬉戏。皇帝立刻意识到了这里的生活有多么贫困，他发现这些中世纪的小巷肮脏得令人难以想象。“除少数房屋外，整个城镇都是用木头建造的，由于整个城镇几乎陷在泥潭里，所有的街道都铺满了柱子和树木，因此人们是在一座绵延不断的桥上行走，这极大地增加了火灾的隐患。”[54]

约瑟夫向玛丽亚·特蕾西娅报告，有四万四千名犹太人生活在布罗迪，这只会加剧她对新国土的敌视态度。“我承认，这令人震惊、令人恐惧。”她在给儿子费迪南德的信中说，“而从现在起，这座城市将属于我们。”[55]

第二天，皇帝召见了犹太商人。作为代表现身的商人们穿着传统服装，身披黑色斗篷，头戴帽子，打扮中透露出一丝东方气息。这些男人们散发着自豪与自信的光芒，但也总是小心翼翼地表现出顺从的样子。

他们向新君主详尽阐述了在业务上遇到的困难。自分治以来，他们与里窝那、法兰克福、莱比锡和布雷斯劳的贸易受到了影响——约瑟夫已经听到过类似的抱怨——因此他们正试图通过奥属西里西亚的别尔斯科–比亚瓦转口，以避免向普鲁士国王和波兰国王缴纳关税。

“你们是做什么生意的?”皇帝试图进一步了解情况。聚集在这里的代表们似乎一直在等待这一刻。约瑟夫一时间被湮没在信息洪流之中。人们不知疲倦地列举着，所有人都在张口讲话，将意第绪语翻译成拉丁语的译员难以跟上。在西部，有很多人从事加利西亚亚麻的生意，或是直接卖生麻，或是将其加工成帆布，此外还有人售卖野味、牛皮、牛油、蜡、蜂蜜及来自俄国的香芹、茴香、烟草和毛皮。所有这些东西都可以通过陆路运输，即使这比水路运输要困难得多。这些精明能干的人继续报告说，在法兰克福已经有犹太商人准备用东方的商品来换取法国的奢侈品、精美的布匹和高档的货物。然后他们会将换得的货物出口到波多利亚，最远至俄国南部、鞑靼人聚居地和土耳其。一切都掌握在犹太人手中，毕竟没有人比他们更了解东方的贸易。

约瑟夫意识到这座城市具有巨大的商业潜力。尽管他的母亲对此持消极态度——玛丽亚·特蕾西娅在1744年将犹太人从布拉格驱逐出去，这不仅给人民带来了苦难，也给王国造成了严重的经济损失——他还是努力使布罗迪在1779年成为哈布斯堡的间接领地，并效仿的里雅斯特和阜姆，宣布布罗迪为自由贸易区。因此，布罗迪的公民将获得为期十年的免税待遇，以便翻新房屋或创办新的业务。所有这一切都意味着这座城市很快将发展为中东欧最重要的贸易中心之一。犹太人在布雷斯劳、法兰克福，尤其是在莱比锡的贸易博览会上交换货物，以获取棉布、法国丝绸等高级织物以及英国工业产品。东欧的丝绸、珠宝和珊瑚来自意大利，镰刀则来自施蒂利亚和上奥地利。香料、珍珠和宝石都是从远东进口的。俄国则提供茶叶、糖、羊毛、鬃毛、羽毛和毛皮制品，并在每年举办两次的大型马市上提供马匹。

维利奇卡：一座用盐建成的教堂

皇帝从最东端的布罗迪返回时，来到了文艺复兴时期的名城扎莫希奇。然而，约瑟夫既没有时间参观那些宏伟的建筑，也没有时间会见扎莫伊斯基侯爵，因为他打算在返回维也纳之前参观维利奇卡盐矿。9 月 7 日，他在游记中说道："我们一早按照所附清单立即去了盐矿……我一时之间不知道该如何形容这座矿山，只能不停地赞叹它的美丽与壮观。"[56] 矿井"深不见底"，矿道的宽度是其他矿井的四倍。大约有六十匹马在不停地工作，虽然马厩在地下，但它们会时不时出来呼吸新鲜空气。爆破和凿岩作业持续进行着，竖井里还有一座教堂——完全由盐制成，其中摆放着许多雕像。为了重返地面，皇帝和他的同伴们不得不爬上三百多级台阶。

9 月 10 日，约瑟夫一行人到达奥斯特里茨的考尼茨侯爵府邸。这是相当重要的一步。皇帝强调，如今作为一个通过自己的经验了解这片地区的君主，他要求首相交出新领土的行政管理权。这又是一场艰苦的斗争，但在 1774 年，加利西亚设立了自己的宫廷总理府，并在两年后与奥地利—波希米亚宫廷总理府合并。约瑟夫发誓，他会更加密切地关注加利西亚，他将前往这片领土的偏远地区展开更多的旅行，并尽力使其繁荣发展。

1777年
法国

「革命将是残酷的」

维也纳（Wien）—布劳瑙（Braunau）**—慕尼黑（München）**—金茨堡（Günzburg）**—斯图加特（Stuttgart）**—普福尔茨海姆（Pforzheim）—卡尔斯鲁厄（Karlsruhe）—斯特拉斯堡（Strassburg）—法尔斯堡（Pflazburg）—南锡（Nancy）—梅斯（Metz）—凡尔登（Verdum）—苏瓦松（Soissons）**—巴黎（Paris）—凡尔赛（Versaille）—巴黎（Paris）—鲁昂（Rouen）**—勒阿弗尔（Le Havre）—维莱（Villers）**—布雷斯特（Brest）**—洛里昂（L'Orient）**—南特（Nantes）**—图尔（Tour）—罗什福尔（Rochefort）**—布莱（Blaye）—波尔多（Bordeaux）—巴约讷（Bayonne）—圣塞巴斯蒂安（San Sebastián）—图卢兹（Toulouse）—卡尔卡松（Carcasonne）—蒙彼利埃（Montpellier）—土伦（Toulon）—马赛（Marseille）**—里昂（Lyon）**—日内瓦（Genf）**—洛桑（Lausanne）—伯尔尼（Bern）—朗根布鲁克（Langenbruck）—巴塞尔（Basel）—弗赖堡（Freiburg）—沙夫豪森（Schaffhausen）—康斯坦茨（Konstanz）—布雷根茨（Bregenz）—因斯布鲁克（Innsbruck）—萨尔茨堡（Salzburg）—维也纳（Wien）

十六年之后，她已不在人世。玛丽·安托瓦内特，他像蝴蝶一样美丽的妹妹。路易十六在法国大革命日益血腥的浪潮中沦为祭品的九个月后，玛丽被送上了断头台。1777 年 4 月 1 日清晨，约瑟夫带着四辆马车和两辆轻便的敞篷马车离开维也纳向西行驶，并于两周半后到达巴黎，当时他自然对这一切一无所知。然而，皇帝并不是完全没有预感，因为类似的事情他见过了太多，经历了太多。欧洲的局势危机重重，叛乱和起义的危险无处不在。

两年前，法国和波希米亚都爆发了农民骚乱。自大饥荒以来，哈布斯堡统治下的土地就未曾有过片刻安宁，不幸的人们决定不再将自己的命运交给威望无边的领主们。起初，他们向皇帝和负责人口普查的官员们诉苦，希望等来全面的改善。当希望落空后，他们最终放火烧了城堡和豪宅。这些农民在全国各地漫游掠夺，直到当局将他们拦截在布拉格城外。起义队伍的领袖被判处死刑，随后政府又尝试改革徭役，以减少社会各阶层之间的不公正。但对农民来说，这些改善还远远不够；他们的不满情绪随时可能再次引发严重的后果。此刻摩拉维亚正在酝酿一场新教起义；他们同样要求变革——其诉求是实行宗教自由——如果不是玛丽亚·特蕾西娅在这个问题上固执己见，约瑟夫会非常乐意立即答应他们。再过几年，特兰西瓦尼亚将因霍雷亚农奴起义而动荡不安。

世界似乎正在分崩离析。尽管大多数人在接下来的十年里依然沉浸在对旧事物的迷恋之中，坚信拥抱新事物的时机尚未成熟，或指责启蒙思想家、哲学家和他们的新奇想法，但约瑟夫并不对此抱有幻想。[1] 这也是他在法国大革命前夕越来越不知疲倦地穿梭于欧洲各个国家之间的原因之一。他知道，为了改变现状，详细了解人们的生活状况是多么重要。

而他在凡尔赛的妹妹，却对此一无所知，尽管两年前法国因农作物歉收和通货膨胀爆发过农民起义。“你做过哪些研究，获得了哪些知识来完善你的判断或看法，哪怕只为一件事情带来益处，尤其是需要广泛知识的国家事务？你，一个可爱的人儿，整天只想着如何爱慕虚荣，如何贪图享乐，你既不读任何有意义的书籍，也不愿认真地听一听他人的意见，哪怕每个月只是花上一刻钟的时间。我相信，你无法估量你的行为将带来怎样的后果。”约瑟夫已经写信提醒过她，当时她刚刚做了一年的王后，就已经开始失去最初的民心。[2]

当然，并非所有的指控都是公正的，但反奥地利的一方——不是所有人都对波旁与哈布斯堡的情谊抱有好感——正怀揣恶意盯着他们的一举一动。法国背负的国债简直是天文数字。由于与奥地利交好，法国在七年战争中与哈布斯堡并肩作战，结果引发了一场经济灾难，动摇了两个大国之间的联盟。参加美国独立战争同样让法国付出了高昂的代价，据说法国后来因此破产。即使债台高筑的主要原因在于外交政策，玛丽·安托瓦内特在服装和假发上的奢侈花费及她在小特里亚农宫的虚幻世界中的支出只占很小一部分，但法国宫廷穷奢极欲的生活方式及对职位和年金的不合理分配逐渐引起了人们的反感。

没有一位大臣能够推动紧缩措施的实施，甚至连前财政总监安·罗贝尔·雅克·杜尔哥都对此无能为力。就这样，巨额资金不断流入侍从、厨师、银器清洁工、园丁和仆人的手中，变成镜子、蜡烛、水晶杯和丝绸长袍，化作葡萄酒和歌曲。最终，这个奢侈社会留下了庞大的负债。因此，王后成了奢侈生活方式的象征，她很快就会被指责为罪魁祸首。

1775 年，玛丽·安托瓦内特在政治事务中任性轻率的行为让她变得更加不受欢迎：她干预了大臣的任命，并卷入了凡尔赛宫尔虞我诈的斗争之中——欧洲几乎没有哪个宫廷比凡尔赛宫更加黑暗。她对婚姻义务的忽视早已成为欧洲上层社会最受热议的八卦，这同样危及奥地利和法国之间的联盟，因为她是以联盟担保人的身份嫁入凡尔赛宫的。因此，约瑟夫决定在此时落实拜访玛丽·安托瓦内特的计划是有充分理由的。

隐姓埋名的游戏

像往常一样，约瑟夫继续以法尔肯施泰因伯爵的身份微服出行。这一次，他在巴黎定做了一套不会引起任何人注意的法式行装。他之所以选择菲利普·冯·科本茨尔伯爵和约瑟夫·冯·科洛雷多伯爵作为旅伴，只因为他们都是质朴的人，习惯于保持安静，不会打扰到他。他的私人外科医生亚历山德罗·布兰比拉虽然没有这么低调，但约瑟夫信任布兰比拉，他相信他不仅是一名优秀的医生，而且会为即将到来的社会改革提供真知灼见。同样值得一提的还有私人记录员约翰·安东·克内希特，他将承担所有的文书工作，包括记录三百页的旅行日志。还有一名近身侍从，一位厨师，几个仆人——即使是约瑟夫二世，也不可能在完全没有后勤人员的情况下出行。

4 月 3 日，这支小型旅队在傍晚时分抵达慕尼黑。约瑟夫在一家简陋的旅馆里住下，尽管他小心地隐藏自己的身份，但这依然没能阻止消息的泄露。皇帝出巡一事迅速传播开来。所有人都在期待他的露面，到处都有诗人为他创作韵文甚至戏剧，他的微服出行在报纸和期刊的推波助澜之下引发了一场遍及各地的捉迷藏游戏，最终确立了他“启蒙皇帝”的美名。18 世纪，印刷品市场得到了巨大的发展。在斯图加特、法兰克福和美因茨，每一个识字的人都在热切地关注着这位受欢迎的君主。事实上，就像密切追踪着在法国甚至在整个欧洲最受欢迎的作家伏尔泰一样，他们屏息注视着约瑟夫的举动。在维也纳的侯爵夫人沙龙里，约瑟夫法国之行的无数轶事也成了最重要的话题。例如，她们读到他在离开维也纳后探望了一名军官和他十个穷苦的孩子。皇帝被这个男人的善良深深打动，尽管他已穷困潦倒，但他还在自己的陋室里收养了一名孤儿。与往常一样，约瑟夫慷慨地赠予了这个男人礼物。

侯爵夫人们从公报上了解到皇帝在进入法国之后，在一个驿站再一次受到了人们的簇拥。当时，驿站站长的妻子生下了一个儿子，当皇帝到达时，他即将接受洗礼。于是，约瑟夫这个相当不起眼的旅行者主动提出做孩子的教父。当教士在洗礼仪式上问他的名字时，他回答说：

“约瑟夫。”

“然后呢？”

“我以为这样就足够了。但如果你想知道，那就加上约瑟夫二世吧。”

“现在的职业？”

“皇帝。”

在场的人终于认出了他。他们脸色苍白，跪倒在他面前，尽管他一如既往地不断阻止善良的人们这样做。他赠予他们礼物，并承诺不会忘记他的新教子。

这样的事情接连不断。同年秋天，一位名叫迪库德雷的骑士兼编年史家出版了一本一百多页的文集，收录了这位仁慈的皇帝的所有轶事，作为“对法国王后陛下的献礼”。[3]

慕尼黑和巴伐利亚的王位继承

选帝侯马克西米利安三世住在巴伐利亚首府。与他会面具有重要的政治意义，因此皇帝精心安排了此次行程，并为访问选侯国留出了三天时间。奥地利驻慕尼黑特使哈尔蒂希伯爵和法国驻维也纳宫廷特使布勒特伊男爵已经在旅馆等候。未等皇帝休息片刻，他们便立即催促皇帝动身。约瑟夫后来向他的记录员克内希特口述：“虽然我很想待在旅馆里，但我必须穿戴整齐地前往宫中，到那儿后我立即一个人去了选帝侯的房间，然后又去了选帝侯夫人的房间，他们两人一起在那里演奏音乐。选帝侯的中提琴拉得非常好。之后，我们共进晚宴。我坐在选帝侯夫人的旁边。”[4]

马克西米利安三世和他的妻子没有孩子。选帝侯英年早逝，他在同年 12 月被天花夺走了生命。而约瑟夫与他的妹妹——不幸的约瑟法的婚姻则是为了满足王朝的政治需要，他们同样没有孩子。从那时起，巴伐利亚问题就一直是头等外交难事。

几个世纪以来，维特尔斯巴赫家族和哈布斯堡家族一直保持着亲缘关系，他们的土地彼此接壤，甚至有人委托学者进行研究，以证实奥地利的世袭主张。此外，还有一个需要权衡的经典问题。巴伐利亚对哈布斯堡的继承主张最终引发了奥地利王位继承战争。在近代早期的欧洲，统治家族的消亡或许是最严重的灾难，但从另一个角度来看，这可能也是获得权力和领土的最大机会。

“我亲爱的妹夫，这次旅行怎么样?”马克西米利安低声说道，他的妻子也十分恭敬，尽管这没有必要。

“谢谢，我的旅程再好不过了，”约瑟夫把话题抛了回去，“尤其是因为我现在可以作为您的客人尽情享受所有这些舒适。”

慕尼黑宫殿的晚宴继续进行。当仆人们不停呈上令人眼花缭乱的丰盛菜肴时——数不清的开胃菜、棕色和白色的汤、甜面包、酥皮馅饼、阉鸡、整鸡和各种甜点——选帝侯却对巴伐利亚继承权这一关键话题惜字如金。

“这是我的荣幸，尊敬的妹夫。”马克西米利安向仆人打了个不显眼的手势，暗示他们现在应该呈上饮品。

“您尊贵的母亲呢？她还好吗？”选帝侯夫人问道。她举止得体，措辞符合礼仪。

宴会就这样在良好的气氛下持续了很久。其间夹杂着刀叉的叮当声，仆人频频倒酒的汩汩声，还有作为背景音乐的小步舞曲。所有这些都是约瑟夫通常在旅行中置之脑后的奢侈享受。

马克西米利安长期以来一直试图阻挠奥地利对其土地提出要求，出于这个原因，他与普法尔茨的卡尔·特奥多尔（来自维特尔斯巴赫家族的普法尔茨支系）缔结了继承条约。然而，特奥多尔同样没有子嗣，因此这丝毫没能抑制奥地利的野心。作为神圣罗马帝国的皇帝，约瑟夫二世是巴伐利亚所有帝国领地的最高封建领主。然而，领地在统治者绝嗣时归皇帝所有的法律观点在帝国中并未被广泛接受。尽管这种观点并非主流，但也不能被完全忽视，因此选帝侯和皇帝在这次会面中保持了高度的政治敏感性。

第二天，选帝侯制定了一份内容丰富的参观计划，试图吸引和分散皇帝的注意力。上午，他们去了施莱斯海姆宫，中午在官邸里举行了一场有三十人参加的小型宴会——正如约瑟夫在日志中所说的那样，许多人围在一起，令人感到“闷热难耐”。下午，选帝侯陪同皇帝前往宁芬堡。“我从未见过比这更美的大道，到处都有喷泉，房间也很漂亮。园林更是无与伦比，因为这里有许多溪流和林荫道。”[5]选帝侯和皇帝在宁芬堡园林散步，马克西米利安带着约瑟夫走近了漂浮着贡多拉[a]的大运河。就这样，4月5日晚，访问在友好的气氛中结束了，但没有取得任何政治成果。

斯图加特：写出《强盗》的诗人

当太阳从马车后面升起时，约瑟夫心想，就连布勒特伊也在极力避免谈及巴伐利亚问题。他们于4月6日清晨离开慕尼黑，途经奥格斯堡、金茨堡和乌尔姆，7日晚抵达斯图加特。尽管约瑟夫昏昏沉沉，但他依旧在思考布勒特伊的报告，无论如何他都要读完它。

通常情况下，法国特使的信件都会被奥地利驻巴黎特使弗洛里蒙·德·梅西–阿让托这一中间人截获，经过誊抄后原件才会交给凡尔赛的国王和他的大臣们。奥地利大使人脉极广，是当时最好的外交官之一，他的做法在18世纪的国际外交中并不罕见。每个人都从他人身后投去窥探的目光，间谍或所谓的线人遍布各处，因此这些信件无论内容如何都会受到严密监视。由于信使通常耗资不菲，而且往往不可靠，所以邮寄仍然是发送报告的主要方式。

布勒特伊男爵并非与哈布斯堡特别交好的朋友，他认为法国与奥地利结盟是外交上的短视行为。虽然他是玛丽·安托瓦内特的门客，但他对她的兄弟持怀疑态度。他曾警告法国新任外交大臣韦尔热纳伯

a— 贡多拉是一种造型轻巧的尖舟。

爵，约瑟夫二世前往法国是为了在巴伐利亚问题上获得路易十六的支持。韦尔热纳，或者更确切地说，韦尔热纳伯爵夏尔·格拉维耶，他对约瑟夫的评价是，皇帝的性格和才能被过分地夸赞了，因此，伯爵将保持警惕并劝诫国王采取中立政策。[6] 尽管如此，凡尔赛宫的大臣们仍在兴奋地等待着这位贵客的莅临，他们认为家庭联系或许有助于改善王室婚姻令人担忧的现状。

约瑟夫住进了斯图加特的骑士旅馆。他没有允许自己享受片刻的清闲，便立即赶往卡尔高等学院，在那里恭候多时的卡尔·欧根·冯·符腾堡公爵正盼望着皇帝的到来，迫不及待地想要向他介绍这座名扬海外的学院。那里还有一个人也在等待法尔肯施泰因伯爵的到访：弗里德里希·席勒，他已经在这座前身为士兵遗孤学校的军事学院学习了四年。尽管如席勒后来所说，这里施行着“无情无义的教育”，但启蒙思想早已像新鲜空气穿过隔热性能较差的窗户一样，从这个体系的缝隙中渗透进来。例如，席勒的老师雅各布·弗里德里希·冯·阿贝尔就是体系中的一个裂缝。就像那些敏锐的智者一般，他学习启蒙思想家的著作并深受其革命性思想的影响，将先进的理念融入了他的哲学教学之中，满怀激情地传播知识。1776 年，年轻的医学院学生席勒（他对法学不感兴趣）提出了革命剧《强盗》的初步构想。他在人们眼中是一个格格不入、难以应付的学生，但无疑充满才华，这也是学校选择他在皇帝面前讲话的原因。

我们不能忘记，教育和科学在当时被视为亟待发展的事项，也是所有启蒙思想家都要承担的任务。在奥地利，1770—1771 年的人口普查揭示了普遍存在的识字率低下的问题，在国家机构中引发了激烈的讨论。1773 年，耶稣会遭到取缔，没收的财产被用于教育系统的全面改革。玛丽亚·特蕾西娅为此将普鲁士教育家约翰·伊格纳茨·冯·费尔比格邀请至维也纳，他不久后将设计出欧洲最进步的教育体系之一。早在 1774 年,《关于德意志师范学校、高等学校和初等学校的一般性规定》便出台了，其目的是“真正在国家框架内确立青年男女的义务教育，并将其定为民族福祉最重要的基础”。[7] 当约瑟夫前往巴黎时，哈布斯堡领土内实施义务教育已有三年，对象是所有六岁至十二岁的女孩和男孩。教学使用母语和德语，也就是说，他们不必再遵循传统拉丁语学校的惯习，学习只有学者才会使用的拉丁语。与此同时，哈布斯堡还改进了教师培训、标准教科书和现代教学方法。[8]

约瑟夫二世将在他的独立统治期间继续执行这一教育政策。18 世纪 80 年代，哈布斯堡每一座拥有九十名以上学龄儿童的城镇都建立起了初等学校（相当于小学），并废除了几个世纪以来的学费。这些改革措施产生了巨大的影响，不仅使学生数量和识字率成倍提升，而且让越来越多来自下层社会但受过良好教育的人找到了谋生的手段，获得了进入公务员队伍的机会。当然，不能忽视的是在几个世代的时间跨度中，受过良好教育和启蒙的精英与广大民众之间的差距仍然是不可逾越的。然而，能够阅读的人将不再接受一切皆由上帝决定的论调。

“约瑟夫，诸王之冠，游历施瓦本，不以君主之姿，乃以仁爱之心！”“无需大理石雕琢，约瑟夫，德意志的骄傲与荣耀，仍显神圣……”[9]席勒脸红了，皇帝则露出了带着善意的微笑。他本可以更努力些，不是只写出这种打趣的俏皮话，而是做些严肃的事情，就像克洛卜施托克在1769年将他的剧本《赫尔曼的战役》[10]（*Hermanns Schlacht*）献给约瑟夫那样。席勒低估了这一历史性场面的重要性。他只是没有什么兴趣去认真创作一首应景诗。他当然有更具意义的事情要做，他当时正潜心创作《强盗》和各种诗歌，其中的颂诗《黄昏之歌》曾发表在巴尔塔扎·豪格的《施瓦本杂志》上。[11]豪格还将在他的杂志上刊登这首为庆祝皇帝到来而撰写的诗歌，但他也提到这位年轻的诗人写下的简单诗句未能充分展现他的艺术才能。

和其他的年轻诗人一样，席勒对约瑟夫二世只有一个模糊的印象，只知道他成为神圣罗马帝国皇帝和公国的最高统治者已有十余年。现在他终于有机会通过自己的眼睛来观察这位君主，这位启蒙思潮中的马可·奥勒留、德意志的提图斯，这位将超越腓特烈大帝的改革者。

凡尔赛宫：绝非留宿之地

“当时正下着大雨。”克罗伊公爵回忆起4月18日皇帝抵达巴黎时的情景。这位功勋卓著的法国陆军中将也是一位鉴赏家和年长的世界主义者，他知道因痔疮而卧床不起的奥地利驻巴黎大使梅西–阿让托正等待着皇帝的莅临。于是克罗伊命人将马车停在大使官邸前，并在那里恭候皇帝。他探头望见“一辆破旧的德意志马车在图尔农街的另一边高速行驶，拐弯后停在了小卢森堡宫门前。我向右边瞥了一眼。两个大衣被雨淋湿的人坐在乡村小车的后座上”。[12] 那是皇帝和他的侍从。他很快就消失在了宫殿里，悄无声息，为迎接他的到来而被指派至此的三名城市鼓手还来不及奏响乐曲，便不得不湿漉漉地离开。克罗伊后来将这件趣事记录了下来。

某日清晨，约瑟夫驱车前往凡尔赛宫。皇帝从一开始就拒绝住在国王夫妇附近——“我想住在自己选择的地方，我宁愿每天晚上返回巴黎，也不愿意只因在宫廷里住了一晚就让我微服出行的所有努力白费。”[13]——在近六周的时间里，他不断往返于资产阶级大都市巴黎的府邸和凡尔赛宫。他以法尔肯施泰因伯爵的身份逃脱了凡尔赛礼仪规矩的束缚，这些规矩比维也纳宫廷更为严苛。他必须有一定数量的侍从跟随，必须按特定方式行走、睡觉、和国王用餐或与王后交谈。但他也享有使用扶手椅的特权，因为作为皇帝，他有权坐上扶手椅，而不是王室餐桌旁的普通椅子。然而，每个人都已经认出了他的真实身份，甚至在公报中直截了当地称他为“皇帝”。整件事完全不合常理。当埃马纽埃尔·克罗伊请求特使卢多维科·贝尔焦约索安排引见时，后者眼皮不眨一下就说：“我竟有如此殊荣，能将法尔肯施泰因伯爵介绍给克罗伊公爵？”整个宫廷的氛围都是如此，这里的人比其他人更擅长玩捉迷藏和辞藻游戏。几天后克罗伊语气平静地在他的日志中写道：“由于皇帝不希望有任何特别的安排，宫廷里的一切如旧，仿佛他从未出现在那里一样。”[14]

说回抵达时的情形。在贝尔焦约索的单独陪同下，约瑟夫于 4 月 19 日低调抵达凡尔赛宫。这座建筑群比奥地利的美泉宫更庞大、更宏伟，令他叹为观止。他终于看到了路易十四打造的这件艺术作品的全貌——这座巴洛克式的宫殿已成为欧洲许多王公贵族心目中的理想典范。看似无边无际的砂岩立面被突出的门户截断，花园露台与其中希腊神话的雕塑延伸至宫殿深处，喷泉、玫瑰园、迷宫、树篱和小路尽收眼底。一切都按照巴洛克园林艺术的严格规范设计，遵循其最重要的原则，不存在任何突兀的元素，无处不体现着一种流行的权力语言。

两人快速从主入口的一扇侧门走进宫殿，没有引起任何人的注意。在这座容纳了约五千人的宫殿里，有数不清的走廊和套房。廷臣、侍女和内侍住在宫殿外沿的单间套房里。侍卫、厨房工人和服务人员则居住在阁楼或宫殿对面的建筑侧翼，那里是后勤所在地，也被称为“大公房”（Grande Commun）。宫殿里的居民在角落里撒尿是常有的事，因此凡尔赛宫的走廊里散发着阴沟般的臭味。[15]那里的卫生条件堪忧，洗澡设施专供王室成员使用，过高的屋顶和通风的窗户使得房屋难以取暖。奇特的是，尽管部分年久失修的建筑物中的生活条件相当简陋，但凡尔赛宫却是当时世界上最奢侈、最豪华、最昂贵的权力中心之一。还好当时正值春季，皇帝和他的同伴走过的房间都洒满了温暖的阳光。

他的妹妹现在变成什么模样了？她会有怎样的表现？她将完全按照凡尔赛的方式行事吗？约瑟夫无法确定，毕竟他们已经七年没有见面了。

两名得知皇帝到来的仆人打开门，为约瑟夫引路。约瑟夫一次迈过两级台阶，匆忙走上楼梯，进入王后的居室。

“我亲爱的妹妹！”玛丽·安托瓦内特激动得浑身发抖。这对兄妹走向彼此，最后拥抱在一起。他们对彼此依旧是如此熟悉，令人安心。

梅西-阿让托在给玛丽亚·特蕾西娅的那份详细总结报告中描述道：“他们情绪激动，沉默了许久。”[16]而约瑟夫在他的旅行日志中指出，王后出现时身穿一袭白裙，戴着一顶装饰着羽毛的黑色帽子。[17]玛丽·安托瓦内特的优雅气质与聪明才智令他感到惊喜，他后来甚至向侯爵夫人们坦承，若她不是他的妹妹，他可以想象娶她为妻——“我相信，我可以和她这样的女士过上愉快的生活。”[18]

这对兄妹用德语热烈地交谈，所有记录这一事件的编年史家都特别提到了这一点。

“我的哥哥，我太想念你了。你不知道我在没有你的日子里是多么孤独。终于，你终于接受了我的邀请。”王后如释重负，泪水如瀑布般倾泻而下。她终于看到了一张熟悉的脸，一个来自她家族的人，她最喜欢的哥哥约瑟夫终于来到了她的身边。

“没事的。”他安抚着这个年轻的女孩，尽管经历了所有这一切，但她还是个不到二十二岁的女孩。“不要哭泣。王室的孩子不流眼泪。”

玛丽·安托瓦内特继续抽泣了片刻，然后挺直了腰背。“我们最可敬的母亲近况如何？兄弟姐妹们还好吗？我亲爱的狗狗……（这时一串串泪珠又从她的脸颊上滑落下来）它怎么样了？”

约瑟夫很感动，他没想到妹妹如此多愁善感。他安慰她，和她开玩笑，回答她想知道的所有问题，包括那条狗的问题。当玛丽·安托瓦内特第一次踏上法国的土地时，它就被带走了。[19]

随后，他们到国王的房间里向国王问好，然后在王后的介绍下，约瑟夫与国王的兄弟们、姑母们打了照面。午餐后，约瑟夫与大臣们进行了初次会面，其中包括莫尔帕伯爵和韦尔热纳伯爵。

“尊敬的陛下！”外交大臣韦尔热纳向皇帝问好。姗姗来迟的他已经让皇帝独自在前厅等待了十五分钟。“请原谅我。”他微微鞠躬以表歉意。他曾严格指示他的男仆不要让法尔肯施泰因伯爵以外的任何人进入他的办公室，但仆人没有认出伯爵，把约瑟夫拒之门外，说他的主人正忙着与掌玺大臣议事，不能被打扰。[20]

“没关系，”约瑟夫彬彬有礼地宽慰道，“无论何种情况，为了国家利益的事务都应该优先于私人来访。”

皇帝后来同韦尔热纳又见了数次面，但他最终没能说服韦尔热纳在巴伐利亚问题上做出任何让步。在大臣看来，约瑟夫的计划太冒险了，这可能会激怒普鲁士国王，而这是法国最不愿看到的情况。尽管约瑟夫法国之行的外交政策目标难以实现，但法国国王对其妻兄的信任却在一次次访问中不断增加。为了这对王室夫妇，约瑟夫在凡尔赛花的时间远远多于他的预期。他将参加“就寝礼”（coucher），即国王的公开更衣和就寝仪式。他将仔细观察，了解被选中的人如何接过蜡烛，另一个人如何把拖鞋递给国王，仆人如何在结束时喊出那声为人熟知的“退场”。帮助国王或王后，为他们递上水或睡衣，被视作一种殊荣，能够决定一个人在宫廷中的前途。

约瑟夫将以法尔肯施泰因伯爵的身份——因此是一个低调的廷臣——出现在晚宴上，旁观国王用餐。在宫殿园林里、在花园和动物园里的无数次散步中，越来越多好奇的人跟在这位外国伯爵的身后，他们听说他就是神圣罗马帝国的皇帝。

“瓦班克[a]！”玛丽·安托瓦内特随侍人员中的一位女士惊呼道，并把所有存款都压在了她的牌上。每个人都紧张地望向她。在凡尔赛宫的一个下午，约瑟夫加入了玛丽·安托瓦内特及其随侍人员的小团体，但众人一旦开始玩耍他们心爱的赌博游戏法罗，原本很受凡尔赛女士欢迎的法尔肯施泰因伯爵就成了空气般的存在。

“平局。”第一轮的胜者在同一张牌上再次下注，所有人都急切地看着重新洗牌的庄家。约瑟夫可以趁此机会安静地端详他的妹妹。他

---

a— “瓦班克”（Va banque）是一个赌博术语，源于18—19世纪流行的法罗纸牌游戏，意为玩家以当前存款的金额下注，因此风险极高。

看到了她的肤浅。她只是个花瓶吗？还是说这是为了保护自己免受宫廷奸党算计的策略？也许这并非她的真实本性？约瑟夫回想起她还是个十岁的假小子时的那段日子，当时他在弗朗茨·斯蒂芬死后刚成为新任皇帝，准备代替父亲照顾这个兄弟姐妹中最小的女孩。

玛丽·安托瓦内特出生于里斯本大地震后的第二天。她一直很任性，但有时又像年迈的圣伯纳犬一样懒散和优柔寡断。她一直没有明确的目标，甚至在她十四岁离开维也纳宫廷嫁给路易十六时也是如此。“用心对待法国人民，这样他们就会感激我为他们送来了一位天使。”玛丽亚·特蕾西娅当时这样嘱咐她。[21] 当她十八岁成为法国王后时，几乎没有人还能在她身上看到天使的影子。然而，谁又能苛责这个年轻的女孩，在挣脱了母亲的怀抱和严格的要求之后，没能继续在凡尔赛宫的诱惑面前保持坚忍的意志？她有权做出决定。但与约瑟夫不同的是，她不想把钱用在国家事务上，而是花在服装、发型和戏剧上。凡尔赛宫成了她的金笼子。

“统治者不该参与高风险的游戏。”约瑟夫在游戏即将结束时说。接着他放低了声音：“毕竟这涉及臣民的钱财。”[22] 但赌桌上几乎无人理解这个陌生的怪人是什么意思。人们只顾大笑和逗乐，只有玛丽·安托瓦内特保持了几分钟的沉默。

巴黎：病患与聋哑人令人深受触动

在首次访问凡尔赛宫仅两天后，约瑟夫便开始了他紧凑的考察之行。医院、孤儿院、扶贫机构、监狱和手工业作坊都在他的参观列表之上——像往常一样，他关注的是普通人的生活状况，但这一次他对城市的医疗设施尤其感兴趣。其中排在第一位的是这里最古老也最重要的医院——巴黎主宫医院。

巴黎是当时的世界第二大城市，拥有五十万人口。那里交通（所谓交通，主要指的是步行的人群、骑马的士兵及少数几辆马车和更多的货车混杂在一起的场景）拥堵，卫生问题更为严重。在富人区，特别是圣日耳曼新市区的大多数地方，随处可见贵族的宫殿，而在城市中心地带，人们则挤在肮脏的环境中，毫无尊严可言。

清晨，约瑟夫和布兰比拉在图尔农街的府邸前登上马车，前往市中心的西岱岛。当马车靠近塞纳河上的桥梁时，约瑟夫向车外的街道和行人望去。他看到了挑着重担在路上行走的短工、衣衫褴褛却没有引起任何关注的儿童及巴黎的妓女（数量远多于其他地方）。在这群人中间有一群衣着稍得体些但同样贫穷的仆人们正赶往中央市场。他看到了铁匠、鞋匠和木匠在破旧房子里设立的小作坊，他们中的大多数人蜗居在商铺楼上的小房间里。突然，街上出现了一摊血水，但那只是某个开设在后院的肉铺排出的废水。他看到了兜售旧布料的流动小贩及出售破旧帽子或茶水的商户。离河道越近，人类排泄物的臭味就越大，这些排泄物要么被堆积在后院中以便日后卖钱，要么被直接排放到河里。到处都是瘟疫和贫穷的气味、死亡和毁灭的气味。

布兰比拉和皇帝伪装成两个对医学有着浓厚兴趣的旅行者，从圣母院大教堂不声不响地进入了医院。修女们很友好，但都沉默寡言。在这里，人们既没有时间也没有精力与他人闲聊、施行讨好谄媚之事或进行高深的思想交流。这里只有赤裸裸的事实。1772年，该医院再次被火灾摧毁，在那之后人们只翻新了部分建筑。

“这里有三千多名病人。请您自己看看吧。事实会告诉您一切。”院长简要地介绍了这里的情况，随后递给来客一捆文件——约瑟夫会细心地留存这份三千五百四十九名病患的名单，并且永远不会忘记它。之后，她转身离开，长长的制服随着她快速的步伐来回摆动。她带领访客走过空荡狭长的走廊。尽管屋外正是炎热的夏天，但这里却潮湿凉爽。每个病房里都挤满了二十个至四十个可怜的人，他们衣衫褴褛、营养不良。并非所有住在这里的人都患有某种疾病；许多人是从街上被抓来的，这样他们的贫困潦倒就不会引起麻烦甚至是骚动暴乱。自中世纪以来，公立医院的医疗服务功能只是次要的，其主要作用是收容穷人和无人照管者。毕竟，现代医学在当时仍处于起步阶段。

“等等？那里面是什么人？”布兰比拉好奇地问道。

“天花病人！”院长阴沉地说道。她只让这两个男人向房间内瞥了一眼，就把他们推到了走廊更深处，带他们去了不那么危险的房间。

布兰比拉和皇帝互相投以意味深长的一瞥。据说，在巴黎主宫医院，患有传染病的患者与普通患者并没有被分开，因此即使对于临时的来访者来说，感染的风险也相当高。走廊里臭气熏天，病房里的空气也十分糟糕。

人们依然相信，给房间通风会让瘴气进入室内，产生致病的烟雾。然而，考虑到外面的空气污染，室外的恶臭和室内的臭味哪个更可怕，还有待商榷。无论如何，当时医院的死亡率达到了25%，远高于一般的死亡率。

每到一个地方，约瑟夫都会发现一张床上躺着好几个病人，生病的人和健康的人就那样挤在一起，有一次他甚至看到了几个活人中间横卧着一名死者，因为人们还没有来得及把他运走。

“不，先生，您不应该看到这种事情。”

产科病房的情况尤其糟糕，护士长现在甚至想阻止访客进入房间。

“没事！让我们看看人类痛苦的开端吧。”[23]约瑟夫没有被吓倒。他向院长坦承，他迫切地希望看到人类的痛苦是如何开始的。她默默地点点头，对异乡访客的同情心感到惊讶。比之大多数教养良好的人，他们似乎对贫穷和疾病有更多的了解。于是，约瑟夫目睹了更多毕生难忘的苦难景象。这里的大床上同样挤满了可怜的人，四五个女人正在经历临产时的阵痛，她们互相紧挨着，身上只盖着一层肮脏的床单。但相比于表面上的苦难，更加令人绝望的是这些妇女在社会中的生存状况，她们之中几乎没有一个人是怀着美好的希望自愿怀孕的。

赴法之旅的编年史作者迪库德雷写道：“在这个饱受贫穷折磨的地方，他伟大的灵魂展现出了悲悯的一面。”他还非常自豪地补充说，约瑟夫在第二天就把四万八千里弗尔汇入了巴黎主宫医院（修女们可能通过这一事实认出了他是神圣罗马帝国皇帝）。[24]巴黎的报纸也对这次访问表示了赞赏："在巴黎主宫医院中，除了修女们不愿带他进入的天花病房，没有一个房间是他（皇帝）没有亲自看过的。"[25]皇帝还参观了其他的医疗和社会机构，比如医疗条件更加优越的救济院；或者更舒适的荣军院，这座医院是路易十四为照顾战争中受伤的士兵而建造的；又或者是像王家外科学院这样更加先进的机构，那里给他和布兰比拉留下了深刻的印象。总之，他永远不会忘记巴黎主宫医院令人发指的环境。他将与国王和科学院的成员讨论如何改进这家大医院。路易十五本想将其拆除，但众人并未就如何照顾其中的穷人和病人达成共识，所以保留巴黎主宫医院仍然是唯一的选择。从那时起，统治者才逐渐意识到，必须把济贫院和医院分开，才能在医学上取得进步并确保贫困人口受到公正对待。在布拉格，布兰比拉于1772年建立临终庇护所时就已经将穷人和病人分开；在巴黎主宫医院，穷人和病人共处一室的状况直到1784年才得到改善，与此同时，约瑟夫正在维也纳总医院为欧洲的医疗体系制定新的标准。

皇帝和布兰比拉在离开巴黎主宫医院时发誓，他们要避免这里的错误在维也纳上演。

德雷佩之家：约瑟夫与无私的慈善家

5月7日，皇帝在卢浮宫附近的磨坊街参观了一个在当时独一无二的研究机构，这次经历同样令他深受触动。在那里，一位名叫夏尔–米歇尔·德雷佩的神父——一个不墨守成规的神职人员和专为穷人服务的律师——创办了第一所聋哑人学校。1760 年，他从已故的老师那里接来一对哑巴兄妹。他像卢梭一样深信儿童天生的好奇心和学习能力，以这对兄妹的手势为基础，发明了手语。他成功的消息逐渐传开，很快就有大约六十名聋哑人来到他的家中接受照顾和教导。在两个小时的时间里，约瑟夫被这个人的教学能力、孜孜不倦的精神及他与学生们超越常规的交流深深吸引。办学期间，神父在他的学生身上花光了积蓄，所有的工作都沉重地压在他的肩头。

“我已向政府提出请求，委派一些能干的人来帮助我，”德雷佩知道约瑟夫是神圣罗马帝国的皇帝，向他抱怨道，“但我尚未得到答复。”

“我明白，我得从维也纳派几个合适的人过来。”约瑟夫立即萌生了在维也纳建立一个类似的研究机构的想法，他对这位神父的工作深信不疑。接着，他补充道，他将与他的王后妹妹商议此事。她肯定也愿意了解修士的工作，而且他确信，一旦她了解这一切，就会认识到它的价值。

事实上，约瑟夫的干预很快就取得了效果，德雷佩神父终于得到了所需的支持和认可。

在他去世两年后，也就是法国大革命前不久，他被国民议会列入人类慈善家名单，他的学校则被置于国家监督之下。然而，约瑟夫知道，虽然德雷佩之家的聋哑人过得不错，但在城市的孤儿院里，大约一万两千名儿童仅由几名主管照顾，他们过着痛苦的生活。

制造业：法国和国际奢侈品行业

这就是神圣罗马帝国皇帝和法国国王夫妇之间的巨大差异。路易十六从未在他的国家游历，也从未以国王的身份向穷人或肩负重担的人民施恩。后来人们意识到，这是国王夫妇最大的错误。如果他们像约瑟夫二世一样，是值得信赖、平易近人的统治者，革命或许就不会发生。然而，路易十六甚至连荣军院都未曾去过。

如果不了解法国，又怎么能治理好这个国家，约瑟夫心想。在访问凡尔赛期间，他一再建议他的妹夫（但徒劳无功）到全国各地游历并参观港口，他不仅应该以他的国王身份向医院和孤儿院施与恩惠，还应该以他的亲自莅临为这些机构送去殊荣。最重要的是，他应当了解工人和农民是在怎样的痛苦中勉强求生的。

约瑟夫在给弟弟利奥波德的信中写道，他的妹夫“有些软弱，但并不愚蠢。他有头脑，有能力做出判断，但他的身体和思想是冷漠的。他能与人合理地交流，但没有自我教育的意识，也没有好奇心”。[26] 这样的评价并不完全公允，因为国王在众人眼中富有教养且博学多才。他绝不像心怀嫉妒的奥地利特使梅西–阿让托所说的那样愚蠢。是的，他大体上是一个关心人民和改革的国王，是所有波旁国王中最宽容的一个。然而，由于未能有效地执行计划，他启动的大多数工作都没有取得良好的成果，值得一提的只有法国参与美国独立战争一事。但即使是这一外交政策上的成功，最终也因为财政困难而成了希腊人的礼物[a]。在这样的危机时期统治国家并非一件易事，这要求统治者怀有极大的勇气，他们需要打破自己与人民之间的屏障，到人民中去倾听他们的诉求。若像约瑟夫二世那样暴露自己的身份，就要面对诸多的危险和不确定性。正是在路易十六和约瑟夫二世的对比中，人们才能意识到微服出行的皇帝是多么独特。当法国国王继续沉浸在狩猎和制锁（这个时代的许多统治者都会学习一门手艺，根据哈布斯堡的古老传统，约瑟夫学习了印刷工艺）中时，约瑟夫则在参观塞夫勒王家瓷器制造工场、肥皂工场和王家挂毯制造工场。

没有哪个国家的奢侈品制造工场比得上法国。珍贵的钟表、珠宝、银器、鼻烟壶、镜子、挂毯、瓷器以及肥皂都是数万上流社会人士的消费品。这些商品大多在巴黎及其周边地区生产，并销往欧洲所有宫廷，远至圣彼得堡。国家遵循重商主义的原则扮演企业家的角色，注重国内产品的发展，对外国进口产品则设置了关税壁垒加以限制。

然而，这种旧的经济控制体系受到了批评。更现代的经济学家，尤其是重农主义者，将农业视为所有财富的自然来源，要求开展免除特权的税收改革并实施自由贸易，例如谷物贸易。法国大革命前夕，政府的政策导向反复在重商主义和重农主义之间摇摆，而任何一方都无法证明其制度的优越性。法国的经济形势过于混乱，没有足够的时

a— 这个短语来源于特洛伊木马的故事，指带来祸害的礼物。

间施行全面改革。很快，社会矛盾就像滚雪球一样越滚越大；从某种意义上来说，1775 年的饥荒暴动标志着一场无法控制的进程的开端，它将越来越难以被引至正确的方向。

“陛下，我是您的臣民。”已经多次参观塞夫勒瓷器工场的皇帝逐渐被人认出，一名工人向他介绍自己。这是一个德意志人，因为对最高统治者怀有敬畏之情，他开始说话时几近结巴。之后，他带着皇帝参观了工场，约瑟夫详细了解了制造工艺的每一个步骤和所有的细节。他捧起瓷土，任其从指尖滑落，仔细检查混合在其中的长石和石英，这些材料按某种保密的比例掺入。他谈到了制瓷使用的颜料，站在瓷器画师的身后，欣赏他们笃定、精细的笔触。最后，他还全身心地投入烧制的过程之中。

“我们的瓷器更耐用，但没有那么漂亮。”他承认道。维也纳瓷器制造工场里的产品颜色不如这里的那么鲜艳。

瓷器是当时最负盛名的一种商品。这种商品从中国传入欧洲后，每个宫廷都试图经营自己的制造工场，而这仅仅是因为餐具是一位统治者可以送给另一位统治者的最引人注目的一种礼物。例如，在1756 年缔结逆转同盟协议之际，路易十五曾送给玛丽亚·特蕾西娅饰有绿丝带的珍贵餐具，这套瓷器作为两国友谊的象征出现在约瑟夫与伊莎贝拉的婚礼上。没有什么比奢侈品更能凸显君主、贵族和教会尊贵者的地位。它们被陈列在宫殿里，只为巩固甚至提升权势人物的地位。约瑟夫作为这个社会体系的最高统治者，在很大程度上放弃了对地位和声望的追求，这点使他受到普通民众的欢迎，但精英们对此却褒贬不一。当需要将约瑟夫尊为新时代的开明英雄时，人们会称赞他在面对新的价值观时表现出的谦虚态度，赞扬他亲近民众的本性和他的现代风范，想起他没有华丽排场和大量随行人员的众多旅行。然而，若想要批评他那些很大程度上也是由旅行引发的改革，人们就会指责他对传统权力的放弃使他暴露了弱点。他们嘲笑他纠结于节俭，把他形容成一个厌世的老顽固，并讥讽他旅行只是为了避免与母亲兼共同执政者发生争吵。

“这是工业带来的一个奇迹，”约瑟夫在向塞夫勒的伟大工匠们告辞时感叹道，“人们必须感谢工业，是它使这么多好的思想、想法、尝试和经验发展到了最高水平！”[27]

自上而下的必要改革：几乎双轨并行

“制造业负债累累。”杜尔哥感叹道。这位失宠的大臣极为严肃且坦率地看着约瑟夫的蓝眼睛。两人立即意识到他们是志同道合之人，他们都曾远游，见识过世界的真实面貌。杜尔哥提及的是法国面临的最大问题。整个国家、整片土地都处于破产的边缘！

5 月 11 日，约瑟夫在剧院观看了戏剧。在他于巴黎逗留的六周时间里，他经常光顾剧院。戏剧结束后，约瑟夫在拉罗什福科公爵夫人的沙龙里见到了这位前财政总监。[28] 两人一见如故，详谈了数小时。雅克·杜尔哥，这位当时法国最著名的经济学家——有些人甚至认为他是现代政治经济学的奠基人——在路易十六登基后的几年里，一直在拼尽全力地维持合理的国家预算。虽然增加税收往往被视为稳定预算的常规手段——这意味着给农民带来更大的负担，但杜尔哥却有不同的观点。

“没有破产，没有加税，没有借贷，这是我的座右铭。”

十三年来，杜尔哥一直管理着法国最贫穷的一个省份——利摩日省，并试图将重农学派建立更加公正的社会的理念付诸实践。他认为，法国只有通过严格的紧缩政策才能找到摆脱债务陷阱的办法。冗余与无益的职位、年金分配及凡尔赛权力集团昂贵的奢侈生活，都必须被终结。此外，还必须用税收取代徭役，实施自由贸易并解散行会。所有的进步思想在他身上都显示出重农主义者和经济自由主义者的特性。

“你说得太有道理了，我亲爱的杜尔哥。”皇帝同意道。这不正是他成为共同执政者之后做的第一件事吗？他撤销了无意义的职位，解散了瑞士卫队，并与他的母亲一起推动了行政改革。此外，一旦他开始独立统治，他将建立一套更合理的公务员制度，他对这一点考虑得颇为清楚。

约瑟夫在这一领域的改革将奠定现代奥地利的基础。和杜尔哥一样，约瑟夫也因其严格的紧缩政策而受到了批评。然而，在凡尔赛宫推行紧缩政策的难度更大。无论如何，失去职位的杜尔哥已经为他攻击贵族特权的行为和鼓励自由贸易的想法付出了代价。

“面包骚乱……”这位经济学家继续解释道。1775 年饥荒之后的面包骚乱阻止了他雄心勃勃的计划，即对所有人征收土地税。

多么绝妙的主意啊，约瑟夫心想。

但是，皇帝本人最终也会在始于18世纪80年代的改革中失败。这项面向所有人、认真贯彻平等原则的税收制度太激进、太具有颠覆性了。

“在凡尔赛宫，没有人愿意少用一根蜡烛！”杜尔哥叹息道，“这就是真正令人遗憾之处！”

“然而，这将是唯一明智的做法。叛乱只是一个开始。”约瑟夫对他的观点表示赞同。

“您说得很对！”杜尔哥觉得自己的想法得到了这位年轻的统治者的理解。如果他能取代路易十六该有多好。接着他若有所思地补充道：“人们总说我行事过于仓促。”

当约瑟夫在玛丽亚·特蕾西娅去世后开始以最大的毅力推进改革时，他也总是受到这样的指责。

可现在还有时间可以浪费吗，皇帝继续思索着。如今的情势难道不是已经火烧眉毛了吗？就在几天前，一些渔妇出现在了他下榻的图尔农街特雷维尔府邸前并向他致意（实际上，她们只是好奇自己能否像传闻中的园丁妻子那样接近这位大人物）。

“我们很高兴看到这样一位绅士捐出一大把钱。”一位身材高大的妇女说道，表情中带着几分自豪和羞涩，这些女士们选择她作为发言代表。[29]

约瑟夫点点头。他一直在认真地了解这些妇女的生活状况。一些人笑了起来，令人不安。也许这是带有些许叛逆意味的笑声？有些人将双臂交叉在胸前，这让她们看起来比实际上更加自信。

“给，这是给你的。”约瑟夫最后说，并递给发言代表一袋钱。后来他仔细回想了这一幕，也想到了他从这群女人中听来的另一句话：“为这件衣服支付费用的人民是多么幸福。”这是讽刺吗？还是当街讽刺？没错，的确如此，人民向他们的统治者缴纳钱财，希望至少能够受到认真的对待，希望自己身处的困境可以被看到。至少约瑟夫是这样理解的。

渔妇们后来在法国大革命中大放异彩，1789 年 10 月 5 日凡尔赛宫前的示威游行就以这个群体命名——渔妇游行。她们，市场上那些黄冠草服的妇女们，带领愤怒的群众，用她们的长矛和烤肉架，用她们开膛破肚的鱼刀，最终迫使国王接受了废除贵族特权的八月法令。“凡尔赛宫山珍海味，巴黎人忍饥挨饿。”他们在巨大的王室宫殿窗前高呼，直到路易十六向人民的力量低头，同意签署《人权宣言》、废除贵族特权，并在第二天与家人一起搬回巴黎的杜伊勒里宫。如果人民想见到他们的国王，再也不用走那么远的路了！他们一路高歌，和国王一同回到了巴黎。

“忘掉内克尔吧，他只是个小银行家。”杜尔哥在临别时谈及新任财政总管雅克·内克尔[a]。他是变革的最后希望，当他于 1789 年 7 月第二次遭到罢免时（他在 1781 年第一次被停职，并于 1788 年被

---

a— 因为内克尔是外国人和新教徒，所以不能拥有财政总监的头衔。

召回），巴黎民众拿起了武器。“如果可以的话，请您和伏尔泰谈谈吧！”1760年，杜尔哥曾在费尔内拜访过这位法国著名的诗人和启蒙哲人，此后他们一直是朋友。“他是您敬重的人，不是吗？”

巴士底狱与科学：尚且平静

相较于理论，约瑟夫总是对实际的政治更感兴趣，然而在启蒙运动的土地上，拜访科学家和哲学家被视为一种良好的礼仪。[30] 例如，他曾去探望年迈的自然学家布封伯爵，后者不知道这位外国客人的真实身份，穿着睡袍便接待了约瑟夫。在那段时间里更常见到约瑟夫的人是著名数学家和哲学家达朗贝尔，他与狄德罗共同编纂了启蒙运动的圣经——《百科全书》。一次，在著名的法兰西学术院，约瑟夫曾尖锐地向达朗贝尔提问，为什么狄德罗不是这个杰出圈子的成员。自从狄德罗发表《达朗贝尔的梦》这部重要作品之后，这两位百科全书派学者的关系便蒙上了一层阴影。在这篇文学—科学论文中，狄德罗让达朗贝尔的生活伴侣、沙龙女主人朱莉·德·莱斯皮纳斯就性道德问题展开了哲学思考。过于自由的讨论动摇了两人之间的关系。于是达朗贝尔迅速转移了话题。

在法国科学院，约瑟夫观看了化学家兼法国火药局局长安托万·德·拉瓦锡的“固定气体”实验。一名学者将一只鸟放到了一个灌满二氧化碳的钟罩下，这只鸟随即倒地不起。然后，正如约瑟夫所说的那样，当学者的助手在鸟喙上涂抹了某种物质之后，这只鸟便重新恢复了呼吸，在房间里飞了起来。

“您不打算放它自由吗?”约瑟夫说，他认为这个实验很荒谬，想要拯救这只鸟。但拉瓦锡的实验并非无稽之谈。通过这样的实验，二氧化碳的致命特性得到了证实，这位法国学者由此奠定了现代化学的基础。启蒙运动涉及许多不同的方面，它由这个时代的思想家发起，缓慢但不可逆转地渗入并改变了生活的所有领域。不过，当时的自然科学仍处于起步阶段；直到 19 世纪，这些奇特的实验才进一步发展为现代科学。

皇帝已在 5 月 2 日参观过巴士底狱的军械库。他绝不会想到法国大革命将在 1789 年 7 月 14 日巴士底狱被攻破时爆发。没有人能够预料到这一点。在这所著名的监狱里，只关押着少数几个囚犯；当然还有许多比这里更加可怕的地牢，那些地方关押着更多的囚犯。但巴士底狱具有象征性的意义，它后来受到的冲击如信号般预示着玛丽·安托瓦内特的命运。之后便发生了“渔妇游行”(据传玛丽·安托瓦内特说如果人民没有面包，就让他们吃蛋糕，这纯属捏造)，在 1791 年，王室成员逃跑未果，使得“奥地利妇人”更加遭人憎恨，她甚至被人更加笃定地怀疑为间谍。最终，玛丽在 1792 年受到拘禁，并于次年与路易十六一同葬身于革命的浪潮中。在国王被送上断头台后不久，王后便遭遇了同样的命运。

约瑟夫在 1777 年 5 月 29 日最后一次拜访了他的妹妹，为她留下了一份长达二十页的备忘录，并在其中向她提出了一些建议。他是一个相当有爱心的哥哥，也是一个能够敏锐察觉到时局变化的细心观察者。他劝告道，她应该照顾好国王，不能再沉迷于享乐和奢靡。“你若不采取行动，那么革命将是残酷的。”在这封信的结尾，他写下了预言般的警告。[31]

穿越法国的环游旅行：港口、贸易和奴隶

5 月 31 日，约瑟夫与他的同伴们离开巴黎，踏上了穿越法国的环游之旅——像往常一样，这将是一场马不停蹄的旅程。他们的旅行迅速且轻便。约瑟夫时间有限，因为他希望在 8 月 1 日回到维也纳。毕竟这次旅行的时间已经够长了，他离开维也纳宫廷的时间也已经太久了。

在巴黎和凡尔赛宫度过了几周后，他终于可以享受旅行，享受清新的晨风，享受不断变化的风景，从诺曼底和布列塔尼的绿意盎然，走进普罗旺斯和地中海的干燥炎热。在抵达诺曼底首府鲁昂前不久，他回想起在巴黎的最后一夜。当时突然有人敲门，门外是秘密到访的路易十六。约瑟夫在前一天曾与他畅谈婚姻问题，他这一次出现在约瑟夫面前，只是为了表示感谢。路易十六称呼约瑟夫为哥哥，和他拥抱了许多次，看上去轻松了许多。[32] 然而，这一切是怎么回事呢?

约瑟夫略施小计，好让这位害羞的君主开口说话。“亲爱的妹夫，”他说，“你就不能在没有任何排场的情况下出去走走吗?”

这是他最后一次访问凡尔赛宫时的情景。约瑟夫告诉自己，他必须和国王进行最后一次严肃的谈话。要做到这一点，就必须避开凡尔

赛宫里的无数耳目。环绕在初绽的玫瑰花的芳香中，只身一人的路易也许更容易给予他信任，从而坦诚且详尽地告知他是如何与玛丽·安托瓦内特完成婚姻生活的。因为皇帝早就察觉到，两人似乎根本不知道怎样才能让他们盼望已久的继承人诞生于世。然而，如果维也纳的礼仪也要求约瑟夫和伊莎贝拉在众目睽睽之下就寝，他们也许同样无法生育后代。在全法国乃至整个欧洲，没有一对夫妻的私生活像国王和王后的一样处于严密的监视之下。据说，哗众取宠的西班牙特使不仅在国王的公开就寝活动后盘问宫廷侍从，甚至一度在王后的卧室里安插眼线。即使是在行走时，国王和王后每迈出一步，都会有大批随从紧跟其后，其中包括数量众多的侍卫和瑞士卫队的士兵。在这样的环境中，他们该如何自然地互动，培养对彼此的感情？

路易不解地看着约瑟夫。他还从没有考虑过这个问题。“请允许我，”皇帝继续说，“作为卫队队长单独为你服务，就把这些银盔亮甲的卫兵留在这里吧！”[33]

约瑟夫的计策取得了不错的效果。这次散步让他们的谈话有了突破性的进展。[34]他勇敢地提起了两年来整个外交界一直在暗中议论的事情。有传言说法国国王有性功能障碍，因此王后在结婚七年后仍未能怀孕。人们毫不羞耻地谈论出现这种状况的具体原因，有人说这是因为王后拒绝和国王同房，还有人说是因为国王的包皮过长，只能通过手术来补救——这是讽刺小报最为津津乐道的谣言。一些恶毒的舌头（其中最为恶毒的言论从巴黎经柏林传至维也纳，飘进了玛丽亚·特蕾西娅的耳中）还指责王后过着男女不忌的轻浮生活。这两个年轻人现在不仅背负着沉重的义务，还要被公开展示，公众不曾为他们的私人生活留下空间。当时，国王的婚姻生活在一定程度上是面向公众的，毕竟繁衍王室后代是首要的政治问题。

因此，当路易终于向他描述房事的细节时，约瑟夫小心翼翼地说道：“我不认为手术是必要的，你只需要调整你的某些行为。这没什么大不了的。真的。不过是件小事。”他的话鼓励了深陷恐惧的国王。

后来，在写给弟弟利奥波德的信中，约瑟夫直白地描述了这对不幸的夫妇的误解。“在婚床上，阴茎会变得僵硬，这也是房事的奥秘所在。他知道该把它插进去，但没有抽动身体，保持了大概两分钟，拔出时没有射精，精神依然紧张，然后道了晚安。这很令人费解，因为在经历这一切之后，他有时会在晚上遗精，但从来没有在性交时射精。他对此毫不在意，而且很平静地承认，他完成这些事情只是出于责任心，无法从中享受任何乐趣。唉，如果我能在场，我会助他一臂之力……必须像鞭打驴子一样鞭打他，让他卸下（一个难以辨认的词）。我妹妹没有什么脾气，他们两个都笨手笨脚的。”[35]

同年 10 月，约瑟夫的计策获得了成功。他再次写信给利奥波德：“如你所知，法国国王终于顺利地完成了这项伟大的工作，王后怀孕了。他们把这归功于我的建议，向我写信表示感谢。确实，我在与他的谈话中彻底地解决了这个问题，我非常明智地认识到懒惰、笨拙和冷漠是唯一的障碍。”[36]

波尔多：通往世界的窗口

6月20日，约瑟夫和他的同伴们抵达波尔多。他们从鲁昂来到布雷斯特，沿着大西洋海岸经南特到达布莱，在那里登上了一艘船，通过水路到达了这个著名的港口城市。沿途各地的道路都很平坦，桥梁令人叹为观止，城镇发展繁荣（约瑟夫重点关注港口城市）。法国在经济上远远领先于哈布斯堡帝国，后者在许多方面都相当落后。海外贸易是主要原因。从根本上来看，尽管饥荒危机并不少见，但繁荣发展才是当时的主流趋势，这种增长的动力最终将在几十年后的工业革命中达到顶峰（在英国，这个过程已经开始）。通过农业、改进的前工业化生产形式，以及最为重要的全球金融和贸易体系，资本主义市场经济正在逐渐成形。这正是法国、英国和荷兰等海洋国家具有的优势。这不仅是因为它们拥有可供贸易货物登陆的港口，更是因为作为殖民国家，它们都参与了奴隶贸易，这使它们有望获得前所未有的繁荣及非殖民国家不具备的巨大优势。

法国和英国在七年战争中为争夺海外霸权而战，结果是法国将其大部分殖民地割让给了英国。尽管英国现在主导着从非洲到美洲的奴隶贸易，但法国依旧名列前茅，位居第二。大西洋殖民体系给欧洲各国带来的好处是，只要销售市场存在，它们就能够完全按照自己的需求扩大海外生产。从16世纪末开始，糖、棉花、咖啡和烟草成了新世界重要地位的标识。与海洋国家的努力相比，奥地利通过的里雅斯特的东印度贸易公司所做的殖民尝试不值一提。但不管怎样，奥地利至少在德拉戈亚湾获得了一处被荷兰东印度公司遗弃的港口。在约瑟夫开启法国之行一年后，印度洋上的尼科巴群岛成为奥地利的殖民地。这是一个欧洲大国的小型殖民区域，但奥地利很快就在1785年失去了这片土地。因此，约瑟夫在这次旅行中到访新经济世界的各个中心不足为奇。波尔多在他的名单中位居前列。这座城市自古以来就是一个繁荣的海港。它坐落于缓缓流动的加龙河上，该河在布莱与多尔多涅河汇合，最后在开阔的河口三角洲流入大海。

约瑟夫二世已经抵达波尔多的加龙河畔。三公里长的码头上停泊着众多船只，这番景象令他印象深刻，直到看到整个港口的全貌之后，他才愿意下船。成群结队的人在码头上等候，这里的民众早已听说那位即将到访的法尔肯施泰因伯爵实际上是神圣罗马帝国皇帝。因此，街道上挤满了围观者，帝国领事约翰·雅各布·冯·贝特曼先生不得不与基督教世界的最高统治者一同步行至下榻府邸。

“请您宽恕，陛下！”

“我完全不介意，而且步行其实是了解一个地方最好的方式。”领事有些惊讶地点点头。“请仔细向我解释一切，讲讲这里的贸易、港口，当然还有著名的酒窖。我希望准确地了解这个地方！”[37]

在过去的六十年里，这座城市的贸易额增加了二十倍，人口却只增加了一倍。繁荣体现在资产阶级的宏伟房屋中，也体现在崭新的大剧院及其壮观的门厅中。波尔多被视为法国最美丽的城市，皇帝对此绝无异议。港口有来自马提尼克岛的咖啡、来自圣多明各岛的糖（圣多明各岛是当时世界上最大的产糖地）。就连帝国领事也不排斥参与奴隶贸易。约翰·雅各布·冯·贝特曼曾经向他在法兰克福的兄弟借了一笔钱，现在他打算用这笔钱进行有利可图的投资。

“请陛下恕我冒昧，但波尔多为商人提供的机会确实比其他城市要多！”他激动地表达自己的观点。

就法国奴隶贸易而言，波尔多是仅次于南特的第二大转运点。在法国大革命暂时废除奴隶制之前，共有一百二十万非洲人被运送、贩卖、剥削。甚至视奴隶制为压迫和奴役象征的启蒙思想家也经常违背他们自己的理论——例如，伏尔泰将他的钱投资于奴隶贩卖公司的股票。法国港口非人道业务的繁荣程度仅次于伦敦、布里斯托尔以及利物浦（排在第一位）。1770 年，雷纳尔神父的十卷本著作《东西印度群岛史》（*Histoire des deux Indes*）在阿姆斯特丹出版，该作品控诉了殖民扩张在非洲、亚洲和美洲造成的种种恶果。尽管这部作品在 1781 年受到审查封禁，但它依然在大革命之前成为欧洲最畅销的书籍之一。就这样，思想上的变革开始生根发芽。截至 1815 年维也纳会议宣布大西洋奴隶制非法时，约有一千一百万奴隶曾在严酷的工作和生活条件下生产糖、咖啡、可可和棉花，欧洲贸易国家因此获得了前所未有的繁荣发展。

“我们还看到了十二至十五艘美国起义者的船只。”皇帝在对秘书口述旅行日志时说道，这些船只载有来自美国的起义者，法国将从 1778 年起正式支持他们的独立斗争。[38] 约瑟夫担心法国会站在革命者的一边，与英国殖民势力展开对抗。独立战争是旧制度与新世界的战争，而约瑟夫作为皇帝和统治者依然属于旧制度，尽管他富有进步精神。他那同样作为旧秩序代表的妹夫，会出于地缘政治的考虑而非信念拿起武器反对英国。

因此，在约瑟夫停留巴黎期间，与美国《独立宣言》的共同签署人本杰明·富兰克林的会面变成了一场外交上的走钢丝行动。这位政治家、作家和发明家在巴黎旅居了一年，以争取韦尔热纳和路易十六对起义军的支持。富兰克林在开明的巴黎社交圈中享有的声望可与约瑟夫二世媲美，甚至更高。所有人都在密切地关注着这位政治家；他的著作被翻译成法语，上流社会的女士们争相模仿他的穿衣风格，戴上了同款棕色貂皮帽。即使是法尔肯施泰因伯爵，也很难拒绝与这位受欢迎的政治家会面。因此，正如约瑟夫在日志中所说的那样，为了避免尴尬，这次会面最终由他的旅伴菲利普·冯·科本茨尔代为参加。[39]

回到皇帝的法国之行。约瑟夫一行继续向前，途经巴约纳，绕道前往西班牙的圣塞巴斯蒂安，并于 6 月 27 日抵达图卢兹。他们在那里参观了大西洋和地中海之间著名的朗格多克运河。接下来是卡尔卡松、蒙彼利埃和马赛。约瑟夫在马赛停留了三天，这座地中海港口是通往东方的门户，来自四大洲的货物都在此交易，这里甚至还有一家工场生产着类似于土耳其毡帽的头饰。

但最让约瑟夫难以忘怀的是土伦港。在前往马赛之前，他在土伦港停留了四天。“土伦是我见过的最美丽的港口。它的存在要归功于路易十四，”约瑟夫在写给弟弟利奥波德的信中提到，“他奠定了这座海港城市的根基。”[40] 在土伦，人们热情地朝他欢呼。他和玛丽·安托瓦内特在巴黎的法兰西喜剧院观看伏尔泰的戏剧《俄狄浦斯》（*Œdipe*）时遇到过相同的情形。当台词“这位国王，他伟大的人格超越了他拥有的财富，他和你们一样，对令人厌恶的浮华嗤之以鼻”响起时，观众席上爆发出了经久不息的掌声与喝彩声。[41] 约瑟夫流下了泪水，但不是因为眼前的场景。人们的反应让他感到有些不适，因为他在这座城市停留的时间越久，就越容易被视作国王形象的对立面。这些眼泪有着不同的含义。他刚刚得知约瑟法——他仰慕已久的约瑟法·冯·温迪施-格雷兹——在维也纳逝世的消息。他在 1774 年结识了这位年轻美丽且冰雪聪明的伯爵夫人。她患有一种不治之症，曾在他的安排下前往托斯卡纳疗养。此后的一段时间里，她的病情有明显的好转，但最终未能逃过旧疾复发。约瑟法变得越来越虚弱，他那时经常守在她的床边为她读书，或为她讲述故事以减轻她的痛苦。当他把她留在身后独自前往法国时，他产生了一种不祥的预感。他曾经在给弟弟利奥波德的信中说：“……有幸认识她的人都会欣赏她灵魂的可贵和思想的正直。我真的很喜欢她，为她的遭遇感到痛苦，她勇敢地承受着这一切，对苦难抱着一种几近冷漠的态度……她是一个罕见的女人，这不是因为她的外表，而是因为她令人钦佩的思想。”[42]

费尔内和伏尔泰？

约瑟夫在返回维也纳时途经瑞士，而伏尔泰就住在离日内瓦不远的边境地区。所有在公报上追踪着皇帝旅程的读者都认为，与伏尔泰的会面会是这段充满了超凡见闻的旅程的高潮，将完美地展现一个新时代和一种新的统治观念。伏尔泰曾用几首诗作向皇帝表示敬意。甚至在他的《俄狄浦斯》——约瑟夫在巴黎看过这出戏——中人们也能发现有关皇帝的隐喻。

现在，这位曾经调侃自己甚至无法在不被全世界察觉的情况下叹气的哲人作家，已经换好了衣装。他特意戴上了一顶新假发，并为皇帝置备了晚宴。

“你们看见他了吗？”伏尔泰焦急地盯着匆匆返回宅邸的两名仆人问道。

“看到了。”

“那他在哪里？”

“先生，我不知道。”其中一名仆人满脸困惑地回答。

“他起初在那里，后来又不在了。”

伏尔泰扬起眉毛。怎么回事？他出现在了那里，然后又消失了？“这不可能！”还是说真的是这样？这位基督教世界的最高统治者在玩弄计策吗？因为他的母亲？伏尔泰知道，玛丽亚·特蕾西娅不在他的仰慕者之列。

“你确定吗？那个人是皇帝？”也许那根本不是他。也许他雇了一个替身，向世人展示他正驾车经过伏尔泰的住所，而他自己将突然出现在门外？所以，也许伏尔泰需要耐心地等待？皇帝将悄无声息地走进花园。万一是这样呢！尚未发生的事，是有可能成真的！[43]

但约瑟夫没有来，他写信告知维也纳的五位侯爵夫人（她们是如同他的家人一般的密友）："在日内瓦之前的最后一个驿站，一位绅士来到我的马车前，问我是不是皇帝。当我做出肯定的答复并问他对此有何兴趣时，他回答说他想知道皇帝打算什么时候去费尔内见伏尔泰或前往日内瓦。我问他是不是伏尔泰命令他这样做的，他回答是的。于是我告诉他，这是整个旅程中第一次有人要求我说明我想去的地方。这位先生没有继续讲话，他骑上马，走在我前面，直到我转向通往费尔内的道路。之后他便匆匆离开了，我相信他是着急要去通知那位哲人。据说他戴上了一顶新的假发，准备了晚餐，让农民们站在树上为我欢呼。但我故意驾车穿过费尔内，直接前往法国人建造的新城镇韦尔苏瓦。"[44]

女士们对这一事件的转折感到惊讶。或许今天的读者也意识到了这个解释站不住脚。皇帝在巴黎出席了学院会议，拜访了布封和其他许多学者，她们当然期望皇帝也能与伏尔泰会面。在经过瑞士的途中，皇帝在洛桑会见了医生萨米埃尔·奥古斯特·蒂索，在伯尔尼会见了诗人阿尔布雷希特·冯·哈勒。然而，首相考尼茨满意地写道："拜会一个不被他的各个属国容忍的人肯定是不体面的；皇帝十分机警，他不可能与一个破坏社会和政府的派别领袖发生争执。"[45]

约瑟夫按计划于 8 月 1 日安全抵达维也纳后立即前去看望侯爵夫人们。他当时一定非常疲惫，考尼茨夫人将他扶到了床上休息。在穿越当时属于奥地利领土的最后一段旅程中，他在弗赖堡停留，然后驾车经过黑森林，来到沙夫豪森附近的莱茵瀑布。他在巴塞尔遇到了雕刻家兼艺术品商人克里斯蒂安·冯·梅歇尔，后者在家乡向他展示了著名艺术家汉斯·霍尔拜因的作品，并陪同皇帝前往沙夫豪森。[46]在那里，约瑟夫邀请这位极具天赋的艺术家与他乘船靠近奔腾的瀑布。

“陛下会被打湿的。”艺术家对此提出异议。

“我的好梅歇尔，你认为我在旅行中没有经历过更糟糕的事情吗？”皇帝平静地回答，这时船只又朝着翻滚的水面前进了几米。这一幕令梅歇尔深受触动，后来他将这一场景刻在了铜版上。皇帝对梅歇尔同样印象深刻，他将梅歇尔带到了维也纳，委托这位艺术家把画廊从施塔尔堡的狭窄房间搬到了美景宫，在重新布置后向公众开放。这是首次由专家负责，完全按照科学标准重新整理和编排画廊藏品。

在约瑟夫出访法国约十年后，匈牙利贵族伊什特万·塞切尼伯爵也来到法国游历。[47]他在日记中提到他非常喜欢港口、工场和防御工事，他如今能够理解约瑟夫，并原谅他在玛丽亚·特蕾西娅去世后匆忙实施改革，令许多臣民感到不安。塞切尼说，皇帝在法国人的土地上看到了这么多人类智慧的伟大壮举之后，必然会怀着一股热情返回家乡，并按照法国的模板改造他落后的帝国。

毫无疑问，法国进步的一面令约瑟夫印象深刻。但他也目睹了极度贫困的景象、下层阶级的绝望、农民的愤怒和刑法的落后。法国在七年战争结束后的繁荣发展只惠及上层社会。在一个与启蒙联系最紧密的国家，思想和现实的分歧更令人心痛。约瑟夫越来越没有耐心等待下去，他开始担心，包括自己在内的整个欧洲的权贵们，已经没有多少时间将旧制度改造成顺应现代世界的体系。也正是出于这个原因，改革必须对准根本。塞切尼没有认识到这一点。事实上，几乎没有贵族能够认识到这一点。现在，约瑟夫的改革信念比以往任何时候更加坚定。

1781年

奥属尼德兰

急躁使人盲目

维也纳（Wien）—谢尔丁（Schärding）—雷根斯堡（Regensburg）—纽伦堡（Nürnberg）—**法兰克福（Frankfurt）**—达姆施塔特（Darmstadt）—**沃尔姆斯（Worms）**—**曼海姆（Mannheim）**—**海德堡（Heidelberg）**—维特利希（Wittlich）—**卢森堡（Luxemburg）**—那慕尔（Namur）—沙勒罗瓦（Charleroi）—蒙斯（Mons）—**奥斯坦德（Ostende）**—**布吕格（Brügge）**—**根特（Gent）**—**安特卫普（Antwerpen）**—**梅赫伦（Mechelen）**—**布鲁塞尔（Brüssel）**—鹿特丹（Rotterdam）—海牙（Den Haag）—阿姆斯特丹（Amsterdam）—乌特勒支（Utreht）—亚琛（Aachen）—**斯帕（Spa）**—鲁汶（Löwen）—布鲁塞尔（Brüssel）—凡尔赛（Versailles）—蒙贝利亚尔（Montbeliard）—劳赫林根（Lauchringen）—金茨堡（Günzburg）—慕尼黑（München）—布劳瑙（Braunau）—维也纳（Wien）

“我认为，我们不需要以任何方式改变宪法和这个地区的治理原则。这是我们唯一一个缴纳高额税款的幸福之地，我们在欧洲的优势地位归功于它……你知道这里的人民多么珍视他们古老的也许是荒谬的偏见；但他们是顺从的、忠诚的，他们缴纳的税款比疲惫的、心怀不满的德意志人要多。”[1]

1781年5月27日，约瑟夫开启了前往奥属尼德兰的旅程。这是他唯一没有亲眼看到过的哈布斯堡领地。他无法忘记母亲前段时间写给他的那封信。

她的想法是多么的荒唐！她对“唯一幸福之地”奥属尼德兰的看法充满偏见，他现在要弄清楚这里的情况。他曾多次计划开启这趟旅程，但总是被迫反复取消。他阅读了布鲁塞尔的启蒙哲人帕特里斯-弗朗索瓦·德·内尼的作品，这是关于从西班牙哈布斯堡王朝分离出来的省份的最重要的信息来源。这些省份在1713年西班牙王位继承战争后按照《乌特勒支和约》并入奥地利，以安抚输给波旁的哈布斯堡。他甚至在旅途中带上了最新出版的地图——这些地图是“约瑟夫土地调查”的一部分，该调查自18世纪60年代初以来一直在测绘君主国的所有领土。这是一部综合性作品，仅描述尼德兰的地图就有两百多张。这项工程相当庞大，以边界线的划分为例，仅仅是与强大的列日采邑主教区的边界就无比复杂。主教区内有二十九个外来飞地，其中大部分是奥地利的飞地，而奥属尼德兰境内的二十六个飞地又属于主教区，自古以来就是神圣罗马帝国中的独立区域。与主教区的边界只是反映尼德兰复杂性的众多例子之一。

皇帝叹了口气，这种程度的复杂已经足以让他抓狂。自 1648 年《威斯特伐利亚和约》签署以来，原则上尼德兰已不再属于神圣罗马帝国，尽管约瑟夫对尼德兰的统治权正是来自这一时期。多么混乱的局面！在这里实施变革就像在神圣罗马帝国实施改革一样困难。

啊，帝国！约瑟夫继续思考道，那里的每个人都在给别人添乱，只关心自己的利益。

为削弱这个曾经辉煌的结构，他应当做出何等程度的努力？巴伐利亚问题已困扰他许久。如果他违背自己的意愿接受了现状，就会陷入两难境地。如果他试图加强自己作为哈布斯堡执政者的权力，就会牺牲他在帝国的合法性。作为皇帝的他实际上有义务确保他在帝国的合法性不受个人强权政治的影响。

他又叹了口气，似乎产生了片刻的动摇。尽管如此，他依然会简化尼德兰的行政管理，并将其置于维也纳的中央集权之下，无论付出何种代价。保持现状难道不是很危险吗？难道只能无所作为，直到一切分崩离析？他再次想起母亲的那些话，心中又生起一股怒火。他们彼此斗争了多年，他常常不得不屈从于她更大的权力，结果许多改革无法彻底完成。与此同时，他感受到了一阵强烈的痛苦情绪。她已经不在人世了！

1780 年冬天，玛丽亚・特蕾西娅的身体情况越来越糟糕。她总是感到呼吸困难，经常咳嗽，有时还会发烧，这给长期衰弱的她带来了致命的伤害（十六次生育、日益肥胖的身体、无休止的工作已经使她的身体严重受损）。起初，约瑟夫不愿承认她的病情会危及生命。他几乎无法想象，这个与他就何为正确的政策争论了十五年的女人将离他而去。堆积如山的文件尚未确认，许多空缺的官职有待填补，还有那么多的事情要完成，还有那么多的事情需要他们一起为之奋斗。所有的使节必须不断地获取新的消息，所有的大臣们每周必须与他们商议工作。国务委员会和各个宫廷机构都需要更多的关注，整个君主国的管理也是如此，它正被慢慢赋予新的现代面貌。他们共同的事业还有很远的路要走。

后来，在 11 月 26 日的深夜，他意识到了事态的严重性。他在母亲的前厅里守夜，不时悄悄地走进她的卧室，看到她在扶手椅上打瞌睡。他是多么爱她！他是多么敬仰她！[2] 在她的死亡面前，所有的争斗、所有的摩擦还有什么意义？他们都在努力做到最好。多年的共同执政充满了不易。他们取得了如此多的成就。他，她的儿子，也认识到了这一点，但他仍然充满了急切的改革意愿。

第二天晚上，当玛丽亚·特蕾西娅将居住在维也纳的子女们召至身边同他们告别时，约瑟夫再也无法强忍眼中的泪水。所有人都在哭泣。垂死的女君主向她的长子送上祝福；她亲吻他的额头，他亲吻她的手。然后，她祝福了其他的子女，并将他们托付给约瑟夫。11 月 29 日晚上九点，她永远地闭上了眼睛。约瑟夫立即写信给首相考尼茨："您已经得知这将我压垮的不幸。我已经失去了儿子的身份，而这正是我自认为最擅长扮演的角色。请继续做我的朋友，成为我的支柱和向导，帮助我分担如今落在我肩上的重担。"[3]

法兰克福：哦，帝国！

约瑟夫旅行队的几辆马车在法兰克福市中心的铺石路面上颠簸前行——这一次除了他的私人外科医生布兰比拉和秘书克内希特外，在1778—1779年巴伐利亚王位继承战争中屡立战功的将军路德维希·冯·泰尔兹男爵也在随行人员之列。他们从罗马广场和圣巴托洛缪教堂前驶过。距离约瑟夫在这里加冕为罗马人民的国王已经过去了近十七年的时间。

时间飞逝的速度令人难以置信，皇帝心想。

同样令人难以想象的是，他在这些年中经历了如此多的事情，见识了如此多的地方，做出了如此多的决定，遭受了如此多的打击。十七年来，他和母亲共同掌管着奥地利的命运，现在他独自承担起了责任。这不仅仅是一种负担，更是一种解脱。他已经四十岁了，依然有着旺盛的生命力，经历了许多旅行，做好了充分的准备，如果现在还不是时候，那他什么时候才能完全接手掌舵？即使他有权选择，他迄今为止所经历的一切也使他确信，他需要成为皇帝来完成已经开始的改革项目。他以特有的敏锐感知力，不厌其烦、一丝不苟地了解维也纳政府和帝国各地不同的生活状况，了解人们如何勉强生存以及国家如何影响民生。他接受了数以千计的请愿书，并让他的官员予以答复；无论他走到哪里，他始终为普通人主持公道，那个时代的其他统治者无法做到这一点。[4] 他“看到、听到并分析”，不允许任何偏见存在。[5] 他完全清楚该怎样做才能为所有人带来幸福。他已经制定了计划，只是需要施行。但他越来越不明白为何一切都进展得如此缓慢，为何想要将一切做到最好的他会有敌人和反对者，为何有那么多人不理解他。在那一刻，他决定利用他拥有的权力来实现自己的目标，即使将来之人指责他专制。毕竟，他已是唯一的执政者。即使是现在，他也坚信现代世界的诞生需要第一手的知识。

在他之后担任哈布斯堡统治者的九年中，他将继续用两年时间旅行。他已充分证明，当他不在维也纳的时候，他也不会让国家事务出现纰漏；他的邮件运送系统和远程治理系统就像一台运转良好的机器。信使们快速且可靠，因此所有重要的信息和紧急公函都能在合理的时间内送达他手中。他的命令也能够顺利返回维也纳。由于他是唯一的执政者，他已经授权考尼茨在他缺席的情况下代表他签署一切不能推迟、需要他立即处理的文件。

在法兰克福短暂停留的那个夜晚，约瑟夫和他的旅伴们住进了罗马皇帝旅店。这里到处都飘荡着加冕礼的气息。哦，帝国！在侍从临时铺于简易床榻的“鹿皮”上，约瑟夫伸展疲惫的四肢，陷入了沉思。这张“鹿皮”和“布毯”是皇帝为了保证睡眠舒适携带的唯一物品。多年来，他一直严于律己，厉行节俭。

在他加冕后的最初几年，约瑟夫曾试图改变这个充斥着繁文缛节的帝国。例如，最近一次对帝国最高法院的改革就是由他发起的。这个由他的祖先马克西米利安一世于 1495 年建立、自 1689 年起设在韦茨拉尔的最高法院，在他的父亲弗朗茨·斯蒂芬时期就已经因腐败丑闻和堆积如山的待处理文件陷入瘫痪。重要性次之的另一个法院，即离皇帝更近的维也纳帝国宫廷法院，则因教派倾向受到新教贵族的指责。在那里，帝国政治代表[a]和臣民都受制于教派。当韦茨拉尔的工作不断堆积时，维也纳的诉讼量已经降至最低点。这清楚地表明，帝国政治代表开始怀疑皇帝能否成为一个公正的领袖。

这就是问题的根源所在，约瑟夫一边思考，一边毫无睡意地从床的一侧翻滚到另一侧。

拥有两千万居民、两千个领地和两百个自由城市的旧帝国仍然是欧洲政治的闪耀结晶，但过去的模式与现代的模式之间存在冲突。前者以皇帝为首要统治者，其最崇高的使命是“永久”维护和平；后者则试图通过领土扩张和王朝继承来确保权力。约瑟夫现在集两种身份于一身：他既是一个缔造和平的皇帝，又是一个雄心勃勃的现代权力政治家。

从长远来看，这种组合无法长久，这一点已经在巴伐利亚王位继承战争中得到证实，正是约瑟夫的继承主张引发了这场战争。当他于 1778 年 1 月派兵进入巴伐利亚和上普法尔茨时，这不啻是对帝国宪法的侵犯，因为皇帝作为基督教世界的最高统治者本应保护这些领土。因此，帝国议会提出了抗议，而巴伐利亚人寻求帮助和庇护的对象恰好是腓特烈二世。随后发生的“马铃薯战争”之所以被冠以此名，是因为双方都没有拼尽全力，约瑟夫最终以保留因河地区的战果

a— 帝国政治代表（Reichsstand）指在神圣罗马帝国议会中拥有席位和投票权的个人（比如选帝侯）或组织（比如帝国自由城市）。

挽回了颜面，但他在帝国的权威却受到了永久的动摇。[6]

那腓特烈呢？皇帝继续沉思。睡觉是不可能的了。他叹了口气。像往常一样，他走下床榻，燃起蜡烛，映着烛光坐在小桌前写作，但时间不会太久，因为他们必须在日出前离开这座城市，接下来还有很远的路要走。

毕竟，是腓特烈最先在帝国内逾矩。当年，他在非必要的情况下入侵西里西亚，导致玛丽亚·特蕾西娅腹背受敌，她在与欧洲其他国家作战时，还要处理西里西亚争端。这种做法也违背了帝国的原则。不过，似乎从未有人对普鲁士国王的行为感到愤怒，帝国的诸侯们直接否决了针对他的禁令。然而，人们对皇帝则要苛责许多。当他只是要求将一小块狭长的区域纳入他的领土范围时，所有人立即谴责了这种不可接受的扩张主义政策。

巴伐利亚问题在继承战争中也没有得到解决。1785 年不光彩的“马铃薯战争”结束后，约瑟夫提出用奥属尼德兰交换巴伐利亚。没过多久，七十三岁的普鲁士国王就巧妙地利用了这一契机，集结帝国中的反对势力，并在 1785 年宣布成立德意志诸侯联盟，将天主教贵族与新教贵族纳入其中，反对约瑟夫的强权政治。这一行动对帝国造成了致命的打击。

普法尔茨：令人难忘的迂回之旅

5 月 28 日凌晨四点，法尔肯施泰因伯爵的马车已驶离加冕城。约瑟夫心血来潮地决定在帝国最美丽的地区之一进行一次短途旅行。[7]然而，他只给自己留出了四天时间，因为他希望能在5月31日到达卢森堡。

旅行的第一站是达姆施塔特。黑森-达姆施塔特伯爵的弟弟格奥尔格热情地接待了他，并带他参观了自己的住所。格奥尔格拥有一个令人惊叹的阅兵大厅，约瑟夫在给好友莫里茨·冯·拉齐的信中提到，他也想在维也纳复刻一个这样的大厅。接下来，他们继续前往帝国大教堂所在的古老皇城沃尔姆斯，之后再从那里前往曼海姆和海德堡，深入普法尔茨的中心地带。1720年，选帝侯卡尔三世离开了海德堡的府邸，因为那里不适宜居住，而且风格老旧。他去了曼海姆，在那里斥巨资开启了一个闻名遐迩、历时数年的项目：为自己打造一座如梦似幻的巴洛克式宫殿。从那时起，这一宫殿建筑群就成了继凡尔赛宫之后的欧洲典范。但是，接替曼海姆宫殿建造者登上掌权之位的卡尔·特奥多尔早已搬迁至慕尼黑，并作为普法尔茨的维特尔斯巴赫家族成员，于1777年接替了马克西米利安三世的位置。这也是约瑟夫对他的土地、城市和住所感兴趣的另一个原因。

在写给考尼茨的信中，约瑟夫评价道，这里是“德意志最好的地方！另一个伦巴第！”[8]如果巴伐利亚王位继承战争的结局有所不同，或者他和选帝侯卡尔·特奥多尔之间的谈判被帝国的其他成员接受（根本不必发动任何战争），那么巴伐利亚现在将属于奥地利，而卡尔·特奥多尔也可以继续留在曼海姆，掌管神圣罗马帝国的古老核心地区——美丽的普法尔茨选侯国及从弗赖堡至康斯坦茨的上奥地利。

当时约瑟夫打算用这些条件让普法尔茨统治者心甘情愿地割让巴伐利亚的领土。

奥属尼德兰：富有但孤僻

但谁知道呢，谁知道命运会为我们打开哪扇门，约瑟夫坐在马车里，一边思考着，一边查看着奥属尼德兰的地图。约瑟夫还没有放弃关于巴伐利亚的计划。也许还有其他的交换选择。奥属尼德兰？那里离哈布斯堡的土地太远了，而且被划分成了许多不同的区域，管理相当混乱。他的同伴路德维希·冯·泰尔兹在他身旁打起了瞌睡。

“情况相当复杂，你不觉得吗？”皇帝说。

“确实如尊贵的陛下所说！不管现在还是未来，那里都像是一块拼布被子！”将军急忙回答。

“帝国本身也是如此！”

“嗯，大处如此，小处也如此。”将军太累了，无法清楚地表达自己的想法。

“可以肯定，小地方同样难以治理。”当马车驶入卢森堡公国的首府时，约瑟夫用手指向卢森堡公国的边界。虽然他有地图，但他尚未在各地实施全面的人口普查，也不清楚各地准确的收支情况。

约瑟夫摇了摇头。

至少在布鲁塞尔，他必须从旁观者转变为行动者。

他们住进了“七个施瓦本人”旅馆。[9]这家旅馆位于新堡垒的附近，皇帝将在接下来的几天参观这座堡垒。约瑟夫甚至指挥了一次演习，之后与士兵交谈，品尝他们的汤，并听他们详细阐述自己的职责。他在所有的旅行中一直是这样做的，而且将继续保持这种做法。他对小人物、士兵、农民和手工业者的兴趣、他要改变底层弱势地位的意愿，从来未曾改变。第二天，皇帝接见了公国最高法律机构卢森堡议会的成员。

“可是，梅赫伦最高法院……”市政官员开始抱怨。梅赫伦最高法院一直在干涉他们的内部事务。

“哪些事务？”约瑟夫试图了解情况，弄清复杂的行政管理体系。原则上，尼德兰各省拥有很大程度的自治权，它们有自己的法规和法律体系，能够有效捍卫自身利益，免受布鲁塞尔总督的决定的影响。但是，也有一些机构凌驾于省级行政机构之上。勃艮第公爵“大胆”查理与约瑟夫一样，认识到了行政集中化的巨大力量，于1473年在梅赫伦设立了最高财政管理机构和最高法院。这一体制深深刺痛了卢森堡人，因此他们从未真正感到自己属于勃艮第公国。

“我现在有所了解了。”皇帝皱着眉头说。他开始意识到因为历史上不断变化的体制及归属，奥属尼德兰的管理是多么的复杂。作为统治者，他实际上是那里十个省之间的唯一联系。他是布拉班特、卢森堡、林堡和格尔登的公爵，佛兰德斯的伯爵，埃诺、那慕尔，梅赫伦、斯塔沃洛和列日的领主。这些省份都有自己的法律，其高度稳固的等级结构大大限制了约瑟夫的权力。1356年，布拉班特开始实施名为《愉悦入境》(*Joyeuse Entrée*）的严格法规，没有给君主留出太多施加影响的空间。在大多数省份，即使是税收也必须年复一年地重新谈判，因为各地的庄园都有决定税收的权利。已故尼德兰总督卡尔·冯·洛林曾经表示，这种情况相当荒谬，鉴于其中的复杂程度，建立任何形式的政府都将是一个奇迹。约瑟夫将他的行程安排在了萨克森-特申的阿尔贝特就任总督之前，这样可以不受干扰地了解这一最特立独行的地区，并亲自制定新的规则，以便新总督接手管理。

卢森堡：北方的直布罗陀

皇帝很喜欢卢森堡。无论从面积还是实力来看，该要塞都是整个欧洲最强大的堡垒之一（它被称为“北方的直布罗陀”）。在这里，约瑟夫第一次看到了可以追溯到中世纪的财富，他几乎可以在尼德兰的每个地方感受到这样的财富。他还在游历中更深刻地理解了欧洲的共同历史，理解了该如何将各具特性的公国、伯国和主教区联合在一起。在 14—15 世纪，有数位皇帝来自卢森堡。亨利七世娶了布拉班特公爵的女儿，在 1308 年成为卢森堡家族中第一个登上罗马人民的国王之位的人，并在不久之后加冕为神圣罗马帝国的皇帝。普舍美斯王朝灭亡后，波希米亚王国的局势相当混乱，亨利将波希米亚王国赐予了他的儿子约翰，该王国是当时神圣罗马帝国内最重要的一块领土。而约翰的儿子，即卢森堡王朝的查理四世，从 1355 年起成了中世纪最重要的一位皇帝，也是欧洲最重要的一位统治者。

当约瑟夫在卢森堡大议会上发言时，他向成员们许诺他将承认他们的主权，并使他们摆脱梅赫伦方面的控制。约瑟夫一向厌恶地方割据主义，这样做显然违背了他的理念。他是否对与哈布斯堡家族有亲缘关系的卢森堡抱有特殊的偏爱？无论如何，这将使卢森堡在尼德兰所有未决改革中独享特殊地位。由于获得了更好的待遇，卢森堡不会参与约瑟夫去世前不久于布鲁塞尔爆发的尼德兰起义。

"先生们，我希望你们能读懂我的心。如果我不能让每个人都满意，我的内心将无比痛苦。请放心，我将努力实现这一目标。"皇帝在会议结束时说。[10]

"陛下万岁！"

空旷的议事厅中回荡起经久不息的掌声。

是时候动身前往下一站了。

佛兰德斯：罗斯风情

6 月 4 日，约瑟夫回到了马车上，很快他们就会到达奥斯坦德。这里平坦的草地景观让他想起了一年前访问过的俄国。

"你去过俄国吗，亲爱的泰尔兹？"约瑟夫心不在焉地问道。他还记得 1780 年 6 月与女皇和波将金侯爵的会面。当时，他与叶卡捷琳娜、波将金以及两人各自的情人坐在同一辆马车上，五人结伴从莫吉廖夫前往斯摩棱斯克。这真是一个极为特别，也可以说是有些尴尬的场景。

"没有，陛下，我还没有这样的机会。您想起了一年前的旅行吗？”

“是的，这里的风景让我想起了俄国的平原。”

“陛下，您的那次旅行非常成功。”泰尔兹鼓励看起来有些忧郁的君主，“不是吗？”

“是的，应该算是成功的。”约瑟夫回答道。他有些恼火，因为泰尔兹本可以做出更好的回应。然而，他并不完全确定自己的看法。俄国对他来说过于陌生，过于深不可测。他当时与叶卡捷琳娜结成的联盟是否真的对奥地利有利？俄国和奥斯曼帝国之间很有可能会爆发另一场战争，如果共同防御条款被触发，奥地利将不得不站在俄国一边，这难道不会给君主国带来不可预知的风险吗？他为扩大自己的权力付出的代价，是不是太高了？泰尔兹现在还打起了鼾！约瑟夫摇了摇头。他的原则是什么？他究竟想达到什么目的？长途马车旅行的时间似乎正是用来思考这些问题的。他最重要的目标是维持君主国的稳定，包括获取领土，他继续思考道。但真的是这样吗？他曾经不是拥有一个更加崇高的目标吗？他首先应该考虑的，难道不是增进臣民的福祉，改善他们的生活条件？这些价值观念到哪里去了？他是否背叛了他的臣民？他是否已经丧失了同情的能力？他的怜悯之心是否已经随着耐心的消失而被消磨殆尽？还是说，他只是偶尔会完全忘记，他必须考虑到人民的利益？毕竟，是他曾对腓特烈说，违背人民利益的统治者无法治理一个国家。利奥波德也不厌其烦地反复提醒他这一点。那么，是什么让他变得越来越追求权力？

“时间将告诉我们与俄国的联盟会带来怎样的好处。”约瑟夫最后提高音量对泰尔兹说。将军从睡梦中惊醒，困惑地点了点头。

奥斯坦德：获得自由的港口

在法尔肯施泰因伯爵的旅行团抵达奥斯坦德前不久，约瑟夫的思绪又回到了尼德兰的复杂历史上。最重要的是，与奥地利的世袭领地相比，尼德兰几乎无限的财富（它拥有全欧洲最高的生活水平）给皇帝留下了深刻的印象。

旅行队沿南部边境经蒙斯和图尔奈到达奥斯坦德，并参观了该地区的煤矿、玻璃工场和现代锻造工场。正是因为这些工场，奥斯坦德成了欧洲最现代化的地区之一，也是最先开展工业革命的地区之一。这里和奥地利的世袭领地有着天壤之别，宛如另一个世界！奥斯坦德是一个繁荣的港口，而约瑟夫不认同的美国独立战争进一步促进了贸易的发展。

忽然，一艘英国军舰连放了二十响礼炮。约瑟夫停下了脚步。栏杆上的水手们认出他是神圣罗马帝国的皇帝，向他欢呼。关于谁是奇怪的法尔肯施泰因伯爵的消息可能早就泄露了出去，因为水手们手头应该没有这位君主的画像。对于已经与美国的起义力量作战六年的英国来说，海外鲜有好消息传来。1778 年美法结盟，次年西班牙参战，最后荷兰共和国也站在了美国那一边，这一切都对英国造成了致命打击。1781 年，英国殖民势力的彻底失败已经近在咫尺

（9月至10月的约克敦战役宣判了它最终的命运），承认美国独立也只是几年后的事情。巨大的变化像热气球一般飘浮在空气中，向前路投下阴影。

同往常一样，约瑟夫与港口的人打成一片，并请英国水手为他祝酒。

“陛下万岁！”

“您觉得奥斯坦德怎么样？”水手们不为世事所困扰，上岸休息的他们精神焕发，充满了好奇和快乐，对这位和蔼可亲、深受欢迎的统治者感到惊讶。

“这个港口，”约瑟夫回答说，“很有潜力！必须在这里建立一个……”君主忽然沉默下来，微笑着向他的仰慕者道别。

这真的不关英国人的事。但这个想法是个好主意。在穿越奥属尼德兰的旅途中，约瑟夫将奥斯坦德设立为自由港——这会对经济产生立竿见影的积极影响。[11] 虽然1778年只有八十一艘船在奥斯坦德防波堤卸货，但到1781年底，来到这里的货船已经增加到了三千艘。[12]

布鲁日：北方的威尼斯

旅行队从奥斯坦德出发，沿着莱茵河三角洲的一条运河继续前行，进入古老的佛兰德斯的中心地带，前往布鲁日、根特和安特卫普。这里的城市有着悦耳的名称和丰富的过往，是皇帝见过的最富饶、多样的地方。在中世纪，佛兰德斯是欧洲城市化程度最高的地区，根特甚至比伦敦还大。所有的城市中都居住着自豪的市民和见多识广的商人，从他们身上可以发现底蕴深厚且丰富繁荣的文化。此外，所有的城市都制定了赋予这些公民广泛自由的法规。

约瑟夫于 6 月 13 日抵达这段旅程的第一站——布鲁日。马车穿过配备着特殊风车的防御要塞，驶上横跨城市众多运河的拱形桥梁。马蹄声在狭窄的街道上回荡，接着传来马车夫安抚马匹的“嗬嗬”声，于是马车吱吱呀呀地在历史悠久的商业旅馆前停了下来。[13]

“诸位，我们尽快享用晚餐吧。”精力依旧充沛的皇帝说道。

“谨遵吩咐，陛下。”泰尔兹回答道。此时，布兰比拉正让人把装着手术器械的手提箱送到他面前。这或许有些令人难以想象，但即使是在旅行队短暂停留的地方，也总是会出现一些向皇帝寻求帮助的人。这其实也是他了解当地人和周围环境的最好方式。

“这里的一切都有种独特的气质，您不觉得吗？”泰尔兹问道。

“中世纪风格。”约瑟夫简短地回答道。但这个答案显然并不全面。布鲁日远不止如此。这座城市保留了中世纪元素，又融合了世界文化，既有古老传统的一面，也有开放的一面。早在 13—14 世纪，布鲁日就成了欧洲北部最重要的贸易大都市，享有“北方威尼斯”的盛誉。这里是通往大海的出口，但不幸的是，在随后的几个世纪里港口淤塞得越来越厉害。此外，纺织工业使这座城市成了中世纪的全球贸易中心。意大利北部的所有城邦都在这里建立了商业点，英国人、西班牙人和葡萄牙人相继而至。人们在这里进行各式各样的货物交易，包括来自北方的木材、焦油和谷物及来自俄国的毛皮等奢侈品。来自南方的货物主要是盐和酒，后来还出现了来自马德拉的糖和来自非洲的象牙。早在 1200 年，布鲁日就举办了首届世界贸易展览会。由于贸易活跃，意大利模式的银行应运而生，世界上第一家证券交易所最终在这里开业。14 世纪中叶，当布鲁日成为勃艮第公爵的驻地时，其具有垄断地位的纺织工业发展到了顶峰。因此，布鲁日也成为早期资本主义的发源地。

第二天早上，约瑟夫参观了位于市中心集市广场的码头大厅，那里在进行布匹交易。在大厅的旁边，耸立着一座八十多米高的钟楼。

这座钟楼的历史同样可以追溯到中世纪，至今仍是布鲁日的一个地标。它提醒着皇帝，不要低估布鲁日自信而富有的资产阶级。1488 年，布鲁日的资产阶级曾经监禁了约瑟夫的一位祖先，即在之后成为皇帝的马克西米利安一世。这位哈布斯堡家族成员迎娶了勃艮第的最后一位继承人，从而获得了尼德兰。但与妻子玛丽不同，马克西米利安在勃艮第一直是一个不受欢迎的外国人，是威胁要利用富裕地区来实现地缘政治目的的众多统治者中的一员。当玛丽在一次骑马事故中意外身亡后，勃艮第的城镇中爆发了反对马克西米利安的起义。先是他只有两岁和三岁的两个孩子被根特叛军绑架，后来当他反击报复时，他自己也在布鲁日被捕。约瑟夫当然听说过这个故事。但从马克西米利安的角度来看，他在获释后重重打击了参与暴乱的布鲁日市民，并最终取得了胜利。不过，他为此付出了怎样的代价？

约瑟夫穿过经济中心，经过宏伟的商人住宅，包括范德伯斯家族的建筑及当地和外来商人交易的场所。在顺路经过证券交易所后，约瑟夫在市政官员的带领下参观了美术学院。

早期弗拉芒派的大师们令他惊叹，包括15世纪曾为布鲁日勃艮第公爵“好人”腓力三世服务的扬·范艾克，同一时期活跃于布鲁塞尔的城市画家罗希尔·范德魏登，服务于哈布斯堡大公、马克西米利安之子——“美男子”腓力一世的宫廷画家希罗尼穆斯·博斯，以及在一个世纪后为荷兰文艺复兴后期绘画做出了重要贡献的勃鲁盖尔家族。在那个时代，腓力一世的儿子，即后来的皇帝查理五世，为神圣罗马帝国带来了最后一次辉煌。

“多么壮丽啊！”约瑟夫感叹道。“我们在维也纳也需要这样一座艺术馆，我亲爱的布兰比拉。”这位私人医生热情地点点头；医学不是他唯一热爱的领域。教育、知识、文化，在开明的他看来，推动人类进步的一切必要因素都值得被发扬光大。

布鲁日美术学院不仅是一座艺术馆。画家们和他们的作品比任何一本说教的学术著作更能让皇帝理解尼德兰各省的历史，了解它们的财富、精妙、骄傲和自信。

“陛下愿意接受学院保护使者的称号吗？”院长在参观时问道。[14]

“很乐意。”约瑟夫回答说——这或许有些仓促，但他不想也不能在涉及仪式的细节上纠缠太久，毕竟在布鲁塞尔还有各种工作等着他。当地人的公民自豪感也让他有些不安。对他来说，这里的公民似乎无法掌控。

现在轮到布兰比拉尴尬地清了清嗓子。他从约瑟夫对面的那个人的脸上看出了一丝失望。当然，他只是稍有不悦。然而，这也反映出自信的尼德兰公民与其当权者之间的敏感关系。

“真是个好主意，毕竟我们拥有勃鲁盖尔最重要的一些作品。”布兰比拉对皇帝感叹道。

“没错，那是一个珍贵的宝藏，从我记事起就一直源源不断地带给我快乐。”约瑟夫继续谈论这个话题，不无强调地补充道，“这是我们共同的历史。”

现在，东道主们露出了礼貌的微笑。共同历史的问题向来充满冲突与对立。无论哈布斯堡家族在尼德兰南部省份统治了多久，他们在这里一直被视为外国统治者。这在约瑟夫二世时期也不会有任何改变。从在场者的骄傲神情中可以看出，他们在仔细观察这位年轻的统治者将如何处理国家的传统，他对历经岁月的体制将抱有何种程度的尊重。毕竟，在这几个世纪中，人们已经经历了各种各样的事情。

“陛下会参加基督圣体游行，对吗？”院长在最后以一种几近说教的口吻说道，“时间还很充足！”

当地人想要了解这位新统治者，布鲁日的基督圣体游行因约瑟夫的莅临被安排得格外丰富多彩。皇帝将平静地见证塑造了尼德兰诸省的天主教虔诚。于是，举着巨大的教堂旗帜和火把的信徒们身着中世纪的服装，一边吟唱一边在布鲁日狭窄的街道上游行。当辅祭男童的铃铛声宣布圣母玛利亚的祝福降临时，信徒们怀着深深的虔诚，在一条又一条街道祭坛前光秃秃的地面上跪下来。人们不知道皇帝对教会游行、各类节日和民众的宗教虔诚深感厌恶，为他准备了一个珍贵的垫子，以便他能以符合身份的舒适方式屈膝。但是，正如编年史学家后来愤慨地记录的那样，约瑟夫拒绝下跪。他只是微微低下了头。皇帝“矫揉造作”的表现激怒了信徒们，造成了持久的负面影响。[15]

游行结束后，约瑟夫与人们握手，并让人们知道，他们可以在任何时候向他提出要求和关切的问题。在奥属尼德兰，臣民们最初对这位受欢迎的执政者印象深刻；毕竟，自西班牙的腓力二世以来，他们从未见过任何一位统治者。居住在布鲁塞尔的只有哈布斯堡的总督们，他们的权力很小。但与约瑟夫的其他臣民相比（匈牙利人除外），尼德兰人更加保守、更易质疑、更为自我。尼德兰人感觉到这位皇帝将带来一股变革之风。但他们是否应该允许这样的事情发生？

根特：佛兰德斯的首府

约瑟夫一行接下来前往的根特是一座极度反叛的城市。自根特在中世纪早期成为北方最大的城市以来，当地的公民和行会一直捍卫着自己的自治权，反抗王公贵族。无论是勃艮第公爵还是后来出生在根特的查理五世，都没能完全掌控这座城市。

人们带约瑟夫参观了伟大的哈布斯堡君主查理五世的出生地，在他的帝国里，太阳从没有落下。此地名为“亲王宫”，位于大教堂附近。皇帝可能也察觉到了，根特仍然是一座骄傲的资产阶级小镇，在这里，君主的地位无足轻重。

他首先参观了港口和军事设施，之后前往大教堂参观了著名的根特祭坛画，这是扬·范艾克的主要作品。接下来的目的地是根特的监狱，那里是欧洲最现代化的监狱之一。然而，这位废除了死刑和酷刑、曾经在血气方刚之时用铁链将自己锁在斯皮尔伯格堡垒中的皇帝，在这次巡视中却得出了令人惊讶的结论：囚犯们在监狱里的生活过于舒适。[16]但正是在奥属尼德兰的游历让约瑟夫形成了这样的印象：如此骄傲、如此世故的公民表现出的顽固态度，使治理此地变得相当棘手。也许这就是他希望建立更加严苛的刑法制度的原因。

安特卫普：斯海尔德河的封锁是罪魁祸首

6月18日，约瑟夫带着他的小队抵达安特卫普，继续深入探寻王朝的历史，了解辉煌而丰富的过去。然而，在约瑟夫看来，安特卫普这个位于西斯海尔德河畔的港口城市似乎迟缓衰落、日渐式微。这背后存在历史原因。

16世纪，安特卫普因其港口在规模与通航条件上优于布鲁日，逐渐超越后者成为欧洲最重要的贸易中心。在16世纪60年代，这里有十万居民，每年有两千五百艘船停靠在码头。这座城市之所以重要，是因为它是外国商人与整个北欧和中欧开展贸易的首选地点。在安特卫普的中央广场上，售卖着人们能够想象到的各种商品，在宏伟的行会大厦的墙壁之后，上演着多语言和国际化的场景。甚至在两百年之后，当约瑟夫二世入住“大耕作者”旅店并在夜晚参观军事学院时，文艺复兴时期的外墙仍在彰显着昔日的繁荣和权力。在经历反宗教改革时期的繁盛之后，这座城市便陷入了衰落。

“陛下，斯海尔德河的封锁是罪魁祸首。”一位安特卫普市民愤怒地抱怨道。约瑟夫像往日一样，来到民众之中了解民意。

“太荒谬了。”另一个人表示同意，“一百多年来，荷兰人一直在阻挠我们出港，破坏我们的贸易！”

“是的，”更多公民同意道，要求解除对斯海尔德河的封锁，“陛下，我们请求您的帮助！”

“好的……”约瑟夫认真地听着。他对斯海尔德河的问题很感兴趣。早在维也纳，皇帝就集中精力处理过这个棘手的问题，并制定了应对方法和策略。他非常清楚河流争端的原因，这涉及八十年战争结束时西班牙与尼德兰的分治。从根本上来看，这场争端也是尼德兰人和外国统治者之间的权力斗争的一部分，具体来说是与西班牙哈布斯堡王朝之间的权力斗争。在这八十年里，坚定的天主教徒腓力二世与迅速扩张的加尔文派展开了前所未有的残酷斗争，在那之后，西班牙哈布斯堡王朝失去了臣民的忠心。该领土随之分裂为北部新教地区和南部天主教地区。安特卫普曾短暂加入新教省份，但在 1585 年被亚历山德罗·法尔内塞重新夺回。当时，这位效忠于西班牙的意大利将军用船桥封锁了西斯海尔德河，并围困了信仰新教的安特卫普，直到饥饿的民众放弃抵抗。然而，在尼德兰分裂后，如今的荷兰封锁了已成为边界河流的西斯海尔德河，这一情况也在 1648 年的《威斯特伐利亚和约》中得到确认。从那时起，安特卫普就被切断了国际海上贸易的通道。

由于斯海尔德河被封锁，尼德兰的分裂给信仰天主教的南部地区带来的不只有灾难。它还引发了最大规模的人口迁移。安特卫普沦陷后，新教徒被告知要么在四年内离开该市，要么皈依天主教。大多数人选择在信仰新教的北部地区重新开始，安特卫普和根特因此失去了几乎一半的居民。如果没有涌入更加发达的南方地区的人口，荷兰的黄金时代就不可能出现。正是来自安特卫普、根特和布鲁日的银行家、纺织从业者和商人使荷兰共和国崛起为 17 世纪的重要经济强国，并造就了历史上艺术最繁盛的一个时代。1650 年左右，约有七百名画家在荷兰工作，每年创作约七万幅画作。

“这一切简直荒谬至极。”约瑟夫对泰尔兹说。还在维也纳时，他就与考尼茨商定，在访问期间他不会过问斯海尔德河这个棘手的问题，只会默默记录一切。“我答应过要保持低调，但当我们回到维也纳后，没有什么能够阻止我解决斯海尔德河的封锁问题。”约瑟夫坚定地补充道。泰尔兹点点头。

梅赫伦：红衣主教打错了算盘

6月20日，皇帝的马车在梅赫伦停靠，这里是奥属尼德兰最高法院的所在地，也是梅赫伦大主教居住的地方。约瑟夫只在这里停留了一个晚上，但在他和旅伴们入住的拉格鲁旅店中[17]，上演了一场值得记录的会面。约瑟夫刚刚脱下他的旅行服，换上了新的衬衫和更优雅的紧身绅士外套，用备好的水清洁了面部，第一位访客便出现了——梅赫伦的红衣主教约翰·海因里希·冯·弗兰肯伯格。

这位教会人士穿着红色的主教长袍，气势汹汹地快步朝约瑟夫走来。见状，约瑟夫的侍从手脚麻利地将旅店客房迅速布置成了一间简单的接待室。

“我恳求您！”[18]红衣主教的请求听起来更像是一个命令。尼德兰的神职人员拥有极大的权力，弗兰肯伯格对此毫不掩饰。他向皇帝问好的话音刚落，便直入主题。他曾经得到过玛丽亚·特蕾西娅的提拔，是一个正直的教会高层人士，但他首先是一个保守派。

约瑟夫扬起眉毛。“请继续……”他点点头，让红衣主教继续说下去。他已经预感到了后面要发生的事情，故意摆出一副波澜不惊的样子。

“宗教宽容！”红衣主教提高了声音。

“怎么了？”约瑟夫假装不解，玩味地问道。

“请不要！不要在尼德兰实行！”

弗兰肯伯格继续为自己的观点辩护，但约瑟夫无法理解这位教士的恳求。就在四天前，他从根特向维也纳发出了一份实行宗教宽容和反对歧视宗教少数群体的简短宣言。[19] 况且，目前的情况再清楚不过了。反宗教改革期间对宗教的不宽容给尼德兰带来的只有伤害！他的这些土地就是最好的例子，它们清楚地表明，当宗教少数群体遭到驱逐时，国家的繁荣会受到怎样的损害。

“这里的人都很虔诚。”红衣主教试图做出解释，“宗教宽容会使他们感到不安！”

约瑟夫默不作声。他坚信情况恰恰相反。回到维也纳后，他将立即为新教徒和东正教徒颁布《宽容法令》（1781 年），并在不久后为犹太人颁布同样的法令（1782 年）。无论虔诚与否，如果人们不愿意理解他，就必须采取手段迫使他们拥抱福祉。他越来越相信这一点。

在法律上宽容其他信仰的人只是约瑟夫教会改革的一部分。即使他们还不被允许建造礼拜场所，但《宽容法令》至少允许他们在私下里选择自己信仰的宗教。此外，约瑟夫还从 1782 年开始下令解散修道院，将其高达三千五百万古尔登的资产重新分配给一个新成立的宗教基金，用于建立堂区并帮扶现代牧灵关怀工作。约瑟夫认为，君主国“过于贫穷，容不下懒汉和乞丐”，他在这里意指只会祈祷的教会人士和修道院学校。[20] 但是，致力于社会公益的事业仍然可以继续。数以百计的修道院被迫解散，君主国文化遗产的重要部分遭到了破坏，这是无法避免的副作用，他认为必须接受这一事实。在该举措的推动下，他决定让其中的巨额财富回归最初的用途，即牧灵关怀。他还要将教会置于国家的主权之下，为此需要重新组织宗教教育。在尼德兰，将教士培训转移到由国家监管的鲁汶神学院的做法成为压死骆驼的最后一根稻草。1788 年，数十名公民在安特卫普主教神学院的暴力驱逐中丧生，针对皇帝及其改革的武装抵抗由此爆发。

“还有一件事，”红衣主教在接见结束时急忙说道，“如果陛下可以对宣扬启蒙思想的著作做些什么……”

这位好心的主教显然消息闭塞。约瑟夫在 2 月就废除了教会审查制度。他对此已经期待许久！众多启蒙思想家的著作被划入奥地利天主教的禁书之列，多年来一直令他感到恼火，他曾多次与母亲争论此事，条理清晰地指出书籍审查的荒谬后果。早在 1765 年的调查报告中，他就对审查制度提出了严厉批评，并要求玛丽亚·特蕾西娅至少保证进入奥地利的外国人的行李不受影响——这从侧面说明许多特使的行李箱都在奥地利边境被清扫一空，他们随身携带的伏尔泰、孟德斯鸠、狄德罗和雷纳尔等杰出人物的众多作品，还有深受贵族欢迎的色情书籍，无一能在搜查中幸免。大使们随后不得不请宫廷归还他们的书籍，美泉宫的偏执统治者因此成了启蒙圈子的笑柄。正如在当时世界的许多领域中发生的事情一样，这是一场传统世界与现代世界的斗争。[21]

“主教大人真的相信……”约瑟夫皱起眉头。不，继续与红衣主教交谈纯粹是浪费时间。他对这些人和他们陈旧的观点感到无比厌烦。当一个人学会用自己的双眼观察世界的时候，他就不能再忽视事实和事物的本质了。

“狄德罗、雷纳尔和……”也许是感到恐惧和恼怒，红衣主教颤抖了起来，“最糟糕的是：伏尔泰！”

“您读过他的作品吗？”约瑟夫忍不住问道，以一种尽可能友好的虚伪态度。红衣主教脸涨得通红，红得就像他那身长袍一样，但这究竟是出于羞愧还是出于偷读“禁书”之事被发现而产生的愤怒，就不那么容易分辨了。

“我的天啊，上帝保佑。”这位教会上层人士结结巴巴地感叹道，随即披上斗篷离开了。

布鲁塞尔：没有主权的权力中心

6 月 22 日，皇帝终于抵达布鲁塞尔，他将停留两周，毕竟那里是行政中心。布鲁塞尔也是帝国总督们一直居住的地方。上一位总督是已故的卡尔·亚历山大·冯·洛林，他于 1774 年将四十年前烧毁的库登堡宫的废墟清理干净，并建立了一个新的中心，即皇家广场。市政府官员带领皇帝走过尚未完工的宏伟的新古典主义建筑——库登堡圣雅克教堂、开阔的广场和已故总督的雕像，自豪地向他展示布鲁塞尔的城市中心。皇帝的时间有限，他觉得这些怪异的建筑索然无味，匆匆游览后便开始集中精力落实他井井有条的工作安排。

“我早上会去各个法庭看看，”他在 7 月 6 日写信给他忠实的好友莫里茨·冯·拉齐，“十一点至下午三点是面向所有人的接见时间，之后我会独自吃饭和工作。每天傍晚六点，我会和大臣、议会代表开会，逐一讨论行政、财政、商业和司法等各方面事宜，持续到晚上十点结束。夜间，如果我不是太累的话，就会抽出一个小时参加社交活动。”[22]

“陛下，请接受我谦卑的请求。”

“我的也是！”

“还有这个。”

“还有这个也是！”

…………

每天都有数百人排队向约瑟夫二世递交请愿书。不论是穷人还是富人，大多数人都不会写字，许多人求助于写字员，支付少量的费用请他们帮忙撰写请愿书。队伍里有大腹便便的官员、骄傲的小资产阶级、衣衫不整的工匠，以及因田间劳作而晒得黝黑的农民和憔悴的临时工——所有这些人都像是从勃鲁盖尔的画中走出来的，和整个领土一样形色各异。约瑟夫以一以贯之的友好态度完成了每天的接见，这早已成为他统治的一个特色。最后，他了解了一万名请愿者的忧虑和困境，并将他们的请愿书转交给尼德兰全权大臣格奥尔格·亚当·冯·施塔尔亨贝格伯爵处理。

“请……请……请陛下给予我帮助。”一位百岁老人恳求道，伸出他那因多年劳作而不堪重负的弯曲双手，以证明他不再适合工作。

“我们的村子被烧毁了。”一个从远方赶来的人结结巴巴地说，“我想知道陛下能否开恩免去我们三年内所有的税收，好让我们重建家园。”[23]

在这类情况下，约瑟夫可以承诺立即采取帮扶措施。但绝大多数的请愿书都表达了希望政府提供长期解决方案的诉求。不少人抱怨行政管理缓慢、复杂，各省的法律各不相同，贸易因关税和其他障碍而受到不必要的阻滞，更不用说省与省之间普遍存在的令人窒息的嫉妒和竞争。所有这些都成了约瑟夫的磨刀石，坚定了他愈发迫切想要实施的改革意图。这些请愿书为他与大臣、议会代表的讨论提供了必要的材料，他不能不向他们强调建立运作良好的现代官僚国家的必要性。国家公务员不应该“只是坐在他们的位子上，动动他们的手指，代表国家在各种文件上签字，而应该把他们灵魂的力量、他们的智识、他们向上的意志和他们的全部精力用于服务国家，做到不论何时何地、何种方式，都怀着满腔的热忱来追求善政”。[24] 在他的理念中，国家必须是一个合理分级的统一有机体，由有能力的公务员一丝不苟地管理。尼德兰离这样的光景还有十分遥远的距离。连维也纳也到处都是粗心大意、条理混乱的公务员，即便他们拥有和蔼可亲的态度。这些人都是玛丽亚·特蕾西娅留给他的。他们让他吃到的苦头勉强可以忍受，否则他会与之严肃地斗争。尼德兰的多样性和由此产生的难以治理、极其复杂的混乱状况，与他在匈牙利、波希米亚、特兰西瓦尼亚和加利西亚等地看到的状况一样——难道这些还不足以证明一个现代国家是绝对必要的吗？更重要的是，与帝国的其他外围领土相比，尼德兰是最繁荣的。尼德兰人必须明白改革真正的意义。

“看啊，亲爱的施塔尔亨贝格伯爵！”晚上，约瑟夫欢欣鼓舞地将另一叠请愿书递给伯爵。在布鲁塞尔，施塔尔亨贝格伯爵总是陪在约瑟夫身边，他和手下的工作人员几天来一直在以极高的效率处理皇帝收到的请愿书。目前他已经完成了三分之二的工作。

“尊敬的陛下，我的下属们正在尽最大努力处理大量的请愿书。”大臣插话道。

“我们需要对尼德兰实施全面的改革，包括行政、教会和法律。一切都必须改头换面。”

“不能这样做，陛下。这会引起众怒。”施塔尔亨贝格提醒他。

“引起众怒！别再和我说这种话了。我为什么要区别对待尼德兰人与帝国的其他臣民？”

“因为他们是不同的，陛下。”

“不同的？”

“他们骄傲且叛逆。”

“如果要用这么复杂的方式来管理，所有这些文化财富又有何用？”约瑟夫发出一声叹息，大臣的警告令他担心。

“因为这是根深蒂固的传统，”这位伯爵尝试做出解释，“即使人们抱怨行政效率低下，但他们也会从这种特有的传统中获得认同。”

施塔尔亨贝格自1770年以来一直担任奥属尼德兰的全权公使，为总督处理行政事务。没有比他更有经验的公务员了。他取得了许多成就，开展了一系列广泛的改革，在消除贫困和解决乞讨问题方面贡献良多。就理念而言，他与皇帝算得上是志同道合。但施塔尔亨贝格比急躁的君主更谨慎，他总是能让强大的贵族感到他们对一切都有发言权，而实际上他才是拍板定夺的人。

但约瑟夫对外交权谋并不感兴趣，所以他宁愿继续默默地思考他统治的基本原则。一切都合乎逻辑、清晰明了。正因为每一寸土地都有自己的历史，每一个省份都有自己的法规，它们警惕、严格地守护着自己的特殊性，所以既不能也不应该放弃变革的精神。毕竟，人们不能忘记这一点：如果法律是由中央政府制定和执行的，那么它将为所有人带来好处。因此，当每个人都让渡一部分权力，为促进团结做出贡献时，建立一个拥有现代管理体系的现代国家并非难事。这不正是他在无数次请愿中了解到的公民的愿望吗？

阿姆斯特丹：逃往邻国

7 月 10 日，当约瑟夫的妹妹玛丽·克里斯蒂娜和她的丈夫萨克森-特申的阿尔贝特以统治者的身份隆重迁入布鲁塞尔，并对《愉悦入境》宣誓时，约瑟夫前往荷兰共和国待了几日，以回避这一场合。他去了阿姆斯特丹、鹿特丹、海牙、莱顿和乌特勒支，参观了船厂、报社、医院、孤儿院、西印度公司和东印度公司以及绘画收藏。他的同伴泰尔兹男爵在日记中赞赏地指出，他们仅在一天中就游览了阿姆斯特丹的二十个景点。[25] 约瑟夫对新教在荷兰的发展状况也很感兴趣，他所看到的一切证实了他的想法。他的省份拥有最辉煌的过去，但根本无法通过激进的改革获得北方新教地区在分治后具备的领先优势。

在返回布鲁塞尔并从那里去往维也纳的途中，约瑟夫在温泉水疗之城斯帕短暂停留，遇到了普鲁士的海因里希——他曾经的榜样和如今的对手腓特烈二世的兄弟。与海因里希同行的还有才华过人的弗里德里希·梅尔希奥·冯·格林男爵和雷纳尔神父。雷纳尔这位法国作家刚刚出版了他与狄德罗合著的《东西印度群岛史》第三版（第一版和第二版一经问世立即被列为禁书），这本书堪称宽容、自由、正义的奠基之作。约瑟夫与众人轻松畅谈，很享受在那里度过的无忧无虑的时光。与此同时，他还沉浸在美丽女性的世界中——这与普鲁士的海因里希形成了鲜明对比（泰尔兹略显尖酸地指出了这点）。

维也纳：余波

同年 12 月，约瑟夫回到维也纳。他像往常一样，撰写了一份详尽的备忘录。皇帝意识到在他众多的改革项目和法令中，只有减少破坏农作物的野猪、从卢森堡市中心迁出火药库的措施得到了执行。一股愤恨和恼怒的情绪涌上了他的心头。[26] 他必须给尼德兰人一点颜色瞧瞧，而且他将继续推进他的改革。在教会改革之后，紧接着就是 1787 年的行政和司法改革。省级议会将被剥夺权力，该地将被划分为九个体制相同的省份。古老的公国和伯国将不复存在。此前存在的众多不同的法院也将被统一的中央法院取代。此外，还必须严格执行教会管理改革，减少不工作的节庆日，并完成神学院的国有化。

施塔尔亨贝格的警告是徒劳的。改革的步伐太快了，萨克森–特申的阿尔贝特观察到民众变得越来越激进。一位年轻的匈牙利贵族在旅途中来到布鲁塞尔，精准地描绘出了18世纪80年代末在尼德兰蔓延的革命情绪："民众决心采取必要的措施来捍卫他们的自由和传统权利。皇帝的法令被搁置一旁，整个领地都拿起了武器，就像两百年前一样。总督被迫妥协，恢复了原来的宪法。人们喜悦的心情难以言喻。每个城镇都灯火通明，贵族们为民众安排了免费的舞蹈节目和宴会，每个人都戴着黄色和红色的鸡冠花，以表达他们的爱国之情。"[27] 为皇帝敲响警钟的，不会只有布鲁日的钟楼。

"如果我们要求服从的人，不理解且不赞同我们的计划，我们就不可能治理好一个国家。"约瑟夫的弟弟利奥波德后来如此评价皇帝在尼德兰实施的改革。[28] 在1789年的布拉班特起义中接替已故的约瑟夫登上宝座的他，深知哥哥犯了一个严重的错误，那就是他在激进的革新之路上最终抛下了曾经深爱他的人民。因此，成为新皇帝的利奥波德推翻改革，重新开放主教神学院，并恢复议会秩序。但不满的情绪仍在发酵。拿破仑战争期间，奥属尼德兰被法国占领，1797年，奥地利在《坎波福尔米奥和约》（*Frieden von Campo Formio*）中向拿破仑割让了这一最富裕的地区。在维也纳会议之后，北部地区和哈布斯堡控制的尼德兰地区曾被短暂地统一为一个王国，直到1830年比利时王国在另一场革命中诞生。

1787年

俄国

梅菲斯特的契约

维也纳（Wien）—布尔诺（Brünn）—奥洛穆茨（Olmütz）—维利奇卡（Wieliczka）—雅罗斯瓦夫（Jaroslau/Jarosław）—扎莫希奇（Zamość）—**利沃夫（Lemberg）**—塔尔诺波尔（Tarnopol）—扎列希基（Zaleszczyki）—**利沃夫（Lemberg）**—布罗迪（Brody）—伊贾斯拉夫（Zaslau）—白采尔克瓦（Bialoczierkiov/Bila Zerkwa）—克罗皮夫尼茨基（Elisabethgrad/Kropywnytzkyj）—**第聂伯罗（Jekaterinoslaw/Dnipropetrowsk）—赫尔松（Cherson）**—尼科波尔（Nikopol）—别里斯拉夫（Beryslaw）—赫尔松（Cherson）—**巴赫奇萨赖（Bachtschyssaraj）—塞瓦斯托波尔（Sewastopol）—费奥多西亚（Feodossija）**—别里斯拉夫（Beryslaw）—赫尔松（Cherson）—巴尔塔（Josephgrod/Balta）—沙尔霍罗德（Szarogrod）—**利沃夫（Lemberg）**—别尔斯科-比亚瓦（Bielitz/Bielsko-Biala）—维什科夫（Wischau/Vyskov）—维也纳（Wien）

“没关系，很快就会过去的！”皇帝用他在第一次拜访叶卡捷琳娜二世时学到的一点俄语安慰年轻的军官。这个人受了伤，约瑟夫细心体贴地为他清理伤口。

“非常感谢您。”军官向皇帝道了谢，在他因痛苦而扭曲的脸上挤出一个微笑。四天来没有任何人帮助他。在一次鸣枪行礼时，火药在他的手上爆炸，导致他遭受了严重的烧伤。他曾看过医生，但没能获得任何帮助。[1]

“这对你有好处。”约瑟夫一边解释，一边熟练地将埃及软膏涂抹在清洗过的伤口上，就好像他是个外科医生而非皇帝和基督教世界的最高统治者。在和布兰比拉的无数次旅行中，医生教会了他最重要的操作手法，以便他在遇到意外或其他不幸的状况时能及时自救。毕竟，旅行是危险的，尤其是以法尔肯施泰因伯爵那样的方式旅行。最重要的是，他的私人医生总是再三提醒他随身携带阿拉伯医生拉兹用蜂蜜、醋和醋酸铜制成的神奇药膏，尽管这种药膏诞生于近千年前，但它仍然是每个外科医生最重要的药物。

约瑟夫检查军官发炎的肿胀双手。它们还能痊愈吗？他知道如果伤口的炎症失去控制且得不到及时的治疗，就会有腐烂的危险。但他还在继续安抚这个男人。现在，他只需要把两只手包扎起来。于是，约瑟夫从急救箱中取出布条，将其剪成条状，把它们缠绕在军官受伤的手指和撕裂的手背上。然后他反复叮嘱军官，每天都要来这艘皇家游船上检查绷带。作为叶卡捷琳娜大帝出游队伍中高贵的外宾，皇帝的住处被安排在了这艘船上。八十多艘大船和小船及三千名船员组成了一支庞大的第聂伯河船队，皇帝以往的出行从未有过如此声势浩大的排场和舒适的配置。[2]

如果有人告诉这位军官，为他包扎伤口的人实际上是一位有权势的统治者而不是外科医生，占用他的时间让他来做这种低微的事情是不合适的，但愿他不会受到惊吓。约瑟夫在和他的病人告别时再一次敦促他要记得来检查绷带。

“谢谢您，皇帝先生。”军官突然意识到他面对的人是谁，用他那蹩脚的法语结结巴巴地道谢。俄国的精英们同样使用这种语言。约瑟夫二世皇帝是叶卡捷琳娜的客人的消息也已经传开。

“不必客气，我的朋友。”约瑟夫面带温暖的微笑回应道。这笑容不带半点强迫和虚假，它是自然的、真诚的，没有任何算计的成分。他，约瑟夫，对弱者、病人和受伤的人心怀怜悯。这也是他对治疗技术产生浓厚兴趣的另一个原因。在维也纳，他在扩建综合医院的过程中建立了欧洲最现代化、最庞大的医疗综合体。他利用约瑟夫医学院推动外科培训的制度化，通过“愚人塔”（Narrenturm）引入先进的精神病治疗方法，并加大济贫力度。他确实已经成为人民的皇帝，一个在社会思想方面远远领先于时代的政治家。但是，他也是当时的产物，一个 18 世纪的统治者。在那个时代，最重要的一件事便是扩大权力和影响范围。

1787 年 5 月 19 日，约瑟夫不情愿地接受了女皇的邀请，将同她一起前往克里米亚。他曾愤愤不平地对考尼茨说：“她认为她只需要动动她的小拇指，我就会跟着她去赫尔松。”但他后来还是在 1786 年 12 月接受了邀请。[3]1787 年 4 月，他踏上了艰辛的旅程，途经布尔诺、奥洛穆茨和利沃夫，达到第聂伯罗（“叶卡捷琳娜的荣耀”）附近的凯达克。但这对他来说相当不易。他已经走到了生命的尽头，频繁的旅行让他筋疲力尽，不知疲倦的工作损害了他的健康。他才四十多岁，却觉得现在的自己已经与 1780 年第一次前往俄国时的他判若两人。“尊敬的陛下，不瞒您说，法尔肯施泰因伯爵已饱受岁月的摧残。他戴着假发，他全心投入的严肃、艰苦、吃力不讨好的工作，使他变得更加苍老，驱散了他心中的快乐。”通过夏尔-约瑟夫·德·利涅侯爵，约瑟夫提前将自己的状况告知了叶卡捷琳娜。[4] 这位在当时最才华横溢的大领主带着约瑟夫的信件匆匆赶往沙皇所在的基辅——她于 1 月 29 日带着一支由一百二十四辆雪橇组成的队伍从沙皇村抵达当地。在第聂伯河上的冰层融化前，她一直待在基辅的宫中，而格里戈里·亚历山德罗维奇·波将金——整个“魔法剧场”[a] 都以他为荣（法国特使路易-菲利普·塞居尔伯爵如此形容）——则从克里米亚写信给她：“……我想花儿很快就会绽放。”[5]

于是，约瑟夫一行人乘坐七艘皇家游船——这是有史以来最豪华、最梦幻的河上船队——沿第聂伯河而下，前往波将金建立的城市赫尔松。为了向心爱的女皇表忠心，波将金侯爵还亲自开发了第聂伯罗省。女皇在 1776 年命令他担任总督这一要职，负责管理帝国在第五次俄土

a— 塞居尔伯爵曾称基辅的宫殿宛如“魔法剧场”。

战争中征服的南部省份，并通过独特的殖民手段促进当地的繁荣发展。第聂伯罗将成为“新俄国”的中心，相当于“南方的彼得堡”或“北方的雅典”。无论如何，这足以让女皇和她的旧情人热血沸腾。

第聂伯河：豪华游船

约瑟夫如今是“北方的塞弥拉弥斯”（伏尔泰盛赞女皇的成就，将其称为“北方之星”“俄国的塞弥拉弥斯”）的客人。他住在英国工程师塞缪尔·边沁为这次航行专门建造的一艘皇家游船上，这艘船的外层涂有金色和猩红色的颜料，内侧则装饰着一层丝绸。约瑟夫在这艘船上拥有一间客厅、一间图书馆、一间音乐室，甲板上配有一个遮阳篷。此外，还有一间书房，里面放着一张桃花心木书桌。船上甚至为他配了一间带有抽水马桶的盥洗室——这在陆地上都十分罕见，在第聂伯河上更是如此。[6] 在皇家船队之后，紧跟着八十艘补给船。

几天前，两位君主在离凯达克不远的地方会面，只不过是以坐车和骑马的方式，因为船队在集镇以北四十公里处搁浅，被困在了原地。他们驱车前往临时住处，享用了一顿简单的晚餐。叶卡捷琳娜在给她的老朋友格林男爵的信中愉快地提到，由于厨师们都留在船上，波将金便担当起了“厨师长”的角色。“这份晚餐让人难以下咽，”约瑟夫在给拉齐元帅的信中抱怨说，“但会面的氛围相当不错。”[7]

在所有人都安全返回他们各自的船只之后，船队被拖入更深的水域，继续朝第聂伯河口三角洲的赫尔松行驶。1774 年第五次俄土战争结束之前，该三角洲属于奥斯曼帝国。1778 年，波将金在这里建造了赫尔松市，组建了他的黑海舰队。利涅侯爵和塞居尔伯爵同住一艘船，他们已经打定主意，不仅要享受这一特殊的安排，还要用孩童般的恶作剧让这里的生活更加丰富有趣。每天早上，利涅都会敲开他和塞居尔卧室之间的薄薄隔板，为他的同伴朗诵即兴诗歌。之后利涅会把“关于智慧、愚蠢、政治、闲谈、军事轶事和哲理谚语的信件”送进塞居尔的房间。没有什么比“一位奥地利将军和一位法国大使在清晨通信更奇怪的了，他们并排躺在离‘北方女皇’不远的一艘船上，沿着第聂伯河航行，即将穿过哥萨克地区前往鞑靼人的土地”。[8]

叶卡捷琳娜对塞居尔和利涅抱有好感。同样，塞居尔和利涅也很难不被女皇和帝国奇观的魅力吸引。在场的人都未曾经历过这样的场面、这样的豪华、这样的辉煌、这样的奢侈。女皇深知如何让每个人都围绕在她身边，并在波将金的协助下，利用这次巡航里的各种乐趣达成她的目的。

“您认为我对待女皇的方式恰当吗？”第二天，约瑟夫在大使们的欢呼声中向利涅侯爵发问。[9]

“我认为好极了。”这位大贵族望着约瑟夫身后波光粼粼的河面回答道。在虚荣的剧场里，每个人都很容易忘记：尽管有各种各样的娱乐活动，但此行的真正目的并不是互相讨好。

“就我而言，”约瑟夫继续配合这场表演，“我很难跟上你们所有人的节奏，我亲爱的大使（约翰·路德维希·冯·科本茨尔伯爵）出于对女皇的崇敬，不断摆动着香炉。你，亲爱的利涅，正急切地将香粒撒向它。法国大使（塞居尔伯爵）的恭维非常机智又非常法式。甚至连英国大使（阿莱恩·菲茨赫伯特）也不时冒出几句简短但让人受用的奉承，尽管他自己都不情愿。”[10]

在赫尔松，约瑟夫还有过一段有惊无险的风流韵事。他曾向一名侍女求爱，但她的主人不认得皇帝，愤怒地制止了他的行为。若不是利涅及时出现并将皇帝从尴尬的境地中解救出来，约瑟夫免不了要挨一顿痛打。这件事情让女皇觉得十分好笑。几天后，约瑟夫从一个奴隶贩子手中买回一个六岁的鞑靼女孩。他会带她去维也纳，让她接受教育。[11] 他的女儿玛丽亚·特蕾西娅在八岁的时候就离开了人世，这个女孩只比当时的她年纪稍小一点。他很乐意继续做父亲，现在他至少会给这个孩子一个更好的未来。克里米亚之行让约瑟夫一直埋藏在心底的情感浮现了出来。

莫吉廖夫：七年前

约瑟夫在第一次俄国之行中就已经领略过女皇的魅力和波将金的热情好客，如今面对眼前的情形，他不知究竟是该继续钦佩他们还是批评他们。那位受伤的军官究竟怎么样了，他在讲了一整天的漫不经心的溢美之词后心想，没人关心他的命运吗？

他们这些豪华游船的客人什么都不缺，而普通人、士兵和奴仆

（几乎所有人都是农奴）在这个广阔的国家里却几乎一无所有，即便正是他们每晚动手点燃数十万盏灯笼，每天准备宴会，用音乐会或烟火来招待客人。约瑟夫曾亲眼看到，四百名士兵在漫过肩膀的冰冷河水里拉着贵客们的船只和他们的装备整整走了一天，而这只是因为对岸忘了准备足够的马匹。“在这个国家，对人的关怀是如此之少，真是令人气愤。总的来说，这些手段没有任何成本，但只能换来短暂的幻觉和一时的成功。”[12]

皇帝回想起他在1780年4月中旬至8月中旬的第一次俄国之行。除了眼下的这次旅行之外，那是他走得最远、耗时最长的一次旅行。在俄国驻维也纳特使德米特里·阿列克谢耶维奇·戈利岑侯爵的带领下，约瑟夫于1780年6月2日来到了莫吉廖夫市，以便尽快与俄国女皇会面。几天后，在一长串马车的跟随下，女皇带着她所有的宫廷侍从姗姗来迟。

从6月4日至9日，他们花了五天时间参观莫吉廖夫。约瑟夫发现，莫吉廖夫是一个悲惨的城市，到处都是木制的房屋和肮脏的小巷。[13]女皇带领皇帝参观了东正教教堂，为他安排了阅兵表演。他对她的一切都赞不绝口，并奉承她芳华不减，尽管他早已意识到俄国的社会政策毫无人性。这也是他打听狄德罗的事情的原因。叶卡捷琳娜在这位哲学家兼评论家生前买下了他的藏书，并在1784年他去世后命人将其转移到了俄国。一边是激进的启蒙哲学家，另一边是对减少国内不公和废除农奴制鲜少在意的专制君主，这两个人怎么会产生联系？这只可能是因为，即使像狄德罗这样杰出的启蒙思想家有时也不得不依赖金钱的馈赠，允许自己在稳定的收入来源面前做出妥协。

农奴制在俄国的重要性甚至超越匈牙利或波希米亚，它是皇权和贵族之间最牢固的纽带，打破这种纽带对叶卡捷琳娜来说太危险了，尽管她与狄德罗这样的启蒙思想家交往，与伏尔泰通信。通过政变上台的她依附于贵族，他们用“人口资源”来衡量财富，而非资产或土地所有权。一千九百万俄国人中，大约有五万名男性贵族和七百八十万名农奴。然而，只有百分之一的贵族拥有超过一千的“人口资源”。波将金在他的一生中积累了数倍于这个数字的“人口资源”。[14]

农奴需要交税，可以被赠送甚至出售，他们的主人对他们拥有绝对的处置权。有些农奴依旧热爱主人，因为领主像慈祥的父亲一样照顾着他们，但大多数农奴受到了严重的剥削，这常常导致他们反抗压迫者，甚至在偏僻的庄园里杀死主人。但无论是剥削还是反抗，都（还）没有动摇庞大帝国的根基。

在第一次俄国之行中，波将金侯爵和女皇一样引起了约瑟夫的注意。作为叶卡捷琳娜的情人，格里戈里·亚历山德罗维奇·波将金是欧洲各大宫廷的谈资，还是俄国最具权势的人物。即使在长达数年的恋情结束后，波将金在某种意义上仍然是叶卡捷琳娜身边的伴侣（直至他去世），尽管他并没有相关头衔——据说两人已经结婚。在叶卡捷琳娜的坚持下，约瑟夫于1776年赐予了波将金神圣罗马帝国侯爵的头衔，因为女皇不知道她还能用什么礼物来满足这位贪婪的大臣、军队总司令和南部省份的总督，她已经给予了他无数的财富，包括配备数千农奴的众多庄园。即使在那时，也有传言说侯爵已经抛下女皇，和他已婚的外甥女亚历山德拉·恩格尔哈特展开了新的恋情，并为叶卡捷琳娜引荐了一位年轻的情人——二十岁的亚历山大·德米特里耶维奇·兰斯科伊，但这并没有削弱他的影响力。

圣彼得堡：决定性协议的诞生

女皇当时已经疏远腓特烈二世，开始与奥地利交好。这是一个不容错过的机会，而且约瑟夫早就推测两国还会走得更近。叶卡捷琳娜在斯摩棱斯克主动邀请皇帝去圣彼得堡，而皇帝正好也想了解潜在盟友的广大国土，便欣然应下。他与波将金一起，驱车经莫斯科（他在当地参观了许多地方）前往圣彼得堡。在那里，女皇不遗余力地讨好他；在沙皇村，她甚至下令在园林里设立了一家符合约瑟夫癖好的简易旅馆。奥地利特使科本茨尔和波将金立即就两个大国之间的联盟展开谈判。然而，出于礼节的原因，他们最后以非正式信函的形式商定了条约，而正式的协议直到玛丽亚·特蕾西娅去世才签署，当时约瑟夫正准备前往奥属尼德兰。在协议中，君主们互相为对方的国土做担保，并承诺为彼此的地缘战略计划提供帮助。女皇正在考虑她的“希腊计划”，想要借此征服君士坦丁堡。约瑟夫则默默期盼这位强大的东方统治者能够帮助他实现在西方的扩张计划，他有朝一日还想用奥属尼德兰交换巴伐利亚。

约瑟夫在首次访问俄国结束时给首相考尼茨写信说："她对俄国毫无兴趣，就像她对我本人毫无兴趣一样……虚荣是她的至上信仰。"[15] 两位君主互相恭维，巧妙地掩饰他们对彼此的轻蔑。皇帝发现叶卡捷琳娜专横跋扈，很容易受到他人的影响和阿谀奉承的蛊惑。不过，在女皇给格林的信中，她称约瑟夫的思想是她认识的人中"最透彻、最深刻和最开明的"。[16] 约瑟夫在看到圣彼得堡造船厂的护卫舰时则在心里默念："我很高兴，它们无法在波希米亚和加利西亚登陆。"[17] 他知道一旦与俄国结盟，他会在不久的将来受到一系列政策的掣肘。

克里米亚：帝国权力政治的前哨站

让我们再把目光转回 1787 年，继续谈谈历史上最迷人、最昂贵可能也是最有趣的巡航。从表面上看，此行的目的是考察波将金的殖民工作，并参观 1783 年被俄国吞并的克里米亚。现实中确实很少有人能像波将金那样在如此短的时间内殖民、建设、稳固一个地区并为其带来繁荣。在女皇的宫中，他的政治对手诬蔑他不过是建造了"波将金式的村庄"，所有的一切都是假象。然而，此行的真正缘由是权力政治，尽管这样的目标很少以如此无所顾忌、富有想象、充满乐趣的方式展现。这次出行事关一触即发的战争，君士坦丁堡剑拔弩张的气氛不容忽视。波将金是这次旅行中自我放纵、沉迷权力的幕后指挥，他最终在烟花、音乐会、舞会、水陆运输、餐饮服务、数百名仆人和护送车队的军团上花费了五十万卢布。这是一次华丽而轻浮的游船之旅，正驶向它的高潮。即使这样的旅行并不是约瑟夫真正喜欢的，他也不得不加入这一盛会，毕竟俄国如今已成为他最重要的盟友。

“亲爱的利涅，土耳其人会对如此盛大的场面有何感想?”约瑟夫请他的大臣到他的船舱里密谈。

利涅摆出一副无知的表情。“这是一次巡航，陛下，仅此而已。”

“非常正确，尊敬的侯爵，但土耳其人会误以为这是十字军东征。”

“是应该感到害怕，”利涅喃喃说道，目光在船只上游移，“……是应该感到害怕。”

塞瓦斯托波尔和黑海舰队

1783年，俄国以站不住脚的理由吞并了克里米亚，声称必须保护该半岛不受奥斯曼人的影响。这是波将金的又一手笔。早在1774年，克里米亚汗国就摆脱了奥斯曼帝国的附庸统治成为独立国家，之后叶卡捷琳娜便宣称，克里米亚“从现在开始”属于沙俄。然而，许多克里米亚鞑靼人根本不害怕奥斯曼帝国的统治，他们逃到了土耳其，想摆脱新的俄国主人。波将金随后将欧洲人——包括英国人、德意志人、意大利人、希腊人、保加利亚人和波罗的人——安置在吞并的领土之上。此外，考虑到克里米亚极其重要的战略地位，波将金立即开始建设塞瓦斯托波尔这个巨大的港口。这也是击溃奥斯曼帝国、征服君士坦丁堡的计划的一部分——叶卡捷琳娜和波将金称之为“拜占庭计划”“希腊计划”。他们认为这是他们最重要的外交任务。

在抵达塞瓦斯托波尔前不久，旅行队曾在克里米亚汗国首都巴赫奇萨赖的旧宫中过夜。波将金将女皇和她的贵客安排在因克尔曼附近山上的漂亮城堡中，这座城堡矗立在一个突出于海面的岬角上。波将金命一支管弦乐队演奏，而鞑靼骑兵则在城堡周围的山坡上模拟战斗，供众人娱乐。然后，他示意仆人拉开窗帘，将大海的景色呈现在众人眼前。这一幕让所有人都屏住了呼吸。在他们脚下的海湾里，在阳光闪烁的水面上，黑海舰队已经集结起来——列阵队伍中至少有二十艘战舰和护卫舰。波将金发出另一个秘密信号，舰艇开始齐射礼炮。法国大使塞居尔和在场的其他人无不感到震撼。沙俄已抵达南方，叶卡捷琳娜的军队有能力在三十小时内于君士坦丁堡的城墙上升起他们的旗帜。[18] 从未有人见过这样的事情。甚至连约瑟夫也承认，侯爵创造了一个真正的壮举。

不久之后，在塞瓦斯托波尔，他称赞这里是他见过的最美丽的港口。“一百五十艘船停泊在岸边，随时准备应对海上可能发生的任何情况。”[19] 然而，不远处君士坦丁堡的苏丹对俄国游船的真正目的不抱任何幻想，派遣了一支舰队前往第聂伯河口。约瑟夫在给考尼茨的信中准确地描述了女皇的心理活动：“她渴望与土耳其人开始一场新的战争。”[20]

近来在外交事务上表现平平的皇帝突然意识到：或许，俄国人的确是不错的盟友？在前往奥属尼德兰之后，他首先试图解除斯海尔德河的封锁，但最终失败了。然后，在考尼茨的建议下，他再次试图推动巴伐利亚交换计划。然而，当年迈的腓特烈二世成功促使帝国的王公们在诸侯联盟中一致反对约瑟夫时，该计划同样以失败告终。如果他已经无法在西方施展拳脚，也许他在东方会更加如意。如果叶卡捷琳娜真的在不久的将来对奥斯曼帝国发动攻击，并逼迫他这个皇帝加入同盟，也许俄国的辉煌和荣耀会为他和他的军队增光？凭借外交政策上的成功——如果与土耳其人发生战争，他想为哈布斯堡帝国赢得贝尔格莱德、瓦拉几亚的部分地区和摩尔多瓦公国以及贝尔格莱德以西面向亚得里亚海的地区——最终，他会作为一个光荣的英雄，推动国内所有的改革。

渐渐地，童话般的旅程开始发挥作用。克里米亚的美景，橙子、石榴和葡萄酒，不同民族的异国情调，这一切再次燃起了约瑟夫对生活的热爱。他们经巴赫奇萨赖朝东海岸方向前行，来到古代的狄奥多西亚地区（这里先后被希腊人、罗马人、哥特人、拜占庭人、俄国人、蒙古人、威尼斯人、热那亚人、土耳其人和克里米亚鞑靼人统治过）。6 月 7 日，约瑟夫在当地看到了一场盛大的奇观。他写道："临近傍晚时分，有一场盛大的烟火表演。火光照亮了整个天空，是那样的壮观和广袤，我一生中从未见过这样的景象。为了向女皇展示这一切，人们必须在重炮的护卫下，从圣彼得堡'巡游'至此，行程达两千英里。点火之后，火焰的光芒可以照亮一整座英式花园，而且在周围的所有高度都可以看到。‘女皇’一词的字母组合在天空中闪耀了两次。”[21]

“陛下对这次旅行还算满意？”稍晚些时，波将金侯爵发现皇帝似乎有意疏远热闹的人群，关切地问道。

“我不认为你会找到对你宏伟之举不满意的人，”约瑟夫回答说，他已经意识到侯爵想要确认他的想法，“然而，有些人却很忧虑。”

“不必如此！思考过度只会破坏心情，您不这样认为吗，陛下？”

“在结盟的情况下，我们站在俄国一边，”约瑟夫的态度明显变得严肃起来，“希望女皇意会。”

“您在她心中占有一席之地。”波将金回答说。比起严肃的谈话，他更喜欢轻松的恭维。

“这会让事情变得更加容易吗？”利涅不知从哪里冒了出来，加入了谈话。他不能放过偷听皇帝和俄国最有权势的人谈话的机会，及时赶到了这里。“爱只会让人热血沸腾。而战争的艺术——”他意味深长地停顿了一下，“需要的是一个冷静的头脑。”

克里米亚的融洽气氛不过是假象。不久，尼德兰起义的消息传到皇帝耳里，迫使他迅速离开。仅仅一年后，奥斯曼帝国无法继续容忍俄国人的挑衅，向沙皇宣战。六个月后，即 1788 年 2 月，约瑟夫也向奥斯曼帝国出兵。“在这些被诅咒的土地上进行战争，伴随着疾病、饥饿，获得收益的前景渺茫。”[22] 约瑟夫知道他将自己推入了何种困境。糟糕的事情不止如此。只有通过提高税收、强制征兵，他才能参与叶卡捷琳娜的大国政治，而这些正是他一度认为残忍、低效且试图摒弃的政策。

随后出现的局面很快就被匈牙利王公们利用。他们使陷入战争苦难的匈牙利农民相信，压迫人民的不是他们（地主和贵族总是粗暴地拒绝一切改革、削减特权的措施），而是不尊重匈牙利真正价值观的皇帝。因此，匈牙利人也发出了警告，威胁要脱离君主国，此时尼德兰的起义尚未结束。那时，从奥土前线返回维也纳的约瑟夫二世已经病入膏肓。他别无选择，只能撤回匈牙利的改革——废除农奴制和实行宗教宽容政策除外——并将圣史蒂芬王冠送回普雷斯堡。他相信在他永远离开人世之前，局势会平息下来。他感到自己一生的事业正从指缝间溜走，因此他在给首相考尼茨的最后一封信中写道："我深信我的意图是正确的，我有理由相信在我死后，后世之人会比现世之人更全面、更公正地看待我的行为和目标。"[23]

尽管心绪黯淡，但他是正确的，被撤销的改革迟至 1848 年被重新推行。当游历的皇帝、激进的改革者、令人不悦的君主在 1790 年 2 月 20 日永远地闭上眼睛时，有些人已经意识到他对欧洲历史的重要性。其中一位是普鲁士的环球旅行家、法国大革命的支持者乔治·福斯特。这位天才的博物学家和哲人曾与詹姆斯·库克结伴旅行，在 1784 年应皇帝的邀请赴维也纳觐见。他后来还将自己在 1787 年出版的《发现者库克》献给了约瑟夫。三年后，他写下了预言般的评价："在奥地利的土地上，他的智慧之火播下了一颗永不熄灭的火种。"[24]

后记

“1790年2月20日早晨五点半，帝国的皇家使徒约瑟夫二世陛下在维也纳霍夫堡去世，度过了他辉煌的一生。”弗朗茨·路德维希·德·泽利尔斯·德·莫兰维尔在《1766年至1790年至高无上的约瑟夫二世在旅程中经过的……夜间驿站目录》的左栏中写道。这是我最喜欢的关于皇帝微服出行的一份文件。显然，宫廷图书管理员泽利尔斯在约瑟夫去世后立即开始了整理工作（该作品于1792年出版），他从大量的原始资料中整理出约瑟夫所有旅程的站点，并将它们誊写到了一个两栏式表格中——当时这些手写文件应该没有（像现在这样）被整齐地装进十一个纸板箱里，但可能已经从霍夫堡的约瑟夫寝宫被转移至玛丽亚·特蕾西娅建立的秘密档案馆中。这些文件涉及数以百计的地名，有些名称是我们熟悉的，有些已经不再沿用或者已经改变了语言和写法。几乎所有的名称都可以找到对应的实际地点，并与旅行路线联系起来。它们是两百多年前的一系列事件的证据，是一个皇帝通过走访来了解他的国家和人民的独特尝试的线索。传记作者德里克·比尔斯对这位热爱出游的君主的万里行程表达了敬意：“单单说这近五万公里的路途，约瑟夫的旅程便可以称得上是前所未有。”但让这位英国历史学家敬佩的不仅仅是旅行的里程规模。腓特烈大帝，当然还有俄国的彼得大帝也是旅行者，“但从未有统治者按照这样的计划出行，此后也无人效仿”。[1]

我已经详细描述了其中一些——准确地说是九次——探险（总共有四十多次，包括前往战场的旅行[2]），对我来说，这几次旅行是最重要的。我从泽利尔斯的表格中获取的九次旅行的“夜间驿站”及相应的路线，已经证明约瑟夫二世在旅途中是多么的疲惫，长期的过度劳累损害了他的身体，消耗了他的生命力。他一定总是感到自己的生命太过短暂，肩上的任务又太过沉重。他像一根烧成两段的蜡烛，在二十五年的统治时间里，十五年和母亲一起执政，剩下十年独立执政。他怀抱一个伟大的目标，想要彻底改变君主国，使其能够在未来一百年内承载帝国并从根本上实现革新，从而创造一个现代世界。为此，他四处奔波，因为他想看到一切，听到一切，得出自己的结论。他想从感知和观察中学习，从他的经验中形成改革方案，因为——让我们再次回忆他对此的看法——“如果旅行对每个热爱思考的人来说都是有益的，那么对于一个拒绝一切快乐、只专注于他的行动是否有用的君主来说就更是如此。”[3] 他的这一方案、他的实况调查任务，已经取得了巨大的进展。

他所有的国内改革指向的国家统一体，正在缓慢而稳固地成形。这是一个巨大的成功。他的旅行经历表明，他继承了一个复杂、异质和特殊的帝国，每个地方、每位贵族都各自为政，维也纳的影响力微乎其微。亲身经历种种混乱状况，比加冕之后的其他事情更能驱使皇帝采取行动——可以说，这些经历是他“走出来的”。因此，在1786年，在他比以往任何时候更努力工作的那年，他欣喜地指出：“测量工作正在进行，多瑙河的航运逐步发展，工业和贸易稳步向前，无数纽伦堡人、施瓦本人甚至英国人来到我们的土地上设立工场。新制度已经在意大利实行，现在轮到尼德兰，届时整个君主国将成为一个统一的整体，依照相同的原则得到管理。”[4]

一切都是为了把分散的统治结构转化为一个统一的国家体系，它将延续君主制，直至第一次世界大战。在那之后，哈布斯堡君主（帝国已瓦解为许多独立国家）仍在主张自己的统治权。不过，这一目标在弗朗茨二世时期才得以完全实现。法律的标准化对建立统一的国家体系至关重要；相关法令的地位堪比《宽容法令》和废除农奴制的法令，都是当时最重要的改革文件。1786 年，《约瑟夫法典》第一卷问世，最终于 1811 年全部出版。这部法典的核心思想具有革命性的意义，旨在将臣民逐步转化为公民，即具有平等权利和义务的个体。历史学家彼得·贾德森在广受赞誉的作品《哈布斯堡王朝》中写道："18 世纪末哈布斯堡帝国的社会没有像法国的社会那样陷入动荡的革命，但也经历了重大的法律变革。"这一论述支持了我的观点，即约瑟夫二世在他的土地上阻止了一场法国式的革命，促进了现代世界的诞生（尽管他的激进改革几乎引发了一场反抗运动）。[5]

与法律改革密切相关的是国家行政管理的集中化、标准化及专业、高效的公务员团队的建立——在这方面，约瑟夫在旅行中取得的经验也产生了重要的影响。早在 1768 年第一次前往巴纳特视察时，他就看到了一个无能、腐败的政府，该地与维也纳相距甚远。从表面上看，行政事务似乎与伟大的变革之风、觉醒和开明的观念毫无关系——我们习惯于将启蒙思想理解为一种崇高的哲学——但玛丽亚·特蕾西娅和她的儿子们（接替约瑟夫登基的利奥波德是改革三巨头的一员）推动的现代化改革或国家创建，实际上是一场启蒙革命。这场革命打破了贵族对公职的垄断，为现代国家中资产阶级的崛起奠定了基础。

君主国内部贸易中市场壁垒的消失、原始工业制造的发展、农业的改善和周边地区的殖民带来了巨大的经济收益，提升了增长速度。在某些地区，就业人口翻了一番。[6] 的里雅斯特港（约瑟夫曾在 1775 年访问过的里雅斯特，我未在书中提及这段旅程）得到了扩建。加利西亚的布罗迪在 1779 年微服出行结束后被授予自由港地位（但此地不属于港口），这座以犹太人为主的城市在接下来的四十年里成了中东欧最重要的一个贸易中心。奥斯坦德也从自由港的地位中受益。波希米亚、匈牙利废除了农奴制，农民从强制劳动与土地捆绑关系中解脱出来。曾经被束缚在土地上的农民迁移到君主国的城市和工业中心，成了纳税的工人，从而奠定了 19 世纪奥地利工业化的基础。这一发展也伴随着各种各样的社会问题，如雇用童工问题及奠基时代[a]的住房短缺问题。

在玛丽亚·特蕾西娅和约瑟夫二世统治时期，奥地利在教育政策方面树立了典范。1774 年，奥地利开始推行义务教育，在约瑟夫独立执政时，他更加关注如何确保全面教育。在每一座拥有九十名以上学龄儿童的城镇，都必须建立起一所初等学校，这一想法同样受到他旅行见闻的启发。数以百计的教师因此得到了培训，普通人不愿接受教育的情况也有所减少。因此，人口的识字率逐步提升，到 19 世纪初时，奥地利的识字率已达到法国的两倍左右。[7] 系统提高广大人口

---

a— 奠基时代指 19 世纪德意志地区在 1873 年股市大崩盘之前的阶段。

的教育水平最有助于经济和社会变革。

约瑟夫一生中收集了多少请愿书很难估计，但总量一定是数以万计的。他的政府中有一个单独的部门负责处理这些请愿，官员会认真地回复，皇帝下令必须落实臣民的愿望和需求。在令人难忘、令人心碎的场景中递交给皇帝的请愿书深受重视，它们对他产生了持久的影响，唤醒了他的同情之心。正是这样的公益精神使约瑟夫二世远远超越了同侪，但这些对他的时代来说仍是陌生的。他命令助产士前往乡村，指派地区医生免费为穷人治病，并照顾新兴工场的工人。他创建的社会机构已经存在了几个世纪——维也纳的综合医院就是最好的例证。这些措施增强了“公民的平等意识”，激发了“团结国民、尊重社会秩序的爱国主义情感”。[8]

1790 年 2 月 20 日，约瑟夫二世死于疟疾（在旅行期间感染）和肺结核（在奥土战争期间感染）之际，因为激进改革激起的反对和叛乱，他只看到了自己的错误，并留下了那句广为人知的话语：“一切都只是我的一厢情愿。”[9] 但是，如果我们这些后世之人只是简单地将皇帝在最黑暗的时刻得出的结论当作我们自己的结论，不去看他取得的成就，忽视他作为一个伟大的政治家、统治者达成的基业，那将有失公允、误读历史。因为他奠定了现代奥地利的基础，不多一分也不少一分。在这一过程中，他始终关注极其脆弱的普通民众。传记作者弗朗索瓦·费伊特写道：“在之前的任何时代，甚至在慈善家玛丽亚·特蕾西娅的时代，从未有人为穷人做过这么多的事情。”[10] 乔瓦尼・亚历山德罗・布兰比拉是约瑟夫的私人外科医生和多次旅行的同伴，也是约瑟夫为数不多真正亲近的人，他在悼词中提请人们注意约瑟夫二世皇帝的这一本质："没有什么能够阻止他，只要事关人类的苦难，一切危险都会在他面前消失；这种崇高的情感吞没了他心中的其他念头。因此，约瑟夫二世成了当时统治者的至高典范，遥远后世仰慕的对象。建设医院、维系医院、馈赠医院，这些都是慷慨和仁慈的统治者的功绩；但常常冒着生命危险、不顾一切地去探望病人们，这些是统治者的美德，这样的美德只有在慈父的心中才能萌生。"[11]

只是，为什么他在生命的最后几年遭遇了那么多的阻力？他是不是太急躁了？在独自统治的岁月里，他是否不再体谅他深深挂怀的民众？或者说，一切只是因为他身处一个充斥着起义、叛乱和宪法冲突的世纪，一个在他死后完全分崩离析的世纪？

约瑟夫土地调查这个始于18世纪60年代的庞大制图项目于1785年完成时，共有四千张比例约为1∶28800（谷歌地图质量）的地图被制作出来，它们展示了君主国大部分地区的地理状况。这项调查不仅服务于军事目的，而且是计算土地税的重要依据，后者或许是干预君主国社会结构最激进、最重大的措施，因为它旨在使所有人受到相同税基的制约，无论是贵族还是农民。当相关的税收和农业改革措施于1789年2月颁布时，贵族们最担心的事情成真了。他们害怕自己的土地财产受到影响，竭力抗议，因此改革不得不推迟。贾德森由此判断，"这项立法引起的震动，加上其他许多改革激起的愤怒，使哈布斯堡君主国濒临灾难的边缘——自1741年腓特烈二世入侵西里西亚以来，这是最为严重的一次危机”。[12]

约瑟夫能否以更加巧妙的方式治理国家？在他的认知里，改革只能是激进的吗？1789 年 7 月 14 日，巴士底狱被攻破，法国大革命爆发。玛丽·安托瓦内特给她的哥哥寄去了绝望的信件，但约瑟夫再也无法向她伸出援手。正如英国特使报告的那样，他除了感到愤怒之外别无他法，而叶卡捷琳娜则跺了跺脚。[13] 约瑟夫已经预感到革命将带来动荡，为了所有人的幸福，他竭尽全力试图改变世界，但旧有的一切即将灭亡。尽管拥有开明的思想，尽管用全面的改革向帝国的社会结构发起挑战并激起叛乱，但他绝不打算推翻现行的统治秩序。当时最有权势的统治者担忧地察觉到了危机。他们，即约瑟夫二世、叶卡捷琳娜二世和三年前去世的腓特烈大帝，既对开明的思想保持开放态度，又深信本质上是绝对主义的君主制。许多反革命派与部分保守派最初都热情地欢迎革命。普鲁士公务员弗里德里希·冯·根茨在 1790 年 12 月写道：“它（革命）是哲学的第一次实践胜利，是建立在原则和前后一致的制度之上的第一个范例。它是身负旧疾的人类的希望和慰藉。”[14] 二十年后，根茨成为奥地利首相克莱门斯·文策尔·冯·梅特涅的顾问和秘书，与他一起被视为三月革命前反动政治制度的可憎代表。法国大革命是重大的转折点，后来的统治者始终担心起义再度爆发，制定了间谍、审查和镇压政策。

但是，我们为什么要如此深入地研究一段早已失去影响力的历史？也许，对像我这样一个与这段历史共度了一些年并试图理解、评断它的人来说，它只是在表面上了失去了影响力？也许，并不是只有我感受到了这段历史蕴含惊人的现实意义？当我试图描绘法国大革命之前的时代及当时常常危机四伏、充满分歧的社会时，我总觉得 21 世纪的世界似乎越来越容易出现各种危机，无论是气候灾难还是大流行病。在欧洲，即使是在富裕的德国，贫富差距也在扩大，很大一部分人感到与外界脱节，感到自己被剥夺了参与全球化、数字化发展的机会。美国反对种族主义和警察暴力的大规模抗议频发，其国内的氛围越来越剑拔弩张。尽管黑人和白人之间的矛盾可以追溯到 18 世纪美国独立时期，但这只是困扰当代世界上人数最多的西方民主国家的无数弊病中的一个小问题，除此之外还有更严重的不平等问题。

约瑟夫意识到，如果处在社会边缘的人无法被看到，随着不平等现象的增加与不满情绪的累积，他们就会变得激进。我们已经太久没有回顾法国大革命的教训。因此，审视过去，审视法国大革命之前既进步开明又危机四伏的时代，成了一项关乎政治、变革风险和社会保守力量的研究。

欧洲的旧制度在断头台咽下了最后一口气。进步的 18 世纪之后是反动的 19 世纪，在后者的世界中，进步的发展不再来自统治者。君主制不再是唯一合理的政府形式，贵族们开始怀疑所谓的上帝赋予他们的地位。他们不再拥有权力和威严，这是不可阻挡的趋势。[15]

或许有人会产生这样的想法：如果 18 世纪 70 年代法国的统治者像约瑟夫二世一样有政治头脑，大革命可能不会发生。因为约瑟夫拥有路易十六最缺乏的东西：他超越了宫廷封建统治传统和侍从主义的桎梏，与人民打成一片。他在巴黎比在其他地方更受欢迎。“他是法国大革命国民公会的化身”[16]，或许也是“欧洲历史上最完美的开明统治者”。[17]

参考文献

任何研究约瑟夫二世的人都要面对数量极其庞大的不同材料。仅在维也纳皇室、宫廷和国家档案馆（HHSTA），就有十一大箱的原始手稿，而这些材料仅仅涉及启蒙时期皇帝在欧洲的旅行。从那时起到今天的二手文献——无论是关于他的某一段旅行还是关于他生活和工作的某个方面——浩如烟海。在约瑟夫去世后不久便有他的传记问世。由德里克·比尔斯撰写的最详尽的传记——*Joseph II*, Band I: *In the shadow of Maria Theresia 1741—1780*, Cambridge, 1987——出版于数年前，这部备受赞誉的作品的第二卷 *Against the World, 1780—1790* 直到 2009 年才问世。目前还没有任何作者全面地回顾皇帝的旅行（除了罗兰·克拉策的论文：*Die Reisen Joseph II*, Karl-Franzens-Univwesität Graz 2014），但 18—19 世纪有大量关于他旅行的文献（见注释），让人深受启发。德里克·比尔斯说："似乎没有人能够领会约瑟夫旅行的全部意义。它们大多只是被视为个人的怪癖。然而，事实上，他的旅行方式是对他主张的原则的贯彻落实。他的动机远远超出了单纯的好奇。他的旅行成果非常重要，足以在君主国的历史中占有一席之地。"[1]

当我意识到严肃对待德里克·比尔斯（2017 年我在剑桥大学就我的图书项目采访过他）的这段话，并以一段宏大的叙事呈现皇帝的旅行将是多么冒险的行为时，从某种程度上来说为时已晚，因为我早就被这位非凡而勇敢的君主和他的故事深深吸引了。于是我全心投入，沉浸在各种各样的文献汇集的汪洋大海之中，其中有许多资料给我带来了意想不到的惊喜。我想在这里介绍一下，在这些书中，哪些是我最为喜欢的，哪些对我的项目帮助最大。这不仅是为了说明我使用的文献，也是为了让读者了解我写作的过程。我，本书的作者，是如何形成自己的叙述方式的——特别是那些类似小说的场景和对话？注释提供了详细且绝对科学的支持，它们是几个世纪以来积累的参考，使我能够在脑海中形成一个较为连贯的知识架构。因此，我希望读者能够对我艰巨的工作有所了解——我从事的是叙事性的写作，甚至可以说是基于现实的小说式写作。从书中的很多地方都可以看出，我偶尔允许自己以相对自由的态度处理这些材料。

许多原始文件都是用法语书写的，这是那个时代的通用语言，哈布斯堡家族成员、统治者及其顾问、大臣、使节的无数信件均为法语（这些资料大多由历史学家兼皇室、宫廷与国家档案馆的雇员阿尔弗雷德·里特·冯·阿内斯于 19 世纪编辑出版）。这些重要资料中的一部分可以在 https://archive.org 获得。涉及哈布斯堡帝国意大利领土的内容通常由意大利语写成。匈牙利、特兰西瓦尼亚和加利西亚的官方语言则是拉丁语。皇帝一心将德语定为官方语言并希望在全国范围内推广，但他自己使用的是一种古老的德语。在作为本书重要参考资料的旅行日志中，常常会出现令人费解的内容。因此，较早的二手文献通常会在引用德语原始资料时将其翻译成现代德语。为了提高可读性，我决定对德语原文进行少许标准化处理，例如，使用如今常见的正字法，但在语法上，即特殊的句子结构或特殊表达方式上，基本保持原样。法语和英语引文或是由我自行翻译，或是引用已翻译的资料。文中使用的地名是哈布斯堡帝国惯用的地名（参考赫尔穆特·鲁普勒、马丁·塞格：*Die Habsburgermonarchie 1848—1918*, Band 9, 2. *Teilband: und Infrastrukturen nach dem Zensus 1910*）。一些地名已经发生变化，例如波希米亚、匈牙利或加利西亚。

我参考的最重要的传记包括德里克·比尔斯：*Joseph II* 2 Bände, Bd. 1. Cambridge 1987 und 2009（比尔斯的书因其重要性而排在首位，其余的书目按照出版时间顺序排列）；保罗·冯·米特罗法诺夫：*Joseph II, seine politische und kulturelle Tätigkeit*. 2 Teile. Wien/Leipzif 1910；恩斯特·本尼迪克特：*Kaiser Joseph II. 1741—1790*. Wien 1936；汉斯·马根沙布：*Josef II. Revolutionär von Gottes Gnaden*. Graz/Wien/Köln 1979；洛伦兹·米科莱茨基：*Kaiser Joseph II. Herrscher zwischen den Zeiten*. Göttingen/Frankfurt/Zürich 1979；弗朗索瓦·费伊特：*Joseph II Porträit eines aufgeklärten Despoten*. München 1987；卡尔·古特卡斯：*Kaiser Joseph II. Eine Biographie*. Wien/Darmstadt 1989；蒂莫西·布莱宁：*Joseph II*. Harlow 1994；赫尔穆特·莱纳尔特：*Joseph II. Reformer auf dem Kaiserthron*. München 2011 以及阿尔弗雷德·里特·冯·阿内斯的宏伟之作。没有这些资料的帮助，任何作者都无法完成写作，它们构成了我整个研究的基础。

我撰写的关于玛丽亚·特蕾西娅的书——莫妮卡·切尔宁和让-皮埃尔·拉旺迪耶：*Maria Theresia. Liebet mich immer. Briefe an ihre engste Freudin*. Wien 2017——是重要的初步工作。芭芭拉·斯托尔伯格-里林格撰写的杰出传记——*Maria Theresia. Die Kaiserin in ihrer Zeit*. München 2017——也是我描写约瑟夫时的重要参考，这不仅是因为她对这两位共同执政者之间的关系给予了广泛的关注，还因为她为正确理解那个时代做出了重要的贡献。作者着重描写了特蕾西娅与约瑟夫母子两人在思想上的代际裂痕，这有时会让我想到战后一代的父母和他们“六八”一代的孩子。此外，还有一些作品涉及我书写的主题的宏观历史背景，其中有几部是我最爱的读物。例如，彼得·贾德森：*Habsburg. Geschichte eines Imperiums 1740—1918*. München 2017 和布丽吉特·马佐尔：*Zeitenwende 1806. Das Heilige Römische Reich und die Geburt des modernen Europa*. Wien/Köln/Weimar 2005。如果没有这些书，我对神圣罗马帝国的理解就会浅薄许多（即使是历史学家，也认为这是一个极其复杂的主题）。但也有一些看似与我的主题无关的书，如弗兰克·沃尔帕尔：*Der Welterkunder. Auf der Suche nach Georg Forster*. Berlin 2018。这是一本值得一读的书，因为我偶然发现书中提到了皇帝。此外，就启蒙运动这个无限精彩、内涵丰富的主题而言，以下作品尤其让我深受启发——芭芭拉·斯托尔伯格-里林格：*Die Aufklärung. Europa im 18. Jahrhundert*. Stuttgart 2017；菲利普·布洛姆：*Böse Philosophen. Ein Salon in Paris und das vergessene Erbe der Aufklärung*. München 2011；斯蒂芬·马图斯：*Aufklärung. Das deutsche 18. Jahrhundert. Ein Epochenbild*. Berlin 2015；曼弗雷德·盖尔：*Aufklärung. Das europäische Projekt*. Reinbeck 2012。为了了解启蒙运动和法国大革命之后的情况，我参考了亚当·扎莫伊斯基的精彩叙述和他颇具启发意义的书籍：*Phantome des Terrors. Die Angst vor der Revolution und die Unterdrückung der Freiheit. 1789—1848*. München 2016，并查阅了我最喜欢的讲述贵族阶层的衰落及其价值体系和权力的书——多米尼克·列文：*Abschied von Macht und Würden. Der euopäische Adel 1815—1914*. Frankfurt am Main 1995。要想了解被约瑟夫二世彻底废除的封建制度，就必须阅读奥托·布鲁纳的 *Adeliges Landleben und euopäische Geist*. Salzburg 1949 或克里斯托夫·蒂安-阿德莱-弗里希特的 *Graf Leo Thun im Vormärz*. Graz/Köln 1967。当然，马克·布洛赫的经典作品 *Die Feudalgesellschaft*. Stuttgart 1999 也是必不可少的。

地理和日常生活方面的细节尤其难以查证，尽管有大量的旅行日记可以参考，如夏尔-路易·德·孟德斯鸠的 *Meine Reisen durch Deutschland 1728—1729*. Stuttgart 2014，约翰·沃尔夫冈·冯·歌德的《意大利游记》(https://www.projekt-gutenberg.org/goethe/italien/italien.html)，但这些材料只能提供有限的灵感，仍有大量的疑问无法得到解答。例如，该如何想象 18 世纪的巴纳特的一个村庄？革命情绪是如何在巴黎逐渐蔓延的？什么时候有了从布达到佩斯的石桥？道路、房屋、工场或检疫站是如何建造的？人们穿什么样的衣服，该如何描述从 1772 年起就受哈布斯堡帝国管辖的波兰人独有的看起来很奇怪的东方服饰？（我在奥古斯特·拉西内的 *Kostümgeschichte. Vom Altertum bis zum 19. Jahrhundert, Sämtliche Farbtafeln*. Köln 2016 中找到了这方面的详细说明资料。该书是 1876 年至 1888 年版本的重印。）社会阶层之间的关系如何？人们用何种方式交谈？穷人的情况又是怎样的？针对这些问题，我只是选取了一些有趣的作品来阅读，首先是我最喜欢的关于 18 世纪生活的书——蒂莫西·布莱宁：*The Pursuit of Glory. Europe*

1648—1815. London 2007。通过该书，读者可以较为全面地了解到 18 世纪的社会状况，例如，农业是如何发展的，为什么饥荒是一场永远无法摆脱的梦魇。此外，读者还可以看到普通人是如何交流的，初具雏形的全球贸易是如何运作的。还有，为什么欧洲在法国大革命之前日益不稳，最终走向革命。想了解 18 世纪凡尔赛宫廷生活真实情况的人，或者想知道在当时最豪华的宫殿里生活实际上有多么不舒适的人，都不能错过威廉·里奇·牛顿的 *Hinter den Fassaden von Versailles. Mätressen, Flöhe und Intrigen am Hof des Sonnenkönigs*. Berlin 2010。这是一本让人爱不释手的书。要了解当时世界主要城市的革命情绪，有一部精彩的作品可以参考：迈克·拉波特的 *Rebel Cities, Paris, London and New York in the Age of Revolution*. London 2017。我在以下书籍中找到了描写农民、工匠、商人、流浪汉和乞丐难以想象的生活环境的宝贵信息——于尔根·科卡：*Weder Stand noch Klasse.Unterschichten um 1800*. Bonn 1990，杰拉德·阿默勒：*Heimat Strasse.Vaganten im Ősterreich des Ancien Régime*. Wien 2003。为了更好地理解约瑟夫在社会和医学领域的改革，我阅读了马库斯·P. 斯威塔莱克的 *Das Josephinum. Aufklärung. Klassizismus. Zentrum der Medizin*. Wien 2014。此外，我还参考过一部关于约瑟夫二世创办的外科军事医学院的纪录短片（Das Josephinum—ein Juwel im Umbau: https://www.josephinum.ac.at）。芭芭拉·斯特恩塔尔、克里斯蒂安·德鲁姆尔和莫里茨·斯蒂皮茨（编辑）编写的小册子 *Das Josephinum. Mythos und Wahrheit. 650 Jahre Wiener Medizingeschichte*. Wien 2014 同样值得一提。

我还想再谈谈那些非书籍形式的灵感来源，但篇幅有限，无法详细列举激发了我对启蒙皇帝和现代世界诞生的思考的所有论文和学术文章。为了更好地了解那个时代，我多年来研究的绘画和雕刻作品同样不计其数。从著名的斯拉维科维茨的犁地场景到约瑟夫二世和腓特烈大帝在尼斯的会面（绘制者正是阿道夫・门策尔），互联网上可以找到大量图片。我想在这里详细介绍一个非常特别的发现，因为它让我对流经哈布斯堡帝国的多瑙河沿岸的历史景观有了更加深入的了解。某一天，我在网上偶然看到了一份出版物，由于价格实惠，我便毫不犹豫地买下了它。我以为我会收到一本有些破旧的手册，因此当 DHL 邮递员带来一个又大又重的箱子时，我有些惊讶。箱子里装着阿道夫・库尼克（编辑）的 *Donau-Ansichten vom Ursprung bis zum Ausflusse ins Meer. Nach der Natur und auf Stein gezeichnet von Jacob Alt. Von mehreren Künstlern lythographiert*. Wien 1824——换句话说，我收到了两百五十张大尺寸印刷画（现在我需要一个带有开阔旋转楼梯间的庄严城堡将它们全部挂起来）。这些多瑙河的景色是我描绘日常生活时的最佳参考资料，让我能够构想出风景、河道、城镇和检疫站的模样，并更好地想象普通人的生活状态，无论他们是在岸边、在村庄，还是驾着马车行驶在蜿蜒的小路上。即使是约瑟夫在巴纳特之旅的日志中描述的艰辛的拉船活动，我也能够在脑海中勾勒出一幅精细的画面。

在激发我灵感的众多文学作品中，我只想提及两位作家的作品——埃里克・维亚尔最近出版的口袋书：*14. Juli*. Belin 2019 及我最喜欢的作家斯蒂芬・茨威格的两部作品：*Marie Antoinette. Bildnis eines mittleren Charakters*. Leipzig 1932 和 *Joseph Fouché. Bildnis eines politischen Menschen*. Köln 2018。

在奥地利国家图书馆的手稿部可以找到一本记录皇帝旅行的不可替代的文献（顺便一提，这类文件的价值不仅在于内容，年代、书写方式、发黄的纸张和编号列表的细致程度都能提供重要的信息）：*Verzeichnis deren von Joseph dem II iten auf Allerhöchstdero Reisen genommenen Nachtstationen vom Jahre 1766 bis 1790*（手稿和旧版画集，奥地利国家图书馆）。借助这些目录，我可以非常清楚地确定皇帝在欧洲的行程、过夜的日期和地点，并参照皇帝的旅行日志在欧洲地图上标示线路。每一章的注释中写明了考证相应旅程时使用的文献。以下是几部特别重要的作品：如果没有西格林德·奈登巴赫的 *Die Reisen Kaiser Josepsh II. ins Banat*. Wien 1967（论文，打字稿）的帮助，我可能不会了解 1768 年约瑟夫去往帝国边境地区的第一次重大旅行冒险；如果没有斯蒂芬·斯坦纳的 *Rückkehr unerwünscht. Deportationen in der Habsburgermonaechie der Frühen Neuzeit und ihr europäischer Kontext*, Wien/Köln/Weimar 2014 提供的参考，我无法全面了解帝国边境地区重新安置不受欢迎的臣民的残酷做法。对于接下来的一次旅行，即 1769 年的意大利之行，伊格纳兹·菲利普·登格尔的 *Der Aufenthalt Kaiser Joseph II. in Rom im Jahre 1769*. In: *Jahrbuch der österreichischen Leo-Gesellschaft*, Wien 1926 对我来说是一份至关重要且非常有趣的资料，因为登格尔绝不是在凭空编造生动的场景，而是在根据梵蒂冈档案馆的资料尽可能地还原真相。关于皇帝约瑟夫二世和普鲁士国王腓特烈二世之间的会面，前者给玛丽亚·特蕾西娅的信件是最令人动容的见证，这方面的具体内容来自阿尔弗雷德·里特·冯·阿内斯编的 *Maria Theresia und Joseph II. Ihre Correspondenz sammt Briefen Joseph's an seinen Bruder Lepold.* 3 Bände. Wien 1867 及汉斯·普列申斯基编的 *Voltaire. Friedrich der Große. Briefwechsel.* München 2004。如果没有以下两部作品，我就无法完成波希米亚饥荒和 1771 年约瑟夫在当地旅行的章节：埃丽卡·魏因齐尔–菲舍尔的 *Die Bekämpfung der Hungersnot in Böhmen 1770—1772 durch Maria Theresia und Joseph II.* In: *Mitteilungen des Österreichischen Staatsarchives*, 7, 1954, S. 478—514；米夏埃尔·霍赫德林格和安东·坦特纳（编）的 "*... der größte Teil der Untertanen lebt elend und mühselig ...*"（Mitteilungen des Österreichischen Staatsarchives. Sonderband 8. Innsbruck/Wien/Bozen 2005）。书写特兰西瓦尼亚之行和加利西亚之行是特别大的挑战，因为这些地点对今天的读者来说非常陌生，它们位于现在的波兰、乌克兰东部、匈牙利、罗马尼亚及斯洛伐克境内。又是一篇论文帮助了我——休伯特·伦佩尔的 *Die Reisen Kaiser Josephs II. nach Galizien.* Erlangen 1946, Typoskript。皇帝在 1777 年的法国之行得到了广泛的报道，我在这里只提及其中的两篇：亚历山大–雅克–路易·迪库德雷的 *Anecdotes intéressantes et historiques de L'Illustre Voyageur, pedant son séjour à Paris*, Paris 1777 和 *Anthologische Beschreibung der Reise des Herrn Grafen von Falkenstein nach Frankreich 1777.* Schwabach 1778。还有那些读起来津津有味的日记，在此列举一部：汉斯·普列申斯基编的 *Nie war es herrlicher zu leben. Das geheime Tagebuch des Herzogs* *von Croÿ 1718—1784*. München 2011。就约瑟夫在奥属尼德兰的旅程而言，一部内容广泛的作品尤其值得一提：欧根·休伯特的 *Le Voyage de l'empereur Joseph II dans les Pays-Bas*. Bruxelles 1900。若想了解 1787 年和叶卡捷琳娜大帝的旅行，西蒙·塞巴格·蒙蒂菲奥里的 *Katharina die Große und Fürst Potemkin. Eine kaiserliche Affäre*. Frankfurt am Main 2009 绝对值得一读。但真正的意外发现是利涅侯爵的信件，他是一位独特的观察家和修辞学家，参与了前往克里米亚的奇妙旅程，见冈瑟·埃尔宾（编）：*Literat und Feldmarschall. Briefe und Erinnerungen des Fürsten Charles Joseph de Ligne 1735—1814*. Stuttgart 1979。

2017 年，一批聚焦玛丽亚·特蕾西娅的展览和电影项目问世（包括由我拍摄的电视纪录片：*Maria Theresia, Majestät und Mutter*, https://www.youtube.com/watch?v=TSOJ7RqXec），但关于约瑟夫二世的项目却寥寥无几。1984 年，卡尔·古特卡斯在梅尔克策划的展览（下奥地利省展览系列 *Österreich zur Zeit Kaiser Josephs II. Mitregent Kaiserin Maria Theresias, Kaiser und Landesfürst*. Stift Melk. 29. März—2. November 1980）提供了大量有用的信息，但并不契合当代的理解。仅仅是皇帝在欧洲的旅行就值得举办一个大型的现代展览。我一次又一次地被我研究主题的当代性打动，并思考那个时代与我们这个时代的相似之处。在这一点上，我也参考了一些资料，比如詹姆斯·T. 麦克休十分大胆的文章：*Last of the enlightened despots: A comparison of President Mikhail Gorbachev and Emperor Joseph II*, In: *The Social Science Journal*, 32: 1, 69—85, 1995。

大事年表

1741年3月13日……奥地利-洛林大公约瑟夫出生，他是奥地利、匈牙利和波希米亚统治者玛丽亚·特蕾西娅和托斯卡纳大公弗朗茨·斯蒂芬·冯·洛林的第一个儿子、第四个孩子。他的全名是约瑟夫斯·贝内迪克图斯·约安尼斯·米夏埃尔·阿达穆斯，教皇本笃十四世是他的教父。

1757年1月……约瑟夫二世出现天花症状，但当时的储君在不到一个月的时间里便成功战胜了这种疾病。

1760年10月6日……与波旁-帕尔马的伊莎贝拉结婚，她是帕尔马公爵菲利普一世和法国公主玛丽·路易丝·伊丽莎白·德·波旁的女儿。

1761年4月……约瑟夫撰写了《遐想》(*Rêveries*)，总结了他后来政策的原则。

1762年3月20日……长女玛丽亚·特蕾西娅出生。

1763年11月22日……二女儿玛丽亚·克里斯蒂娜出生，但几小时后便夭折。

1763 年 11 月 27 日……约瑟夫的妻子伊莎贝拉死于天花。

1764 年 3 月 21 日—4 月 10 日（法兰克福：再无宫廷之旅）……约瑟夫二世在法兰克福加冕为罗马人民的国王。

1764—1785 年……“约瑟夫土地调查”，又称“第一次土地调查”，是哈布斯堡领土范围内的第一个综合地图绘制项目。三千五百八十九张手绘彩色地图（后来扩展到四千零九十六张）涵盖了哈布斯堡的世袭土地，比例尺为 1∶28800（谷歌地图质量）。

1765 年 1 月 23 日……与皇帝查理七世的女儿、巴伐利亚的玛丽亚·约瑟法结婚。

1765 年 7 月 4 日—1765 年 9 月 1 日……途经外奥地利和南蒂罗尔，参加兄弟托斯卡纳大公利奥波德与西班牙公主玛丽亚·路易莎的婚礼。

1765 年 8 月 18 日……父亲弗朗茨一世皇帝在因斯布鲁克去世。约瑟夫二世成为奥地利世袭土地的共同统治者和神圣罗马帝国皇帝。

1766年4月7日……维也纳普拉特向公众开放。

1766年6月8日—1766年7月27日……前往波希米亚、摩拉维亚、萨克森和普鲁士。

1767年5月28日……第二任妻子玛丽亚·约瑟法同样因天花而去世。

1768年4月15日—1768年6月10日（巴纳特：无数的上访者如何重塑皇帝的认知）……从匈牙利至巴纳特。

1769年3月3日—1769年7月8日（意大利：启蒙时代的马可·奥勒留）……开启在意大利的首次旅行。3月17日，约瑟夫二世与他的兄弟利奥波德一起出席了秘密会议。

1769年8月18日—1769年9月15日（尼斯：开明君主的首次会议）……前往尼斯与普鲁士国王腓特烈二世会面。

1770年1月23日……约瑟夫的女儿玛丽亚·特蕾西娅死于肺部疾病。

1770年8月4日—1770年8月18日……前往摩拉维亚旅行。在诺伊施塔特与腓特烈二世第二次会面。

1770 年 3 月 10 日……颁布《关于居民和牲畜的一般性描述及除意大利和比利时各地、蒂罗尔、匈牙利以外的哈布斯堡土地上所有房屋的编号》，开展新的人口普查。

1771 年 10 月 1 日—11 月 16 日（波希米亚和摩拉维亚：饥荒和农奴制）……前往波希米亚和摩拉维亚，参观布拉格。

1772 年 8 月 5 日……波兰第一次被瓜分。奥地利占领加利西亚部分领土。

1773 年 5 月 6 日—1773 年 9 月 13 日（特兰西瓦尼亚和加利西亚：越来越陌生，越来越艰难）……匈牙利、特兰西瓦尼亚、加利西亚之旅。

1773 年 7 月 21 日……教皇克雷芒十四世废除耶稣会。

1774 年 12 月 6 日……颁布《关于德意志师范学校、高等学校和初等学校的一般性规定》（义务教育）。约瑟夫二世在独立执政期间致力于在全国范围内普及教育。每一座拥有九十名以上学龄儿童的城镇，都必须建立起一所初等学校。

1775 年 5 月 7 日……奥斯曼帝国将布科维纳割让给奥地利。

1775 年 8 月 13 日……为波希米亚颁发了新的徭役法令（1775 年 3—4 月的起义后）。

1777 年 4 月 1 日—1777 年 8 月 1 日（法国："革命将是残酷的"）……法国之行，随后访问了瑞士和外奥地利。

1778 年 7 月 3 日—1779 年 5 月 13 日……巴伐利亚王位继承战争：《特申和约》后，因河地区并入哈布斯堡领土。

1776 年 1 月 2 日……废除酷刑，停止死刑。

1780 年 4 月 26 日—1780 年 8 月 20 日……首次前往俄国，在莫吉廖夫与沙皇叶卡捷琳娜二世会面。

1780 年 11 月 29 日……玛丽亚·特蕾西娅去世，约瑟夫二世成为唯一的统治者。

1781 年 5 月 22 日—1781 年 8 月 14 日（奥属尼德兰：急躁使人盲目）……穿越神圣罗马帝国，前往尼德兰。

1781 年 9 月 17 日……在哈布斯堡帝国的领土上实施定居法令，开启约瑟夫式的殖民。

1781 年 10 月 13 日……为新教徒和东正教徒颁布《宽容法令》。

1781 年 11 月 1 日……臣民法令：废除农奴制，于 1782 年 1 月 15 日废止。

1782 年 1 月 12 日……首次解散修道院，持续至 1787 年。

1782 年 11 月 2 日……为犹太人颁布《宽容法令》。

1782 年 3 月 22 日—1782 年 4 月 22 日……教皇庇护六世来访，并于 3 月 31 日在维也纳安霍夫教堂的露台上发布文告，降福罗马城和全世界。

1783 年 6 月 2 日……在整个哈布斯堡帝国建立济贫机构。

1783 年 12 月—1787 年……为哈布斯堡帝国颁布教区条例，扩展教区网络，建立约瑟夫宗教基金（1782 年 2 月 28 日）和新教区。

1784 年 1 月 24 日⋯⋯改革手工业法规和行会特权："应允许每个人以自己选择的任何方式维持生计。"

1784 年 8 月 16 日⋯⋯维也纳总医院开始运营。

1784 年 8 月 23 日⋯⋯规范丧葬礼仪：约瑟夫式铰链棺材[a]遭到民众拒绝，改革于 1785 年 1 月 20 日被推翻。

1784 年 8 月 23 日—1785 年 9 月 20 日⋯⋯斯海尔德河上的航行争端。

1784 年 10 月 31 日⋯⋯特兰西瓦尼亚农奴起义爆发——霍雷亚起义。

1785 年 8 月 23 日⋯⋯在匈牙利废除农奴制。

1785 年 11 月 7 日⋯⋯开设约瑟夫医学院作为军医的中央培训学校。

1785 年 12 月 11 日⋯⋯颁布共济会法令：共济会现在由国家监督，并在奥地利建立了一个共济会大联盟。

1787 年 1 月 1 日⋯⋯《约瑟夫法典》的第一部分于 1786 年 11 月 1 日颁

a— 约瑟夫二世在 18 世纪末推出的一种可重复使用的棺材。尸体被装在棺材里运到墓地，然后通过底座上的折叠门落入墓穴。之后棺材将被再次使用。

布，并作为一般性民法典在 1787 年 1 月 1 日开始生效。1812 年 1 月 1 日，《约瑟夫法典》被《普通民法典》取代。《约瑟夫法典》将臣民逐渐转变为具有平等权利和义务的公民，迈出了革命性的一步。

1787 年 1 月 1 日…………出台《约瑟夫刑法典》(《犯罪及其处罚总法典》)。在奥地利废除死刑，并用公共劳动刑罚（拉船刑、野战工事、劳改工场）取而代之。1795 年，考虑到政治局势，对叛国罪重新启用死刑，并在 1803 年将其扩大到雇凶杀人罪和抢劫罪。

1787 年 4 月 11 日—1787 年 9 月 20 日（克里米亚：帝国权力政治的前哨站）…………第二次访问俄国，与叶卡捷琳娜二世会面并前往克里米亚。这次旅行因奥属尼德兰的起义而中断（1787 年 6 月发生第一次骚乱，随后演变为革命）。

1789 年 10 月 24 日—1790 年 12 月底…………约瑟夫二世的改革引发了布拉班特革命。该起义几乎与法国大革命同时发生，但情况不同。前者的重点不在于社会革新，而在于维护现有的社会等级秩序。这次革命使哈布斯堡失去了奥属尼德兰。

1787 年 8 月 24 日—1791 年 8 月 4 日……第八次奥土战争，1788 年 2 月 7 日奥地利正式参战。约瑟夫二世担任最高指挥，但由于健康问题于 1788 年 11 月 18 日卸职，带着重病回到维也纳。

1789 年 2 月 10 日……实施土地税法令，第一部分规定王侯土地税，第二部分要求领主登记土地。

1789 年 7 月 14 日—1799 年 12 月 13 日……1789 年 7 月 14 日巴士底狱被攻陷，法国大革命爆发。约瑟夫二世没有亲眼看到他的妹妹玛丽·安托瓦内特（1793 年 10 月 16 日）和她的丈夫路易十六（1793 年 1 月 21 日）被斩首。革命历经许多阶段，直到拿破仑崛起——他在 1799 年 12 月 13 日以这样一句话结束了革命："公民们，大革命已经回到它当初借以发端的原则。大革命已经结束。"

1790 年 1 月 28 日……撤回匈牙利的改革，以避免民众造反（《宽容法令》和废除农奴制的法令除外）。

1790 年 2 月 20 日……于维也纳逝世。

注释

前言

1 Vgl. dazu Karl Gutkas: *Kaiser Joseph II Eine Biographie.* Wien/Darmstadt 1989, S. 149; Peter von Radics: *Die Reisen Kaiser Joseph II und die Volkswirthschaft in Oesterreich-Ungarn.* Wien 1890, S. 17–20. Bei Franz Ludwig de Selliers: *Verzeichnis deren von Joseph dem IIten auf Allerhöchstdero Reisen genommenen Nachtstationen.* Österreichische Nationalbibliothek, Sammlung von Handschriften und alten Drucken, Bibl. Pal. Vind. Cod. 7427 (1792) findet man die genauen Daten und die jeweiligen Nachtstationen.

2 Pieter M. Judson hat diese Situation in seinem herausragenden Buch: *Habsburg. Geschichte eines Imperiums 1740–1918.* München 2017, zum Ausgangspunkt seiner These gemacht, wonach Maria Theresia und ihre Söhne Joseph II. und Leopold II. mit ihren Reformen die Grundlagen für einen zentralen modernen Staat gelegt haben. Anders als frühere Historiker sehen heutige Habsburg-Forscher darin ein genuines Projekt der Aufklärung, so zum Beispiel Brigitte Mazohl: *Zeitenwende 1806. Das Heilige Römische Reich und die Geburt des modernen Europa.* Wien/Köln/Weimar 2005. Vgl. auch Helmut Reinalter (Hg.): *Josephinismus als aufgeklärter Absolutismus.* Wien/Köln/Weimar 2008.

3 Vgl. Pieter M. Judson, a. a. O., S. 71 ff. Judson begreift die Reformanstrengungen Maria Theresias, Josephs II. und seines Bruders Leopold II. als *die* Basis für den österreichischen Staat des 19. Jahrhunderts und die Herausbildung eines patriotischen Staatsbewusstseins unter den verschiedenen Völkern des Habsburgerreichs.

4 Barbara Stollberg-Rilinger: *Die Aufklärung. Europa im 18. Jahrhundert.* Stuttgart 2017.

5 Dazu sehr eindrücklich und informativ Barbara Stollberg-Rilinger: *Maria Theresia. Die Kaiserin in ihrer Zeit.* München 2017. Das Joseph-Zitat findet sich auf S. 690.

6 Vgl. Derek Beales: *Joseph II* 2 Bände, Bd. 1. Cambridge 1987 und 2009, S. 251 (Übers. M. Cz.); siehe auch Haus-, Hof- und Staatsarchiv (HHSTA), Hofreisen K 1-2.

7 Derek Beales, a. a. O., Bd. 1, S. 242.

1764 年 法兰克福

1 Sowohl Peter von Radics, a. a. O., erwähnt diese hinreißende Anekdote (S. 9) als auch Karl Gutkas, a. a. O., S. 49 – und natürlich Joseph in einem Brief vom 29. Mai 1761 an Maria Theresia. Fast alle Historiker haben die Ehe zwischen Joseph und Isabella als unglücklich beschrieben, und zumindest Isabella, die selbst viel dazu geschrieben hat, war unglücklich, nicht nur in der Ehe. Einzig Gutkas hält die Verbindung für »trotzdem sehr glücklich«, was mir den Raum gab, die Liebesgeschichte der beiden

etwas anders zu bewerten. Was ist schon Glück? Was Liebe? Noch dazu, wenn die Ehe wie im 18. Jahrhundert vorgegeben war?

2 Vgl. Alfred Ritter von Arneth (Hg.): *Maria Theresia und Joseph II. Ihre Correspondenz sammt Briefen Joseph's an seinen Bruder Leopold.* 3 Bände. Wien 1867, Bd. 1, S. 13 f.

3 Vgl. Johann Wolfgang Goethe: *Dichtung und Wahrheit. Aus meinem Leben.* Projekt Gutenberg, siehe: https://www.projekt-gutenberg.org/goethe/dichwah1/chap006.html, S. 118 ff.; Derek Beales, a. a. O., Bd. 1, S. 110 ff.

4 Joseph II. in einem Brief an Karl Fürst von Batthyány, Obersthofmeister vom 20. August 1765. In: Franz Schuselka (Hg.): *Briefe Josephs des Zweiten.* Leipzig 1846, S. 8.

5 Alfred Ritter von Arneth, a. a. O., Bd. 1, S. 75; Brief vom 4. April 1764.

6 Vgl. Johann Wolfgang Goethe, a. a. O.

7 Derek Beales, a. a. O., Bd. 1, S. 112.

8 Vgl. Hans Magenschab: *Josef II. Revolutionär von Gottes Gnaden.* Graz/Wien/Köln 1979, S. 65.

9 Derek Beales zitiert diese Briefstelle vom 3. und 4. April 1764 als Einziger, sie scheint mir für den Charakter Josephs von besonderer Wichtigkeit. (Übers. M. Cz.)

10 Vgl. Barbara Stollberg-Rilinger: *Maria Theresia*, a. a. O., S. 147 f. Maria Theresia an Hofkanzler Anton Corfiz Graf von Ulfeldt: Die Krönung sei »eine bloße Komödie, die sie nicht mitspielen« wolle. Sie fand sie überflüssig und kostspielig. Das war zwar anlässlich der Krönung ihres Mannes Franz Stephan 1745, aber Maria Theresias Meinung zur Kaiserwürde blieb skeptisch.

11 Über die Beziehung Josephs zu seinem Vater ist viel geschrieben worden. Ich nehme den schon zitierten Brief Josephs an Karl Fürst von Batthyány vom 20. August 1765 als Inspiration: »Mein Vater hatte die zärtlichste Zuneigung für mich gehabt. Er war mein Lehrer, mein Freund, und der größte Prinz seines Hauses; – würdig des Zutrauens seiner Familie, so wie jenes seines ganzen Volkes. Großmütig, gerecht, wohltätig, ein Freund der Wissenschaften, Künste, der Armut …«

12 Vgl. Barbara Stollberg-Rilinger: *Maria Theresia,* a. a. O., S. 147–150.

13 Karl Gutkas, a. a. O., S. 57 f. Gutkas erwähnt die beiden Maler und die auf ihre Skizzen zurückgehenden Gemälde »Einzug in Frankfurt«, »Krönungszug zum Dom«, »Krönung«, »Ritterschlag« sowie »Krönungsmahl im Römer«, die in den Wiener Museen zu sehen sind.

14 Peter von Radics, a. a. O., S. 12.

15 Dass die beiden Maler mitreisten, ist durch ihre Erwähnung im *Wienerischen Diarium* vom 16. Dezember 1767 verbürgt, und dass das Wetter schlecht und die Schiffsfahrt darum gefährlich war, wissen wir aus den Briefen. Und dass die Skizzen nicht gelitten haben, nehme ich an, da sie den oben genannten Ölgemälden als Vorbilder gereichten.

16 Vgl. Monika Czernin und Jean-Pierre Lavandier: *Maria Theresia. Liebet mich immer. Briefe an ihre engste Freundin.* Wien 2017, S. 71 ff.

17 Ebenda, S. 74; Brief vom 12. September 1765.

18 Adolf Beer (Hg.): *Joseph II., Leopold II. und Kaunitz. Ihr Briefwechsel.* Wien 1873, S. 432; Maria Theresias berühmter Brief vom 23. August 1765.

19 Vgl. Hans Magenschab, a. a. O., S. 82.

20 Derek Beales, a. a. O., Bd. 1, S. 251 (Übers. M. Cz); siehe auch HHSTA, Hofreisen K 1–2.

21 Zit. nach Paul von Mitrofanov: *Joseph II., seine politische und kulturelle Tätigkeit.* 2 Teile. Wien/Leipzig 1910, S. 582.

22 Vgl. Philipp Blom: *Böse Philosophen. Ein Salon in Paris und das vergessene Erbe der Aufklärung.* München 2011.

23 Derek Beales, a. a. O., Bd. 1, S. 251 (übers. M. Cz.).

24 Peter von Radics, a. a. O., S. 6.

25 Siehe Barbara Stollberg-Rilinger: *Maria Theresia,* a. a. O., S. 691. In zahlreichen Briefen hat Maria Theresia den Ausdruck *terribles voyages* verwendet.

1768 年　巴纳特

1 1769, als Joseph abermals in Pest weilte, wurde er von der 300 Klafter langen neuen Schiffsbrücke überrascht; 1768 fuhr er also noch über eine einigermaßen derangierte Brücke. Siehe dazu Peter von Radics, a. a. O., S. 32. Erstaunlicherweise entstand erst 1839 die erste feste Brücke über die Donau.

2 Sieglinde Neidenbach: *Die Reisen Kaiser Josephs II. ins Banat.* Wien 1967 (Dissertation, Typoskript), S. 13.

3 Ebenda, S. 16.

4 Siehe Franz Ludwig de Selliers, a. a. O.

5 Vgl. Sieglinde Neidenbach, a. a. O., S. 34.

6 HHSTA, Hofreisen 2-2-1, Reisejournal Banat, S. 3.

7 HHSTA, Hofreisen 3-1-4, Punkten bzw. Relation, S. 422. Der Straßenbau ist ein großes Problem, da er durch einen Mangel an Steinen in dem flachen Land sehr kostspielig ist.

8 Zit. nach Derek Beales, a. a. O., Bd. 1, S. 157 (Übers. M. Cz.).

9 Zit. nach François Fejtö: *Joseph II. Porträt eines aufgeklärten Despoten.* München 1987, S. 99.

10 Vgl. Sieglinde Neidenbach, a. a. O., S. 21. Neidenbach erwähnt, dass Migranten aus Guttenbrunn nach Kapolnack gebracht wurden. Und Beales beschreibt die Hühner-Geschichte: Derek Beales, a. a. O, Bd. 1, S. 248.

11 Sieglinde Neidenbach, a. a. O., S. 50.

12 Ebenda, S. 112 f. Die Autorin erwähnt auch die Sache mit dem Brandweinkessel, die offenbar wiederholt vorgekommen ist.

13 HHSTA, Hofreisen, K 2-2-1, Reisejournal Banat. Interessant, dass Joseph das Wort »Asylant« benützt, von dem wir meinen, es sei eine Schöpfung unserer Tage.

14 Vgl. Sieglinde Neidenbach, a. a. O., S. 112. Die Administration hatte zwar das Überreichen von Bittschriften/Memorialien zuerst verboten, doch dieser Befehl wurde rechtzeitig aufgehoben, sodass dem Kaiser noch mehrere hundert Petitionen übergeben wurden.

15 Vgl. Derek Beales, a. a. O., Bd. 1, S. 313; Barbara Stollberg-Rilinger: *Maria Theresia,* a. a. O., S. 691.

16 Diese »Träumerei« ist natürlich eine Fiktion. Allerdings stützen viele das Thema Joseph und die Frauen betreffende Quellen die Szene. Ich habe mir nur erlaubt, sie etwas anders zu interpretieren als so mancher Historiker, der Joseph in erotischen Dingen etwas zwanghaft Spaßverderbermäßiges andichten wollte.

17 Monika Czernin und Jean-Pierre Lavandier, a. a. O., S. 62.

18 François Fejtö, a. a. O., S. 66.

19 HHSTA, Hofreisen, K 2-2-1, Reisejournal Banat, Blatt 13.

20 HHSTA, Hofreisen K 2-2-1, Reisejournal, Blatt 22.

21 HHSTA, K 2-2-1, Reisejournal Banat, Blatt 15.

22 Tatsächlich steht im HHSTA, Reisejournal, Hofreisen K 2, dass die Siedlungen so angelegt waren, dass man teilweise vier Stunden auf die Felder gehen musste.

23 Vgl. HHSTA, Relation Banat, S. 431, Punkt 1–5. Joseph interessierte sich sehr für landwirtschaftliche Methoden und war damit auf der Höhe seiner Zeit, wenn man an die gemeinnützigen, patriotischen und ökonomischen Gesellschaften des 18. Jahrhunderts denkt. Sie zielten im Gegensatz zu den vielen gelehrten und zum Gutteil elitären Sozietäten der Aufklärung (Salons, Lese- und Musikgesellschaften, Freimaurer) vorwiegend auf praktische Reformen, so etwa die Société royale d'agriculture, die Ökonomische Gesellschaft oder die Kaiserlich-Königlichen Ackerbaugesellschaften.

24 Sieglinde Neidenbach, a. a. O., S. 36.

25 Auch auf späteren Reisen (vgl. das Kapitel »Böhmen und Mähren«) scheute Joseph weder ansteckende Krankheiten noch gefährliche Orte. Vgl. HHSTA, Hofreisen, Relation Banat, S. 423, Punkt 4. Joseph wird sich dafür einsetzen, den Wasserschub abzuschaffen, der nicht von ungefähr an die Flüchtlingsthematik unserer Tage erinnert.

26 Zit. nach Sieglinde Neidenbach, a. a. O., S. 67.

27 Ebenda.

28 Sieglinde Neidenbach, a. a. O., S. 31.

29 Zit. nach Sieglinde Neidenbach, a. a. O., S. 28.

30 Vgl. Derek Beales, a. a. O., Bd. 1, S. 250.

31 Zit. nach Sieglinde Neidenbach, a. a. O., S. 29.

1 HHSTA, Hofreisen 1, 2A *Table des choses a voire.*

2 Ignaz Philipp Dengel: *Der Aufenthalt Kaiser Josephs II. in Rom im Jahre 1769.* In: *Jahrbuch der österreichischen Leo-Gesellschaft.* Wien 1926, S. 42 (ein überaus empfehlenswertes und amüsantes Büchlein). Dengel hat, wie er schreibt, noch alle ursprünglichen Quellen in Rom zur Hand gehabt.

3 Die Geschichte mit Graf Papini ist vielfach beschrieben. Anekdoten dieser Art wurden schon zu Lebzeiten des Kaisers herumgereicht, denn sein Inkognito war von Anfang an eine Quelle für Spekulationen und allseits beliebte Verschleierungen.

4 Derek Beales, a. a. O., Bd. 1, S. 258 (Übers. M. Cz.).

5 Vgl. Stephan Steiner: *Rückkehr unerwünscht. Deportationen in der Habsburgermonarchie der Frühen Neuzeit und ihr europäischer Kontext.* Wien/Köln/Weimar 2014, S. 366.

6 Barbara Stollberg-Rilinger: *Maria Theresia,* a. a. O., S. 547 ff. Sehr ausführlich beschreibt die Autorin den Streit zwischen Mutter und Sohn und das plötzliche Einlenken Josephs, das sie sarkastisch nennt. Ich sehe es eher als Ambivalenz zwischen Liebe und Aufruhr.

7 Vgl. Ignaz Philipp Dengel, a. a. O. Dengel hat den Aufenthalt des Kaisers in Rom haarklein und voller Details beschrieben, das ganze Buch ist eine wichtige Quelle.

8 Derek Beales, a. a. O., Bd. 1, S. 256.

9 Vgl. *Ragguaglio, o Sia Giornale della venuta, e permanenza in Roma della Sacra Reale Cesarea Maestà di Giuseppe II. imperatore de' Romani &c. e di Sua Altezza Reale Pietro Leopoldo I. arciduca d'Austria e gran duca di Toscana.* Rom 1769.

10 Derek Beales, a. a. O., Bd. 1, S. 158.

11 Auch diese herrliche Anekdote findet sich bei Ignaz Philipp Dengel, a. a. O., S. 46.

12 Ebenda, S. 50.

13 Ebenda, S. 51.

14 Ebenda, S. 54.

15 Ebenda, S. 55.

16 Vgl. Franz Ludwig de Selliers, a. a. O., S. 6.

17 Monika Czernin und Jean-Pierre Lavandier, a. a. O., S. 134.

18 Zit. nach Barbara Stollberg-Rilinger: *Maria Theresia,* a. a. O., S. 781. Aus einem Brief an Maria Carolinas ehemalige Aya Gräfin von Lerchenfeld.

19 Vgl. Barbara Stollberg-Rilinger: *Maria Theresia,* a. a. O., S. 782.

20 Vgl. Joseph II., Relation de Naples, 21. April 1769, editiert bei Corti, *Ich, eine Tochter,* S. 721–746.

21 Zit. nach Adam Wolf: *Fürstin Eleonore Liechtenstein 1745–1812.* Wien 1875, S. 96.

22 Überliefert durch die Beschreibung des damaligen Leiters der Ausgrabungen, Francesco La Vega. In: Victoria C. Gardner Coates: *The Last Days of Pompeii.* Los Angeles 2012.

23 Adam Wolf, a. a. O., S. 97.

24 Portrait of the age. Pompeo Batoni. Vgl. http://figures-of-speech.com/2016/08/batoni.htm.

25 Die pragmatische Sanktion, die einst Maria Theresia den Weg auf den Thron geebnet hatte, galt nicht für Josephs Tochter, die gleichwohl noch als Kind sterben sollte.

26 Derek Beales, a. a. O., Bd. 1, S. 150 (Übers. M. Cz.).

27 So beschrieben bei Karl Gutkas, a. a. O., S. 70 ff.

28 Alfred Ritter von Arneth (Hg.), a. a. O., Bd. 1, S. 142.

29 Peter von Radics, a. a. O., S. 26.

30 Renate Zedinger: *Franz Stephan von Lothringen (1708–1765). Monarch, Manager, Mäzen.* Wien/Köln/Weimar 2008, S. 155 f.

31 Ebenda, S. 163 ff.

32 Siehe zu diesem Besuch: Barbara Sternthal, Christiane Druml und Moritz Stipsicz (Hg.): *Das Josephinum. Mythos und Wahrheit. 650 Jahre Wiener Medizingeschichte.* Wien 2014, S. 70.

33 Vgl. Marlene Jantsch: Zur Geschichte der Wiener anatomischen Wachspräparatensammlung. In: *Wiener Medizinische Wochenschrift*, Nr. 39, 1951, S. 753 ff.

34 Zit. nach Karl Gutkas, a. a. O., S. 95.

35 Vgl. Marlene Jantsch, a. a. O.

36 Steffen Martus: *Aufklärung. Das deutsche 18. Jahrhundert. Ein Epochenbild.* Berlin 2015, S. 808.

37 Alfred Ritter von Arneth (Hg.), a. a. O., Bd. 1, S. 279 (Übers. M. Cz.).

38 François Fejtö, a. a. O., S. 67.

39 Zit. nach Karl Gutkas, a. a. O., S. 141, Denkschrift Nov. 1771.

40 Alfred Ritter von Arneth (Hg.), a. a. O., Bd. 1, S. 284. (Übers. M. Cz.).

41 Vgl. Franz Ludwig de Selliers, a. a. O., S. 6.

42 Karl Gutkas, a. a. O., S. 96 ff.

43 Siehe: https://de.wikipedia.org/wiki/Sant'Eustorgio.

44 San Carlo ist der 1610 heiliggesprochene Carlo Borromeo, Fürsprecher der Pestkranken und seit 1566 Erzbischof von Mailand.

45 Vgl. Gerhard Katschnig: *Die Konstruktion von Zukunft im Zeitalter der Aufklärung.* Saarbrücken 2014, S. 151.

46 Vgl. Barbara Stollberg-Rilinger: *Die Aufklärung*, a. a. O. Der Begriff »Entzauberung der Welt« geht auf Max Weber zurück.

47 Derek Beales, a. a. O., Bd. 1, S. 266 (Übers. M. Cz.).

1769 年 尼斯

1 Am 29. August 1769 schrieb Joseph seiner Mutter nach seinem Besuch beim

Preußenkönig in Neisse: »Er ähnelt keinem der Bilder, die Du von ihm gesehen hast …« Deshalb darf man annehmen, dass der Kaiser die berühmtesten Porträts des Königs kannte.

2 François Fejtö, a. a. O., S. 128 ff.

3 Karl Gutkas, a. a. O., S. 35 ff.

4 Richard Bassett: *For God and Kaiser. The Imperial Austrian Army 1619–1918*. New Haven/London 2015, S. 185.

5 Barbara Stollberg-Rillinger: *Maria Theresia,* a. a. O., S. 545.

6 Monika Czernin und Jean-Pierre Lavandier, a. a. O., Brief vom 11. Juli 1766, S. 111.

7 Das ist meine Anspielung auf Adolf Menzel, der fast hundert Jahre später das berühmte Bild der Begegnung in Neisse malte. Auch bei ihm kommt Friedrich die Treppen herunter, aber, im Gegensatz zu Josephs Brief an Maria Theresia, findet die Szene bereits im Stiegenhaus statt, der Kaiser geht also einige Stufen zum König hinauf, bevor die bei Menzel nur angedeutete Umarmung stattfindet. Der Kaiser wirkt dadurch leicht rangniedriger, was vielleicht des Malers preußischer Staatszugehörigkeit geschuldet war.

8 Wienerisches Diarium, 6. September 1769. ANNO, Österreichische Nationalbibliothek http://anno.onb.ac.at/cgi-content/anno?aid=wrz&datum=17690906&seite=5&zoom=45.

9 Die Begebenheit ist vielfach beschrieben. Ich entlehne die Fakten: Marcela Měchurová: *Der aufgeklärte Despot Joseph II. und seine Spuren nicht nur bei Slawikowitz in Mähren*. Brünn 2007, S. 84 ff.

10 Michael Hochedlinger und Anton Tantner (Hg.): *»… der größte Teil der Untertanen lebt elend und mühselig …«* Mitteilungen des Österreichischen Staatsarchivs. Sonderband 8. Innsbruck/Wien/Bozen 2005. Es ist eine der wichtigsten Grundlagenarbeiten über die Zeit Josephs II. und Maria Theresias. Die Befragung der Untertanen entspricht moderner qualitativ-empirischer Sozialforschung, ist mithin eines der aufgeklärtesten Projekte der Epoche überhaupt.

11 Wobei für den Türkenkrieg 1788/1789 wieder Rekruten gewaltsam ausgehoben werden müssen, um den Bedarf zu decken. Siehe Paul von Mitrofanov, a. a. O., S. 215.

12 Michael Hochedlinger und Anton Tantner (Hg.), a. a. O., S. XIII.

13 Zit. nach Michael Hochedlinger und Anton Tantner (Hg.), a. a. O., S. XLVI.

14 Die Josephinische Landesaufnahme (von 1763 bis 1785), auch Erste Landesaufnahme genannt, ist das erste umfassende Landkartenprojekt im Habsburgerreich. Es umfasste schließlich über 4000 Kartenblätter, die im Kriegsarchiv des Österreichischen Staatsarchivs aufbewahrt werden.

15 Karl Gutkas, a. a. O., S. 100.

16 So Christopher Clark: *Von Zeit und Macht. Herrschaft und Geschichtsbild vom Großen Kurfürsten bis zu den Nationalsozialisten*. München 2018, S. 89.

17 Alfred Ritter von Arneth (Hg.), a. a. O., Bd. 1, S. 300 ff. (Übers. M. Cz.).

18 Ebenda, S. 302.

19 Ebenda.

20 Kaum eine Beschreibung des jungen Joseph II. ist berühmter. Vgl. zum Beispiel Karl Gutkas, a. a. O., S. 27. In der Literatur entstand daraus sein Charakterbild, dabei wurde aber der Kontext, Friedrichs Kindheit, nicht berücksichtigt. Und oft wurde auch nicht darauf hingewiesen, dass man die Eigenschaften Josephs aus heutiger Sicht ganz anders deuten muss.

21 Alfred Ritter von Arneth (Hg.), a. a. O., Bd. 1, S. 301 (Übers. M. Cz.).

22 Hans Pleschinski (Hg.): *Voltaire. Friedrich der Große. Briefwechsel.* München 2004, S. 501; Brief Friedrichs an Voltaire vom 25. November 1769.

23 Derek Beales, a. a. O., Bd. 1, S. 284.

24 Alfred Ritter von Arneth (Hg.), a. a. O., Bd. 1, S. 301 (Übers. M. Cz.).

25 Richard Bassett, a. a. O., S. 143.

26 Ebenda.

27 Dieser Teil ist ein berühmter Ausspruch, zit. nach Cicero online: Friedrich der Große – Europas verlorener Sohn von Konstantin Sakka; siehe: https://www.cicero.de/kultur/europas-verlorener-sohn/47624.

28 Hans Pleschinski (Hg.): *Voltaire. Friedrich der Große. Briefwechsel,* a. a. O., S. 511; Brief Friedrichs an Voltaire vom 18. August 1770.

29 Siehe Christopher Clark, a. a. O., S. 90. Die historischen Schriften markieren einen Neuanfang. Seine *Denkwürdigkeiten zur Geschichte des Hauses Brandenburg*, sein elegantester und originellster historischer Text, sind ein wahrer Parforceritt durch die Geschichte. Diese knappe, kunstvoll aufgebaute Schilderung bietet eine so attraktive und plausible Synthese, dass sie das historische Gedächtnis Brandenburg-Preußens prägte – und noch heute prägt. Der *roi historien*, nicht der *roi philosophe* hat überdauert.

30 Ebenda. Und aus dem 1751 überarbeiteten Vorwort zu Friedrichs *Denkwürdigkeiten zur Geschichte des Hauses Brandenburg*, a. a. O., S. 92.

31 Zit. nach Christopher Clark, a. a. O., S. 91.

32 Ebenda, S. 105.

33 Vgl. Tim Blanning: *Friedrich der Große. König von Preußen. Eine Biographie.* München 2019.

34 Alfred Ritter von Arneth (Hg.), a. a. O., Bd. 1, S. 302 (Übers. M. Cz.).

35 Ebenda, S. 300 (Übers. M. Cz.).

36 François Fejtö, a. a. O., S. 134.

37 Roland Kratzer: *Die Reisen Josephs II.* Graz 2014, S. 77.

38 Zit. nach Hans Pleschinski (Hg.): *Voltaire. Friedrich der Große. Briefwechsel.*, a. a. O., S. 512; Brief Friedrichs an Voltaire vom 18. August 1770.

39 Peter von Radics, a. a. O., S. 35.

40 Ebenda.

41 Zu den Zusammenhängen siehe: Tim Blanning. *The Pursuit of Glory. Europe 1648–1815*. London 2007.

42 Rudolf Brázdil, Hubert Valášek, Jürg Luterbacher und Jarmila Macková: Die Hungerjahre 1770–1772 in den böhmischen Ländern. Verlauf, meteorologische Ursachen und Auswirkungen. In: *Österreichische Zeitschrift für Geschichtswissenschaft*, 12 Jg., Heft 2, 2001, S. 48.

43 Hans Magenschab, a. a. O., S. 90.

1771 年　波希米亚和摩拉维亚

1 Zit. nach François Fejtö, a. a. O., S. 150.

2 HHSTA »Wien, den 29. Sept. 1771. Joseph Correg.« Handbillett Josephs an Hatzfeld, Kop., Kommission Fasz. 3. September, n. 36.

3 Siehe Derek Beales, a. a. O., Bd. 1, S. 339.

4 Normalerweise hätte ein 21 Lot schwerer Laib Brot damals einen Kreuzer kosten sollen, das heißt, es handelt sich hier um eine 300-prozentige Teuerung. Ein Lot betrug 17,5 Gramm, also wog das Brot 367,5 Gramm, recht mickrig, wenn man bedenkt, dass das Mindestgewicht für Brot heute bei 250 Gramm liegt, dabei handelt es sich aber um Kleingebäcke. Siehe auch: https://www.baeckerlatein.de/brotgewicht/.

5 Thomas Winkelbauer (Hg.): *Geschichte Österreichs*. Stuttgart 2016. Darin schreibt Brigitte Mazohl: »Das Gravitations- und Integrationszentrum dieser Aristokratie war der kaiserliche Hof in Wien, der für die Mehrzahl der kurfürstlichen und fürstlichen Residenzen im Reich um 1700 eine stärkere Vorbildfunktion besaß als der Versailler Hof Ludwigs XIV.« Und weiter: Deren »Bedeutung für die Staatsintegration kann kaum überschätzt werden«, weil sie die Bindung an ein oder mehrere Länder nicht aufgab, sondern die Vermittlung zwischen den Ländern, dem Monarchen, dessen Hof und den Zentralbehörden übernahm. (Pos. 3715).

6 Zit. nach François Fejtö, a. a. O., S. 146 und S. 147; vgl. zu den Aufständen 1767 auch: http://diglib.uibk.ac.at/ulbtirol/content/pageview/15835.

7 HHSTA, Hofreisen 4, Reisejournal, S. 4 f.

8 Paul von Mitrofanov, a. a. O., S. 590.

9 Christoph Maria Merki und Josef Löffler: *Das Haus Liechtenstein in den böhmischen Ländern vom Mittelalter bis ins 20. Jahrhundert*. Vaduz 2013.

10 Die Kutsche kann noch immer im Gartenpalais Liechtenstein in Wien bewundert werden.

11 Erika Weinzierl-Fischer: Die Bekämpfung der Hungersnot in Böhmen 1770–1772 durch Maria Theresia und Joseph II. In: *Mitteilungen des Österreichischen Staatsarchivs*, 7, 1954, S. 478–514, hier S. 484. Allerdings datiert die Autorin den Bericht auf Februar

1772, was, nach gründlichem Studium aller anderen Quellen nicht stimmen kann. Es muss Februar 1771 gewesen sein.

12 HHSTA, Hofreisen 4, Reisejournal, S. 14 f.

13 Szene nach HHSTA, Hofreisen K 4, Reisejournal, S. 17 ff. Die darauffolgenden Klagen über den Robot finden sich so im Reisejournal. Und ähnliche Berichte aus anderen Dörfern in denen der Seelenkonskription. Siehe dazu Michael Hochedlinger und Anton Tantner (Hg.), a. a. O., S. 42 ff.

14 Vgl. Christoph Maria Merki: Zucker. In: Thomas Hengartner und Christoph Maria Merki (Hg.): *Genussmittel. Ein kulturgeschichtliches Handbuch*. Frankfurt am Main/New York 1999, S. 231–256. Das traditionelle Süßungsmittel Honig wurde bereits im Lauf des 16. Jahrhunderts in den Haushalten Adeliger und reicher Bürger durch Zucker verdrängt – was mit dem Aufkommen von Kaffee, Kakao und Tee korreliert.

15 Vgl. Michael Hochedlinger und Anton Tantner (Hg.), a. a. O. Die daran beteiligten Militärs verfassen aufgrund der mit Fragebögen erfassten Fakten Berichte über die soziale und wirtschaftliche Lage in den einzelnen Ländern, die »politischen Anmerkungen«. Faszinierende Dokumente sind es, die dabei entstanden und die als Ausgangspunkt der Josephinischen Reformen betrachtet werden können. Ein Zitat aus ihnen: »Wenn ihnen nicht in Ansehung der so vielen Insulten, der übertriebenen Robot und der so manigfaltigen Geldabgaben (die ein jeder herrschaftliche Beamte sozusagen für sich insbesondere zu vermehren suchte) Hülffe geschehen sollte, sie ohne weiters zu entlauffen gezwungen wären, indem sie nicht mehr imstande wären, sich und ihre Kinder zu nahren, da ihnen besonders wegen der überhäufften Robot nicht so viell Zeit übrig bleibe, um ihren eigenen wenigen Feldbau zu bestellen.«

16 Ebenda, S. 45.

17 Siehe Tim Blanning: *The Pursuit of Glory*, a. a. O., S. 162 und S. 163. Blanning geht davon aus, dass Josephs Leibeigenschaftspatente, aber mehr noch seine Bemühungen zur Einführung einer Grundsteuer, radikal und vorausschauend waren.

18 Thomas Winkelbauer (Hg.), a. a. O.

19 HHSTA, Hofreisen K 4, Reisejournal, S. 22–24.

20 Ebenda, S. 24–26.

21 Erika Weinzierl, a. a. O., S. 487 ff.

22 Ebenda, S. 489.

23 Michael Hochedlinger und Anton Tantner (Hg.), a. a. O., S. 60.

24 Derek Beales, a. a. O., Bd. 1, S. 339.

25 HHSTA, Hofreisen K 4, S. 47–52.

26 Ebenda, S. 33–35.

27 Michael Hochedlinger und Anton Tantner (Hg.), a. a. O., S. 55 ff.

28 Vgl. Erika Weinzierl, a. a. O.

29 Monika Czernin und Jean-Pierre Lavandier, a. a. O., S. 164, Brief vom 23. Oktober

1771.

30 HHSTA, Hofreisen K 4, S. 56–59.

31 HHSTA, Hofreisen K 4, Relation, S. 7–9.

32 HHSTA, Hofreisen K 4, Reisetagebuch S. 68 f.

33 Johann Alexander Ritter von Brambilla: *Rede auf den Tod Kaiser Joseph II.* Wien, im April 1790, S. 31.

34 Ebenda, S. 32.

35 Markus P. Swittalek: *Das Josephinum. Aufklärung. Klassizismus. Zentrum der Medizin.* Wien 2014, S. 88 und S. 89.

36 Siehe: https://de.wikisource.org/wiki/BLKÖ:Fürstenberg,_Karl_Egon_Fürst.

37 Derek Beales, a. a. O., Bd. 1, S. 343 (Übers. M. Cz.).

1773 年 特兰西瓦尼亚和加利西亚

1 Vgl. Hans Pleschinski (Hg.): *Voltaire. Friedrich der Große. Briefwechsel.*, a. a. O., S. 521.

2 Vgl. Barbara Stollberg-Rilinger: *Maria Theresia,* a. a. O., S. 573.

3 HHSTA, K 7-1, Reisejournal Galizien, S. 3.

4 Derek Beales, a. a. O., Bd. 1, S. 298. Bales berichtet von diesem Treffen und zitiert den geheimen Bericht Stormonts.

5 Vgl. François Fejtö, a. a. O., S. 138. Heinrich schreibt all dies sogleich an seinen Bruder Friedrich II. nach Potsdam.

6 HHSTA, K 7-1, Reisejournal Galizien, S. 10.

7 Vgl. François Fejtö, a. a. O., S. 317. Tatsächlich begründete Joseph die Einführung von Deutsch als Amtssprache 1784 mit diesem Argument.

8 HHSTA, K 7-1, Reisejournal Galizien, S. 12.

9 Vgl. Barbara Stollberg-Rilinger: *Maria Theresia,* a. a. O., S. 91 f. Stollberg beschreibt Voltaires Coup in aller Ausführlichkeit, eine köstliche Geschichte, die beweist, wie lange es in Politik und Medien schon alternative Fakten gibt.

10 Vgl. Voltaire: *Précis du Siecle de Louis XV. Servant de suite au Siecle de Louis XIV.* Genf 1769. Insofern könnte Joseph dieses Buch 1772 und die Stelle über die Krönung tatsächlich gekannt haben.

11 Monika Czernin und Jean-Pierre Lavandier, a. a. O., S. 106; Brief 31 vom 2. Juni 1766.

12 HHSTA, K 7-1, Reisejournal Galizien, S. 47–53.

13 HHSTA, Hofreisen 7, Reisejournal, S. 64.

14 Barbara Stollberg-Rilinger: *Maria Theresia,* a. a. O., S. 646.

15 Ebenda, S. 653 ff.

16 HHSTA, Hofreisen K 7, Reisejournal, S. 79 ff.

17 Vgl. Derek Beales, a. a. O., Bd. 1, S. 168 ff.

18 Die Situation war ähnlich wie bereits 1731/1732, als Tausende lutherische Protestanten aus dem Pongau in großen Wanderzügen ihre Heimat verlassen mussten

und sich Großteils in Ostpreußen unter König Friedrich Wilhelm I. niederließen, der im Februar 1732 das Patent zur Aufnahme der Salzburgischen Emigranten unterzeichnet hatte.

19 Vgl. François Fejtö, a. a. O., S. 170.

20 Ebenda, S. 175.

21 HHSTA, Hofreisen K 7, S. 90.

22 François Fejtö, a. a. O., S. 327.

23 Derek Beales, a. a. O., Bd. 1, S. 361 (Übers. M. Cz.).

24 François Fejtö, a. a. O., S. 325. Bei Fejtö geht dieses Zitat auf einen Beamten aus Hermannstadt zurück. Andere schreiben, dass sich ein Bauer weinend und mit dieser Klage dem Kaiser zu Füßen geworfen habe.

25 Derek Beales, a. a. O., Bd. 1, S. 361. Beales zitiert einen Augenzeugen.

26 Alfred Ritter von Arneth (Hg.): *Briefe der Kaiserin Maria Theresia an ihre Kinder und Freunde*. Wien 1881; S. 210 (Übers. M. Cz.).

27 Derek Beales, a. a. O., Bd. 1, S. 361 (Übers. M. Cz.).

28 Johann Polek: *Joseph's II. Reisen nach Galizien und der Bukowina und ihre Bedeutung für letztere Provinz*. Sonderabdruck aus dem Jahrbuch des Bukowiner Landes-Museums. Czernowitz 1895, S. 25–140, hier S. 3.

29 Ebenda, S. 5.

30 Severin Perrig (Hg.): *»Aus mütterlicher Wohlmeinung«. Kaiserin Maria Theresia und ihre Kinder. Eine Korrespondenz*. Weimar 1999, S. 192.

31 Ebenda.

32 Ebenda.

33 Vgl. Derek Beales, a. a. O., Bd. 1, S. 361 (Übers. M. Cz.).

34 Ebenda, S. 362.

35 HHSTA, Hofreisen K 4, S. 9–11.

36 Derek Beales, a. a. O., Bd. 1, S. 364.

37 HHSTA, K 4, Galizien, S. 9–11.

38 Adam Wolf, a. a. O., S. 129 ff.

39 Ebenda. Wolf zitiert Nathaniel William Wraxall: *Memoirs of the Courts of Berlin, Dresden, Warsaw, and Vienna, in the Years 1777, 1778, and 1779*. 2 Bde. London 1806, 3. Ausgabe. Wraxall schätzt die Sache meines Erachtens am besten ein, wenn er schreibt: »Schwer zu sagen, welche Grenzen seine Mäßigung und ihre Tugend ihrem Verhältnis setzte.«

40 HHSTA, Hofreisen K 4, S. 9–11.

41 Ebenda, S. 13–14.

42 Meine Annahme, dass es sich beim erwähnten Fürsten Czartoryski um Adam Kazimierz (1734–1823) handeln muss, verdankt sich einer umständlichen Recherche, denn im Reisejournal fehlt der Vorname. Doch Kazimierz' Sohn Fürst Konstantin Adam Czartoryski (1773–1860) erwarb 1834 die Villa Schwab in Wien, bekannt alsdann unter dem Namen Czartoryski-Schlössl. 1896 wurde ein Teil der Kunstsammlungen

von des Fürsten Sohn Georg Konstantin (1828–1912) nach Schloss Jaroslau gebracht, das weiter im Besitz der Familie blieb.

43 HHSTA, Reisejournal Galizien K 4, S. 12–15 f.

44 Vgl. Hubert Rumpel: *Die Reisen Kaiser Joseph II nach Galizien*. Erlangen 1946, Typoskript.

45 François Fejtö, a. a. O., S. 144 f.

46 HHSTA, Hofreisen K 4, S. 19.

47 Hubert Rumpel, a. a. O., S. 46.

48 Barbara Stollberg-Rilinger: *Maria Theresia,* a. a. O., S. 635.

49 HHSTA, Hofreisen K 4, S. 21.

50 Ebenda, S. 27.

51 Ebenda, S. 30–31.

52 Ebenda, S. 40–42.

53 Hubert Rumpel, a. a. O., S. 43.

54 Ebenda, S. 48 und S. 49.

55 Alfred Ritter von Arneth (Hg.): *Briefe der Kaiserin Maria Theresia an ihre Kinder und Freunde*. Wien 1881; S. 225 (Übers. M. Cz.)

56 HHSTA, Hofreisen K 4, S. 80–84.

1777 年　法国

1 Vgl. Paul Christoph (Hg.): *Maria Theresia und Marie Antoinette. Ihr geheimer Briefwechsel.* Wien 1980, S. 146. Maria Theresia schrieb etwa am 2. Juni 1775 an Marie Antoinette anlässlich der dortigen Brotunruhen: »Dieselbe Sprache, wie Sie sie mir mitteilen, haben auch unsere Leute in Böhmen geführt, mit dem Unterschied, dass Ihre Leute sie wegen der Brotteuerung und die unseren wegen der Frondienste führten … Dieser Aufruhrgeist beginnt sich überhaupt überall auszubreiten: das ist also die Folge unseres aufgeklärten Jahrhunderts.«

2 Alfred Ritter von Arneth (Hg.): *Marie Antoinette, Joseph II. und Leopold II. Ihr Briefwechsel.* Leipzig 1866, S. 2, Brief Josephs an Marie Antoinette vom Juli 1775. Laut Paul Christoph, a. a. O., S. 157, hat Joseph diesen Brief auf Bitten seiner Mutter in einer abgemilderten Form an Marie Antoinette geschickt, doch erhalten hat sich nur diese Kopie, die auch überall zitiert wird.

3 Alexandre Jacques Louis Chevalier du Coudray: *Anecdotes intéressantes et historiques de l'Illustre voyageur, pendant son séjour à Paris.* Paris 1777, S. 20.

4 HHSTA, Hofreisen K 9, Reisejournal, S. 5–8. In keiner anderen Quelle ist der Aufenthalt in München beschrieben, der sich durch das Studium des Reisejournals als so ertragreich herausstellte.

5 HHSTA, Hofreisen K 9, Reisejournal, S. 5–8.

6 Vgl. Paul von Mitrofanow, a. a. O., S. 26 ff. Er beschreibt die unterschiedlichen Gesandten, ihre Einstellung zu Österreich und ihre Methoden besonders treffend.

7 Vgl. *Österreich zur Zeit Kaiser Josephs II.* Ausstellungskatalog. Wien 1980. Darin befindet sich ein Methodenbuch für Lehrer der deutschen Schulen in kaiserlich-königlichen Erblanden. Wien 1775, S. 380.

8 Vor allem in den Dörfern und kleineren Gemeinden wurde das schlecht bezahlte Lehreramt nebenberuflich von Pfarrern, ihren dafür manchmal wenig qualifizierten Bediensteten (Mesnern, Organisten, Pfarrprovisoren), von Studenten oder abgedankten Soldaten ausgeübt. Mit der Schulordnung wurde ein Befähigungsnachweis eingeführt, der eine Mindestbildung der Lehrperson durch mehrwöchige Präparandenkurse verlangte. Josef Apih: Die theresianisch-josephinische Schulreform in Kärnten (IV). In: *Carinthia* I 94 (1904), S. 10.

9 Georg Kurscheidt und Norbert Oellers (Hg.): Schillers Werke: Nationalausgabe Bd. 2, II B. Wien/Köln/Weimar 1993, S. 267.

10 Derek Beales, a. a. O., Bd. 1, S. 132. Die Widmung im Original: »Ich übergebe Unserem erhabnen Kaiser dieses väterländische Gedicht … Ich kenne keinen stärkeren Ausdruck der Verehrung, mit dem ich mich, bey Ueberreichung dieses Gedichts, Ew. Kaiserlichen Majestät nähern könnte, als das ich meinem Vaterlande, und Ew. Majestät Selbst zu dem, was Sie für die Wissenschaften thun wollen, Glück wünsche …«

11 Vgl. Peter von Radics, a. a. O., S. 44.

12 Hans Pleschinski (Hg.): *Nie war es herrlicher zu leben. Das geheime Tagebuch des Herzogs von Croÿ 1718–1784.* München 2011, S. 326 ff.

13 Hans Pleschinski (Hg.): *Nie war es herrlicher zu leben*, a. a. O., S. 328.

14 Hans Pleschinski (Hg.): *Nie war es herrlicher zu leben*, a. a. O., S. 324 ff. Croÿ beschreibt treffend, wie alle Welt das Inkognito durchschaute.

15 Vgl. William Ritchey Newton: *Hinter den Fassaden von Versailles. Mätressen, Flöhe und Intrigen am Hof des Sonnenkönigs.* Berlin 2010.

16 Zit. nach Paul Christoph, a. a. O., S. 213. De Mercy-Argenteau hielt den Aufenthalt des Kaisers in seinem ausführlichen Schreiben an Maria Theresia vom 15. Juni 1777 fest.

17 HHSTA, Hofreisen 9, Konv. 1, S. 65 (19. April 1777).

18 Derek Beales, a. a. O., Bd. 1, S. 373 (Übers. M. Cz.).

19 Die herzzerreißende Szene findet sich nicht nur in der Verfilmung von Marie Antoinettes Leben durch Sofia Coppola, sondern auch in diversen anderen Quellen.

20 Anonymus: *Anthologische Beschreibung der Reise des Herrn Grafen von Falkenstein nach Frankreich 1777.* Schwabach 1778, S. 37.

21 Vgl. Hannes Etzlstorfer: *Maria Theresia. Kinder, Kirche & Korsett.* Wien 2008, S. 74.

22 Hans Pleschinski (Hg.): *Nie war das Leben herrlicher*, a. a. O., S. 337. Während vielfach geschrieben wurde, dass Joseph in Versailles nicht beliebt war, schreibt Croÿ, der nun

wahrlich ein intimer Beobachter des Hoflebens war, dass der Kaiser »einhellig zu gefallen« schien und die »sonst so überheblichen Franzosen« begeistert waren. »Die Damen, denen er begegnete, das heißt jene mit Würden in Versailles, vernarrten sich in ihn.« Und Paris war sowieso »ganz hingerissen von ihm, das Volk beklagte allerdings, dass er immer so flink entwich.«

23 Zitat gefunden in: *Anthologische Beschreibung der Reise des Herrn Grafen von Falkenstein nach Frankreich 1777*, a. a. O., S. 38.

24 Alexandre Jacques Louis Chevalier du Coudray, a. a. O., S. 29.

25 Adam Friedrich Geisler der Jüngere: *Joseph der Zweyte auf Seiner Reise nach Paris*. Naumburg 1777, S. 105.

26 Alfred Ritter von Arneth (Hg.): *Maria Theresia und Joseph II. Ihre Correspondenz sammt Briefen Joseph's an seinen Bruder Leopold*. a. a. O., Bd. 2, S. 139 (Übers. M.Cz)

27 *Anthologische Beschreibung der Reise des Herrn Grafen von Falkenstein nach Frankreich 1777*, a. a. O., S. 45 f.

28 Ebenda, S. 56. Hier ist der Abend mit Turgot erwähnt, der Inhalt des Gesprächs der beiden Männer ergibt sich aus dem Quellen. Siehe auch Karl Gutkas, a. a. O., S. 170.

29 Vgl. *Anthologische Beschreibung der Reise des Herrn Grafen von Falkenstein nach Frankreich 1777*, a. a. O., S. 56.

30 Vgl. dazu: *Anthologische Beschreibung der Reise des Herrn Grafen von Falkenstein nach Frankreich 1777*, a. a. O.; Adam Friedrich Geisler der Jüngere, a. a. O.; Alexandre Jacques Louis Chevalier du Coudray, a. a. O.; Peter von Radics, a. a. O.

31 Diese Stelle wird überall zitiert, so auch von François Fejtö, a. a. O., S. 184 f.

32 Das beschreibt als einer der wenigen der anonyme Autor der *Anthologischen Beschreibung der Reise des Herrn Grafen von Falkenstein nach Frankreich* 1777, a. a. O., S. 70 f.

33 Zit. nach Alexandre Jacques Louis Chevalier du Coudray, a. a. O., S. 59 f.

34 Vgl. François Fejtö, a. a. O., S. 192 f. Fejtö gelangt aufgrund eines Briefs Josephs an Leopold zu dieser von allen anderen Biografen abweichenden Einschätzung der königlichen Kinderlosigkeit.

35 Ebenda. Diesen Brief hat Arneth unterschlagen, wie alle Briefe, die nicht ins prüde 19. Jahrhundert passten. Der ungarische Historiker und Josephs Biograf Fejtö hat ihn gefunden und als Erster publiziert.

36 Ebenda.

37 *Anthologische Beschreibung der Reise des Herrn Grafen von Falkenstein nach Frankreich 1777*, a. a. O., S. 111.

38 HHSTA, Reisejournal Frankreichreise K 9-2-1.

39 Philipp von Cobenzl: *Journal de mon voyage en France avec l'Empereur Joseph en 1777*. HHSTA. 92 pp. Folio, siehe: https://steffenvoelkel.com/cobenzl-eyewitness-diary. Überall wird über dieses Treffen spekuliert (sowie über ein Treffen Josephs II. mit Jean-Jacques Rousseau). Durch diese Quelle scheint nun Licht in die Frage

gekommen zu sein.

40 Vgl. Alfred Ritter von Arneth, a. a. O., Bd. 2, S. 145 (Übers. M. Cz.).

41 François Fejtö, a. a. O., S. 187.

42 Vgl. Adam Wolf, a. a. O., S. 139.

43 Die Version mit dem Double habe ich in einer etwas dubiosen Quelle im Internet gefunden, doch sie hat mich nachhaltig inspiriert.

44 Vgl. Adam Wolf, a. a. O., S. 145.

45 Ebenda.

46 Vgl. *Anthologische Beschreibung der Reise des Herrn Grafen von Falkenstein nach Frankreich 1777*, a. a. O., S. 125 ff.

47 Vgl. François Fejtö, a. a. O., S. 190.

1781 年　奥属尼德兰

1 François Fejtö, a. a. O., S. 352.

2 Vgl. Josephs Brief vom 4. Dezember 1780 an seinen Bruder Leopold: »Eine innige Gemeinsamkeit von vierzig Jahren, das Um und Auf meines Lebens und den Gegenstand meiner Dankverpflichtung für die vielen empfangenen Wohltaten verlieren zu müssen, geht über mein Begreifen.« (Siehe: Monika Czernin und Jean-Pierre Lavandier, a. a. O., S. 188.)

3 Vgl. Karl Gutkas, a. a. O., S. 222.

4 Der Unterschied zwischen 1764, als Joseph gekrönt wurde, und den 1780er-Jahren: Verfehlt der König von Volkes Gnaden seinen Auftrag, so wird der Bürger »ihn, in der Qualität eines Beleidigers, strafen …« So Karl von Knoblauch 1792. In: Gerhard Katschnig: Ein tuskulanischer Dialog im Augenschein der französischen Revolution – Karl von Knoblauchs »Politisch-philosophische Gespräche«. In: Franz Eybl (Hg.): *Häuser und Allianzen*. Bochum 2016 (= *Das Achtzehnte Jahrhundert und Österreich*, Bd. 30), S. 137–148.

5 Vgl. Barbara Stollberg-Rilinger: *Maria Theresia,* a. a. O., S. 690.

6 Vgl. Thomas Winkelbauer (Hg.), a. a. O., S. 214 ff.

7 Derek Beales, a. a. O., Bd. 2, S. 141. Diesen Umweg hat vor allem Beales beschrieben.

8 Ebenda.

9 Vgl. Eugène Hubert: *Le voyage de l'empereur Joseph II dans les Pays-Bas*. Bruxelles 1900, S. 35.

10 Vgl. Eugène Hubert, a. a. O., S. 36; Heinrich Benedikt: *Als Belgien österreichisch war*. Stuttgart 1965.

11 Vgl. Eugène Hubert, a. a. O., S. 47. Diesbezüglich hatte er mit Triest bereits gute Erfahrungen gesammelt, als sein Großvater Karl IV. den Handelsplatz 1719 zum kaiserlichen Freihafen erklärte.

12 Derek Beales, a. a. O., Bd. 2, S. 142.
13 Eugène Hubert, a. a. O., S. 48.
14 Ebenda, S. 49.
15 Ebenda.
16 Karl Gutkas, a. a. O., S. 398.
17 Vgl. Eugène Huber, a. a. O., S. 59.
18 Ebenda.
19 Derek Beales, a. a. O., Bd. 2, S. 157.
20 François Fejtö, a. a. O., S. 278.
21 Sogar in Frankreich provozierte die Zensur bei manchen Werken absurde Situationen. So gab es Bücher, die entweder illegal auf mobilen Druckerpressen hergestellt oder über Heringsfässer mit verstecktem Boden aus dem liberalen Amsterdam, wo die Manuskripte gedruckt wurden, wieder in das Ursprungsland ihrer Niederschrift, also nach Frankreich kamen. Philipp Blom: *Böse Philosophen. Ein Salon in Paris und das vergessene Erbe der Aufklärung.* München 2011, S. 127.
22 Derek Beales, a. a. O., Bd. 2, S. 143 (Übers. M. Cz.).
23 Ebenda, S. 146.
24 Circularium an den Staatsrat vom 31. Januar 1781, auch Josephs erster »Hirtenbrief« genannt; zit. nach François Fejtö, a. a. O., S. 249.
25 Österreichisches Staatsarchiv, Kriegsarchiv, Mem 1781-28-14. (Terzis *Journal der Reiße, so seine Majestæt der Kaÿser den 22ten Maÿ 1781 unternommen,* ohne Angabe des Autors).
26 Derek Beales, a. a. O., Bd. 2, S. 159.
27 Zit. nach Christoph Driessen: *Geschichte Belgiens. Die gespaltene Nation.* Regensburg 2018, S. 85.
28 François Fejtö, a. a. O., S. 385.

1787 年　俄国

1 Karl Gutkas, a. a. O., S. 442.
2 Vgl. Günther Elbin (Hg.): *Literat und Feldmarschall. Briefe und Erinnerungen des Fürsten Charles Joseph de Ligne 1735–1814.* Stuttgart 1979, S. 55. Die sehr lebendigen Beschreibungen Lignes sind eine der wichtigsten Quellen dieser Reise.
3 Karl Gutkas, a. a. O., S. 441.
4 Zit. nach François Fejtö, a. a. O., S. 344.
5 Simon Sebag Montefiore: *Katharina die Große und Fürst Potemkin. Eine kaiserliche Affäre.* Frankfurt am Main 2009, Kindle Pos. 7386 ff., hat diese Vergnügungsreise meisterhaft beschrieben. Nicht von ungefähr denkt man dabei an die Yachten nicht nur russischer Oligarchen heutiger Tage.
6 Ebenda, Pos. 8305.

7 Ebenda, Pos. 8446.
8 Ebenda, Pos. 8338.
9 Günther Elbin (Hg.), a. a. O., S. 57.
10 Ebenda.
11 Karl Gutkas, a. a. O., S. 443.
12 Ebenda, S. 443.
13 François Fejtö, a. a. O., S. 215.
14 Simon Sebag Montefiore, a. a. O., Pos. 471.
15 François Fejtö, a. a. O., S. 218.
16 Simon Sebag Montefiore, a. a. O., Pos. 5164.
17 Roland Kratzer, a. a. O., S. 101.
18 Simon Sebag Montefiore, a. a. O., Pos. 8558.
19 Ebenda, Pos. 8573.
20 François Fejtö, a. a. O., S. 347.
21 Karl Gutkas, a. a. O., S. 442.
22 Ebenda, S. 445.
23 Barbara Sternthal, Christiane Druml und Moritz Stipsicz (Hg.), a. a. O., S. 19.
24 Die Audienz ist beschrieben bei Frank Vorpahl: *Der Welterkunder. Auf der Suche nach Georg Forster.* Berlin 2018, S. 23. Zitat aus Wolfgang Häusler: Das Nachleben Joseph II. In: *Österreich zur Zeit Kaiser Josephs II.* Ausstellungskatalog, a. a. O., S. 282.

后记

1 Derek Beales, a. a. O., Bd. 1, S. 242.
2 Siehe: https://de.wikipedia.org/wiki/Reisen_Josephs_II.
3 Derek Beales, a. a. O., Bd. 1, S. 251 (Übers. M. Cz.).
4 Vgl. François Fejtö, a. a. O., S. 337.
5 Vgl. Pieter M. Judson, a. a. O., S. 77.
6 *Österreich zur Zeit Kaiser Josephs II.* Ausstellungskatalog, a. a. O., S. 220 ff.
7 Barbara Stollberg-Rilinger: *Die Aufklärung*, a. a. O., S. 230.
8 Vgl. Pieter M. Judson, a. a. O., S. 21.
9 Hans Magenschab, a. a. O., S. 275.
10 Vgl. François Fejtö, a. a. O., S. 392.
11 Johann Alexander Ritter von Brambilla, a. a. O., S. 31 ff.
12 Pieter M. Judson, a. a. O., S. 115.
13 Zit. nach Adam Zamoyski: *Phantome des Terrors. Die Angst vor der Revolution und die Unterdrückung der Freiheit. 1789 –1848*. München 2016, S. 22.
14 Ebenda, S. 21.
15 Vgl. Dominic Lieven: *Abschied von Macht und Würden. Der europäische Adel 1815–1914.* Frankfurt am Main 1995.

16 A.J.P. Taylor, 1964.

17 C. A. Macartney (Hg.) *The Habsburg and Hohenzollern Dynasties in the Seventeenth and Eighteenth* Centuries. London 1970.

参考文献

1 Derek Beales, a. a. O., Bd. 1, S 243.

致谢

就像每一本书一样，本书在诞生过程中获得了一大批助产士的帮助。我在前文中已经提到，文献对我的项目贡献良多，但就像往常一样，还有无数人以各种各样的方式做出了贡献。没有他们的慷慨援助，本书就不会存在。由于我在这一项目上投入了三四年的时间，我只能在这里提及最重要的几个人的名字，然后向其他人一并致以谢意。首先，我要感谢德里克·比尔斯，早已退休的他在剑桥大学的西德尼·苏塞克斯学院接待了我，并鼓励我去了解他对皇帝旅行的重新评价。我还要感谢让-皮埃尔·拉旺迪耶，我在 2017 年与他共同撰写了关于玛丽亚·特蕾西娅的文章，他是我永远的伙伴、评论者和顾问。汉内斯·莱丁格让我注意到米夏埃尔·霍赫德林格，并使我更清楚地认识到，与许多奥地利历史学家或专家的判断相反，约瑟夫二世是哈布斯堡王朝最重要的统治者之一。我与彼得·贾德森的谈话使我更加确信这一观点，我与他一起组织举办了关于约瑟夫二世的研讨会。事实上，专题讨论会——“理智、权力与愿景：约瑟夫二世和启蒙的短暂统治”之所以能够顺利召开，很大程度上要归功于克里斯蒂安·德鲁姆尔，因为她一直以极大的决心为我的工作提供支持。马库斯·斯韦塔莱克则向我提供了一份赞扬这位好斗君主的十分重要的资料，即约瑟夫的私人医生兼外科医生乔瓦尼·亚历山德罗·布兰比拉发表的悼词。与芭芭拉·斯托尔伯格-里林格的精彩对话也十分重要，她对那个时代精准、生动且精彩的见解无与伦比。我要特别感谢布丽吉特·马佐尔和库尔特·沙尔，他们不仅阅读了我的手稿，还在我的创作过程中用他们的建议、知识和对哈布斯堡帝国拔新领异的见解深深地启发了我，使我对18世纪的基本现象（农奴制和封建主义、君权神授和皇帝加冕、行政改革和启蒙运动、关闭经院和宗教基金）有了更加深刻的理解。同样，雷莫·拉戈也阅读了我的手稿，就像评价我其他的书一样，他坚持指出书中不准确的地方，要求我更精准地描述普通人的日常生活，并与我长时间交谈，帮助我夯实本书的论点。克莱门斯·冯·韦德尔仔细研究了我的手稿，向我提出了重要的建议，但最重要的是他无微不至的情感支持，对此我非常感激。

我还要衷心地感谢亲爱的维也纳皇室、宫廷和国家档案馆及其中乐于助人、知识渊博的员工们。在方济各住院会广场度过的几周，我潜心研究那段被遗忘已久的历史，获得了无限灵感。米夏埃尔·米尔克尔帮助我整理了大量的资料，破译了许多难以理解的手稿，他为我的书竭尽心力。格哈德·卡奇尼希研究18世纪文化的论文给了我灵感，他本人也对手稿提出了重要的建议。我的编辑雷吉娜·卡斯滕森则以她精确的文字表达、突出的语言功底和一直以来充满善意的合作态度，最后润色了文本。我还要感谢编辑朱莉娅·霍夫曼，因为她对我的项目一直抱有极大的热忱，就形式、内容、封面、信息与我讨论过无数次，并指导企鹅出版集团从新闻活动到社交媒体的整个团队。如果没有他们，图书无法成功出版。戈特弗里德·莫里茨与科拉·阿克多根帮助我找到了合适的封面，艾尔克·科赫帮助我打造了成功的社交媒体形象，贝蒂娜·布莱特林帮助我把这一主题推广到更广阔的媒体平台上。我还要像往常一样再次感谢我的经纪人卡琳·格拉夫。当然，我也要感谢我的家人，多年来他们忠实地听我讲着同一个故事，不断地用他们的建议支持我的项目。

图书在版编目(CIP)数据

微服出行 ：约瑟夫二世的欧洲启蒙运动之旅 /（奥）莫妮卡·切尔宁著 ；荣玉译. — 上海 ：上海书店出版社，2024. 9

ISBN 978-7-5458-2378-3

Ⅰ. ①微… Ⅱ. ①莫… ②荣… Ⅲ. ①约瑟夫第二(1741-1790)-生平事迹 Ⅳ. ①K521.3

中国国家版本馆 CIP 数据核字(2024)第 094585 号

著作权合同登记号 图字:09-2024-0184 号

责任编辑 范 晶
营销编辑 王 慧
装帧设计 WSCGRAPHIC.COM

微服出行:约瑟夫二世的欧洲启蒙运动之旅
[奥]莫妮卡·切尔宁 著
荣 玉 译

出 版 上海书店出版社
(201101 上海市闵行区号景路 159 弄 C 座)
发 行 上海人民出版社发行中心
印 刷 上海雅昌艺术印刷有限公司
开 本 889×1194 1/32
印 张 12
字 数 253,000
版 次 2024 年 9 月第 1 版
印 次 2024 年 9 月第 1 次印刷
ISBN 978-7-5458-2378-3/K·500
定 价 89.00 元